辽金史论集

第十七辑

贾淑荣 韩世明 主编

中国社会科学出版社

图书在版编目(CIP)数据

辽金史论集. 第十七辑 / 贾淑荣，韩世明主编. —北京：中国社会
科学出版社，2019.12
ISBN 978-7-5203-5298-7

Ⅰ.①辽…　Ⅱ.①贾…②韩…　Ⅲ.①中国历史—辽金时代—文集
Ⅳ.①K246.07-53

中国版本图书馆 CIP 数据核字 (2019) 第 215267 号

出 版 人　赵剑英
责任编辑　宫京蕾
特约编辑　李晓丽
责任校对　赵雪姣
责任印制　郝美娜

出　　版　中国社会科学出版社
社　　址　北京鼓楼西大街甲 158 号
邮　　编　100720
网　　址　http：//www.csspw.cn
发 行 部　010-84083685
门 市 部　010-84029450
经　　销　新华书店及其他书店

印刷装订　北京君升印刷有限公司
版　　次　2019 年 12 月第 1 版
印　　次　2019 年 12 月第 1 次印刷

开　　本　710×1000　1/16
印　　张　17.5
插　　页　2
字　　数　295 千字
定　　价　85.00 元

前　言

　　契丹（辽）是我国历史上有着重要影响的王朝之一，在我国古代北方活跃了近三百年之久。元人按例纂修前代史书，将辽、金与宋王朝恭列正史，足见对其地位的认可和重视。

　　很久以来，人们就对契丹社会发展状况十分关注。特别是近些年来，由于新的、与契丹历史相关的考古成果不断涌现，不仅使考古学科本身取得了丰富成果，而且在利用考古资料研究契丹史问题等方面，也取得了有目共睹的成绩。在这些成果中，主要体现在两方面：一是近些年来考古出土了很多与契丹历史相关的契丹文碑刻资料，在梳理释读契丹文献记载方面取得的进步与成绩；二是对契丹时期遗迹遗物进行的考古调查与挖掘，对更进一步研究解决契丹社会问题提供了更多的第一手资料。

　　本次年会的举办地——内蒙古通辽市地处我国北疆，从魏晋以来对契丹历史记载的文献来看，他们很早就活动在西拉木伦河和老哈河流域及其相关地区。这一地区辽金时期的历史遗迹遗存非常丰富，特别是辽代遗迹遗物极为丰富：有著名的陈国公主墓、吐尔基山辽墓；有大量的古城市遗址，如古韩洲城址、古豫州城址、城四家子古城、布日顺古城、东玛拉沁古城、腰伯吐古城、酒局子古城、下扣河子古城、二来营子城址以及阿都乌素遗址、金界壕边堡遗址等。这些遗迹遗物为进一步研究辽金时期社会历史问题提供了翔实的实物资料。近些年来，以内蒙古民族大学为主体的史学工作者，依靠地缘优势，倾心于通辽地区辽金时期历史的研究，特别是对辽上京道的历史地理做了更深入的梳理和研究，重新考证了辽上京道的两条重要的河流——西拉木伦河、老哈河的流向、名称的演变及合流点的问题，提出了"老哈河与西拉木伦河是两点合流而非一点合流"的观点。2016年10月在通辽市开鲁县发现了金宝屯辽墓，在墓中发现了有关龙化州相对位置的墨书题记，为认定辽龙化州的所在地提供了新的佐证。

因此，无论是从文献记载还是从考古发现来看，通辽地区都是从事辽金史研究的学者重点关注的地区之一。近些年来的考古发现，以及由此提出的辽史、契丹史研究的新观点，为学者研究辽代上京道历史地理提供了新的思路和视角。而文集的出版也将进一步推动史学界对此相关问题的研究和探讨。辽金史学会依旧会根据辽金史学界研究的新动向、提出的新观点，合理安排辽金史年会地点，推动辽金史研究向前发展。

韩世明

目　录

辽朝后族政治作为评价[*]

孙伟祥　铁颜颜[**]

近年出土的辽朝《萧仅墓志》记载："我国爰分于两姓。耶律世保承祧之业，萧氏家传内助之风。"[①] 后族与皇族世代联姻，通过血缘的方式在政治利益上凝聚为一体，唇齿相依。无论是国家的建立与兴盛，抑或是衰亡过程中均扮演着重要的角色，因此后族于辽朝具有十分特殊的政治地位。对辽朝后族的政治作为进行评价时，我们应辩证去思考，一方面辽朝后族的出现顺应本民族社会现实发展，在很多政治事件中力挽狂澜，维护辽王朝统治，对一定时期社会发展做出贡献，从而对辽朝政治产生积极的影响；另一方面也应该看到后族势力过分强大，一度威胁到皇权，造成辽代社会的动乱，加速辽王朝的灭亡，从而对辽朝的政治产生了消极的影响。后族对辽朝政治的影响就像一把双刃剑，福祸相依，与辽朝相始终，在不同的时期，后族对辽朝政治作用也不尽相同。现根据辽朝后族势力发展三个时期及整个辽朝历史发展进程对其进行分别讨论。

———

从太祖至穆宗时的辽朝初期，后族在政治上的作用逐渐凸显并进入势力上升期。其在辅助太祖建国、维护皇族统治的同时，在辽初政局稳定中也起到了积极的作用，从而使契丹族建立的辽政权统治日趋巩固。

由于耶律阿保机在当时汉人谋士引导下，开始尝试带领契丹族由内亚

---

　* 本文为国家社会科学基金项目"后族与辽代社会研究"（项目批准号 18CZS018）阶段性成果。

　** 孙伟祥，辽宁大学历史学院；铁颜颜，吉林大学文学院。

　① 赵遽：《萧仅墓志》，载向南《辽代石刻文编》，河北教育出版社 1995 年版，第 191 页。

传统汗国体制向中原君主专制王朝转变，从而触犯了许多契丹旧贵族势力利益，诸多叛乱由此而起。面对内外战争频发局面，后族成员领兵作战并战功卓越。辽太祖淳钦皇后述律平及家族为阿保机提供重要的军事支持，萧敌鲁、萧室鲁、萧阿古知因为英勇善战，常随太祖征战为阿保机心腹，后成为国家功臣，出任要职。淳钦皇后代表的后族在太祖建立和巩固君主专制制度的过程中，不仅提供强大的军事支持，同时也出谋划策，成为核心谋士，在建国初立下了不朽功勋。据史书记载，太祖七年（913），阿保机诸弟为首的家族内部旧势力因不满阿保机破坏契丹社会的世选制度而发生叛乱，"具天子旗鼓，将自立"①。在这样的危急时刻，淳钦皇后"急遣蜀古鲁救之，仅得天子旗鼓而已"②，夺回象征皇权的天子旗鼓，维护了阿保机的政治地位，从而化解危机。又如，太祖九年（915），契丹各部首领联合在一起试图罢免阿保机汗位以恢复旧有的可汗选举制，太祖采取述律后计策通过盐池宴形式诛杀持不同政见者，为辽朝立国扫除最后障碍。太祖遽然离世，辽朝政局由于皇位继承问题开始出现分裂，后族及时起到稳定政局的作用。尤其是在耶律德光被确立为皇位继承人并继承皇位之后，为了消除以耶律倍为首的政治势力潜在的不稳定因素，后族在政治上积极采取措施强化皇权。在淳钦皇后支持下，太宗对人皇王一系进行打击。据《辽史》记载，天显三年（928），"时人皇王在皇都，诏遣耶律羽之迁东丹民以实东平……升东平为南京"③。天显五年（930），"诏置人皇王仪卫"④。

太宗趁人皇王耶律倍不在东丹国之机，直接下令将其控制之东丹国民东迁，并将东平升为辽朝之南京，必然使人皇王对东丹国掌控力度下降，政治影响力亦降低。而天显五年又以正式设置名义上护卫人皇王之仪卫，从而限制其人身自由。最终导致人皇王耶律倍在政治上彻底失势，并于天显五年浮海南渡后唐，太宗在淳钦皇后支持下，皇权得以增强。

然而，亦应看到，伴随着太祖建政及太宗在后族势力支持下称帝，后族势力逐渐壮大崛起，并干预皇位继承、排斥异己、左右政治，对辽初政

---

① （元）脱脱：《辽史》卷1《太祖本纪上》，中华书局1974年版，第6页。

② 同上书，第7页。

③ （元）脱脱：《辽史》卷3《太宗本纪上》，第29—30页。

④ 同上书，第32页。

治局势也产生了一定的消极影响。

后族在发展之际，为进一步巩固自身权势，首先在皇位继承问题上进行干涉。太祖过世之时，在淳钦皇后代表的后族干预下，太祖生前已册封的皇太子耶律倍未能继位，而是另选立了仲子耶律德光。从实际结果来看，太宗耶律德光即位之后，创立国舅帐，从而进一步对后族势力进行扶持，后族政治权益得以暂时满足。太宗南征途中病亡，众将拥护世宗继位，淳钦皇后出于维护家族利益考虑坚持幼子李胡应当继承皇位。史书记载，"太后闻帝即位，遣太弟李胡率兵拒之"①。虽最终两方停战调和，但是后族参与左右皇位继承，造成了契丹建国初期统治集团内部的权力争夺，为以后的党争以及皇位斗争埋下了隐患。例如，世宗朝后族成员萧翰参与太宗诸子企图篡夺皇位之叛乱与穆宗朝后族成员国舅政事萧眉古针对皇权的南奔叛乱出现。虽然历次叛乱被即时镇压，但也对辽朝政局造成动荡，引发政局的暂时动荡。

后族在维护皇族统治的同时，也借机铲除政敌、排除异己，从而壮大自己的家族实力。太祖死后，淳钦皇后家族借太祖下葬之机滥杀政治上不忠于自己的大臣以及不听令者，稳固自己的统治地位。据史书记载，"左右有桀黠者，后辄谓曰：'为我达语于先帝。'至墓所，即杀之。前后所杀以百数"②。淳钦皇后主导制造杀殉百人以上场面，警示对其有防范心理的酋长，虽然暂时能够达到政治威慑作用，然而从长远来看，后族在政治上表现的专横、残忍、冷漠对辽朝政治或多或少都有消极的影响，无形之中降低了初期由于军功等构建的自身权威。亦正因如此，太宗去世之时，鉴于淳钦皇后大杀功臣之先例，契丹贵族多倾向于拥立世宗，最终导致了后族势力一度受阻。

淳钦皇后代表的后族于辽初对中原政权先进文化的抵抗，制约了契丹社会发展的步伐，延缓了辽代社会文明化的进程。虽然淳钦皇后曾向太祖举荐过韩延徽、韩知古等汉族士人，然而其代表的后族在当时政权内部面临的对待中原文化态度问题上曾明确提出："吾有西楼羊马之富，其乐不可胜穷也，何必劳师远出，以乘危徼利乎?"③ 其对契丹传统游牧经济的

---

① （元）脱脱：《辽史》卷5《世宗本纪》，第63页。

② （宋）叶隆礼：《契丹国志》卷13《太祖述律皇后传》，中华书局2014年版，第158页。

③ （宋）叶隆礼：《契丹国志》卷1《太祖大圣皇帝》，第5页。

肯定及对汉文化农业文化不喜之态度不言而喻。在确立皇位继承人时，太祖选定的继承人耶律倍汉化程度颇深，对汉文化比较推崇，若其登基，辽朝社会应当快速走上礼制化道路，因此在皇位继承问题上后族选择了更具有契丹族传统意识的耶律德光。若从此角度分析，太祖病逝之后，围绕皇位继承展开的激烈斗争，表面上看是契丹贵族争夺权力的斗争，实则是倾向儒化的改革派与维护契丹旧有体制统治的后族保守派间的斗争。也正是因为如此，太宗在南下灭晋初失利情况之下，淳钦皇后曾主张，"自古但闻汉和蕃，不闻蕃和汉，汉儿果能回意，我亦何惜和？"其固守草原本位，反对南下中原之意图十分明显。因此，辽初后族在坚持契丹传统与儒化的选择上，左右辽朝政局的发展，实际一定程度上延后了契丹社会的文明化进程。

总之，辽朝初期，后族在辽初政局中起到了举足轻重的作用，在建国之初国家急需用人、政局不稳定之时，后族对阿保机强有力的支持，使其有力地对抗了各种反对力量，稳定了辽初政局。阿保机去世后，后族积极维护皇族统治，消除不安定因素，巩固了辽政权的稳定，在辽初政局方面起到积极作用。随着后族势力逐渐壮大迅速崛起并左右政治，干预皇位继承、消灭政敌，对辽初政治又起到了一定的消极影响，但在辽初期的政治舞台上，后族的作用应是"利"大于"害"，更多发挥了积极的一面。

二

从景宗至兴宗前期的辽朝中期，后族势力发展壮大并达到鼎盛，其对辽朝政治的作用也最为明显。其中，萧思温家族因拥景宗继位有功，使辽景宗睿智皇后家族势力迅速膨胀，在景宗、圣宗朝政局中起到主导作用。兴宗朝初期，辽圣宗钦哀皇后家族势力重新壮大，后族势力发展到鼎盛。无论此期间起到主导作用的为哪一后族家族势力，对辽朝政治影响都起到了一定的积极作用。辽朝在此期间完成中原化改革，国力增强，社会出现中兴盛世，这一切都离不开后族的辅佐。

景宗自幼体弱多病，难以勤理朝政，睿智皇后积极承担辅佐景宗，逐渐代处理朝政任务。"以女主临朝，国事一决于其手。大诛罚，大征讨，蕃汉诸臣集众共议，皇后裁决，报之知帝而已。"① 可见皇后在政事上不仅仅是简单的参与，而是起到了重要的决策作用。景宗也视其为得力助手，肯定皇后参政权力的合法性，据史书记载，保宁七年（975），景宗正式下令，"谕史馆学士，书皇后言亦称'朕'暨'予'，着为定式"②。景宗病逝，后族联合部分皇族成员在皇位交接过程中发挥了关键的作用。圣宗继位年仅12岁，皇帝尚年幼无法处理政务，睿智皇后以嫡母皇太后身份担当起辅佐新皇帝的重任。圣宗前期，军政重大决策皆出自后族。在此期间，辽朝政权内部各方势力利益得以调和，社会发展进步，国家实力增强，人民生活水平提高，政治稳定，与后族的辅佐与支持是分不开的。元朝史家曾对此称赞道，"圣宗称辽盛主，后教训尤多"③，这对于睿智皇后为首后族的政治评价十分中肯。

除此之外，后族积极在军事上支持皇权。辽朝前期开始，中原地区北宋崛起，两个政权之间曾先后大小数十战。圣宗即位初期，北宋发动旨在灭亡辽朝的战争。当时双方实力对比宋强辽弱，面对生死存亡的危急时刻，睿智皇后后族及时挽救大局，辽以少胜多赢得战争胜利。虽然辽取胜的原因有很多方面，萧继远、萧闼览、萧排押等后族成员在战争中战功卓越，后族所起到的关键作用是不容忽视的。除了手握兵权的男性成员激战在最前线，后族中的女性也亲临前线参加战争。睿智皇后曾亲临战场，指挥战争，"时上与皇太后驻兵驼罗口，诏趣东征兵马以为应援"④。除此之外，为进一步稳固后方，"诏皇太妃领西北路乌古等部兵及永兴宫分军，抚定西边；以萧挞凛督其军事"⑤。胡辇太妃即睿智皇后之姐，主动应诏带领三万驻守西北边疆，取得预期稳固当地目的。后族在稳定辽朝边疆的同时还积极促进和平，依据"结夏制宋"战略方针主动与西夏结盟，解除西边的后顾之忧，以对抗宋朝。随着战争进一步升级，辽宋双方均受其害。睿智皇后为首的后族在认清大局势的前提下，主张停战。对此，史书中有明确记载。

---

① （宋）叶隆礼：《契丹国志》卷6《景宗孝成皇帝》，第69页。

② （元）脱脱：《辽史》卷8《景宗本纪上》，第95页。

③ （元）脱脱：《辽史》卷71《景宗睿智皇后萧氏传》，第1202页。

④ （元）脱脱：《辽史》卷11《圣宗本纪二》，第120页。

⑤ （元）脱脱：《辽史》卷13《圣宗本纪四》，第145页。

统和年间，举国南征，后亲跨马行阵，与幼帝提兵初趣威虏军、顺安军，东趣保州。又与幼帝及统军顺国王挞览合势以攻定州，余众直抵深、祁以东。又从阳城淀缘胡卢河逾关，南抵瀛州城下，兵势甚盛，后与幼帝亲鼓众急击，矢集城上如雨。复自瀛州抵贝、冀、天雄，南宋惶遽，驾亲幸澶渊，然后为谋主；至遣王继忠通好，及所得岁币，亦后之谋也。①

　　睿智皇后作为谋主，实际上最终促成与北宋缔结"澶渊之盟"。盟约使辽朝取得与北宋兄弟之国地位。双方结盟后，结束了长期的斗争，为辽宋之间实现了长达一百二十余年的和平局面，各民族人民得以休养生息，促进了契丹民族政权同中原政权的友好往来，双方政治、经济、文化交流密切，使辽朝国力大大提升。由此可见后族在辽朝对外关系的处理上起到了积极的作用。

　　圣宗至兴宗朝初期，后族在辅政的过程中也壮大了自身的势力，并且拥有越来越多的特权，对政治的影响也随之增大，出现了篡权与乱政的局面，逐渐与皇权分庭抗议，对皇权造成一定的威胁和破坏，对辽朝政治产生了一定的消极影响。

　　圣宗去世以后，兴宗生母钦哀后族开始干政，借机发展家族势力，挑起后族家族之间的斗争。钦哀皇后以兴宗生母身份自立为皇太后并摄政，首要施政措施便是对仁德皇后诬陷而打击其家族。此外，钦哀后族当权后摄军国政事，同时开始大力提拔自己的家族成员，"后初摄政，追封曾祖为兰陵郡王，父为齐国王，诸弟皆王之，虽汉五侯无以过"②。出现辽朝重要部门及政事皆掌握在钦哀后族成员手中，"南北面蕃汉公事率其兄弟掌握之。凡所呈奏，弟兄聚议，各各弄权，朝臣朋党，每事必知"③。甚至依附于后族之家的奴仆们也都能够"出入宫掖，诋慢朝臣，卖官鬻爵，残毒番汉"④。从而导致辽朝政局昏暗不堪，岌岌可危。随着后族在政治、经济上地位的增强，后族开始与皇权争夺权力，甚至预谋夺取皇权，发动了以拥立次子耶律重元、夺

---

①　（宋）叶隆礼：《契丹国志》卷13《景宗萧皇后传》，第162页。

②　（元）脱脱：《辽史》卷71《圣宗钦哀皇后萧氏传》，第1204页。

③　（宋）叶隆礼：《契丹国志》卷13《圣宗萧皇后传》，第164页。

④　同上。

取皇权为目的的宫廷政变。此时的耶律重元尚在年幼，钦哀皇太后意图十分明显，谋立少子，进一步干预与掌控皇权。钦哀后废帝之计划虽未实现，钦哀后亦被幽禁，但是后族势力并没有被完全消灭，当时朝中重臣依旧多由钦哀后族成员担任。

在辽朝中期，睿智皇后家族与政时期，虽然后族权力强盛，但整个后族还是以维护皇族和维护辽朝政权的稳定为基点，与同皇族的反对势力和外部势力作斗争。后族兢兢业业辅政，英勇善战，开拓疆土，维护辽朝社会和平稳定，使辽朝加快了文明化进程，推动了契丹社会的文明脚步，使辽朝实现中兴盛世。钦哀后族与政时期，后族势力已经发展到足以与皇族抗衡，并成为威胁皇权的主要力量。钦哀后族在政治上并无过多建树，一直致力于篡权乱政、阴谋篡夺皇位，对皇权产生威胁，致使辽政局动荡，对辽朝社会造成了极坏的影响，辽朝由盛渐衰。由此可见，后族在辽朝中期与政时，不仅是实现辽朝社会中兴的主要贡献者，同时还是辽朝社会由盛转衰的始作俑者，论其对辽朝中期的政治作用，可谓是积极与消极并存，与辽政局福祸相依。

三

在道宗至天祚帝时期的辽朝后期，受之前钦哀皇后废黜兴宗事件的影响，使统治者开始意识到后族势力过大的不良后果，极力控制后族的发展，使其势力大大受损。即使如此，辽朝后族仍然凭借自身仅次于皇族的政治地位，参与辽朝事务，亦发挥了重要作用。

辽道宗时期，"后常慕唐徐贤妃行事，每于当御之夕，进谏得失"[1]，即道宗宣懿皇后不仅在文学上有较深的造诣，而且善于劝谏皇帝、品评皇帝政治得失来弥补当时朝政弊端。辽末天祚帝在位时期，东北女真族在首领阿骨打带领下迅速崛起，对辽朝发起强大的进攻，已严重威胁到辽朝边疆稳定。然而天祚帝此时仍然"畋游不恤，忠臣多被疏斥"[2]。对此情况，后族成员亦曾劝谏天祚帝，然其对此却视而不见，无动于衷，失去在后族

---

[1] 王鼎：《焚椒录》，《续修四库全书》"杂史类"，第 423 册，上海古籍出版社 2002 年版，第 506 页。

[2] （元）脱脱：《辽史》卷 71《天祚帝文妃萧氏传》，第 1206 页。

引导之下最后励志图新机会。

同时，辽朝后期道宗、天祚帝时期，后族整体实力一直呈下降趋势，为获取更多的政治利益，当时陈国王萧孝友与同知北院枢密使事萧胡睹父子、统军使萧迭里得、驸马都尉参及弟术者、图骨等后族部分成员积极参与举兵拥立重元为帝事件，向皇族发出了正面挑战。虽然重元之乱亦最终被镇压，但足以证明此时后族仍然能够在某种程度上与皇族抗衡，对皇权造成严重的威胁，极大地削弱了辽朝的统治势力，对辽朝政局的稳定也带来了相当大的危害。从暴力专权到拥兵叛乱，后族内部势力与皇族的争斗一直存在，此时后族与政不仅对辽末政局产生了消极的作用，同时也为辽的灭亡拉开了序幕。

除此之外，后族内部为了各自不同的权力和利益已经进一步分化，内部争斗愈演愈烈。其中，道宗中后期，属于后族成员的知北枢密院事萧余里也、驸马都尉萧霞抹、萧十三等人与耶律乙辛政治集团相勾结，大肆诬陷、迫害宣懿皇后，又杀太子及其妃，制造了一系列政治惨案。史书载"（乙辛）一旦专权，又得孝杰、燕哥、十三为之腹心，故肆恶而无忌惮。始诬皇后，又杀太子及其妃，其祸之酷，良可悲哉。"① 从表面上看，这似乎是以耶律乙辛为首的权臣一党与以皇太子为核心的太子党之间的党争。然而该两党的背后，也各有后族势力作为援引，一定程度上仍然属于后族内部家族之间的同族相争。这种后族之间内部争斗在辽朝后期天祚帝朝发生的文妃被萧孝先诬陷致死一案中更加明显。由于选立皇储问题，再次引发出身渤海王族且受到部分后族成员支持的文妃家族与元妃后族两家族之间的较量。

　　　　保大元年（1121），"一日，其姊若妹俱会军前，奉先讽人诬驸马萧昱及余睹等谋立晋王，事觉，昱、挞曷里等伏诛，文妃亦赐死；独晋王未忍加罪。余睹在军中，闻之大惧，即率千余骑叛入金。"②

表面结果为文妃势力被荼毒至净，虽然看似萧奉先家族一系取得胜利，暂时代表后族执掌朝政。然而"辽之亡也，虽孽降自天，亦柄国之

---

① （元）脱脱：《辽史》卷111《奸臣传下·赞》，第1495页。
② （元）脱脱：《辽史》卷29《天祚皇帝本纪三》，第341页。

臣有以误之也。当天庆而后，政归后族。奉先沮天祚防微之计，陷晋王非罪之诛，夹山之祸已见于此矣"①。后族之间在追逐利益、权力时发生的政治分化，导致辽朝后期政治斗争不断，使辽朝势力渐弱，最终使后族整体政治影响力受损，直至辽王朝灭亡。

当辽朝政权运行到末期，虽后族中不乏如宣懿皇后等这样积极参政劝谏皇帝之人，以及仁懿太后坚持维护皇族的尽忠之士，对辽朝末期的政局做出了积极的贡献；但在辽朝后期党争不断、辽朝政权岌岌可危的情况下，后族过分与政并积极参与党争只会加剧辽王朝的矛盾，对辽朝政局产生的消极作用远大于其积极作用，从而加速辽朝灭亡。

总而言之，有辽一朝，皇族某种程度上并非唯一的执政者，后族萧氏具有强大的政治势力，能够与皇族共同掌管辽朝国政，因此，辽朝后族的兴衰与辽朝的政治命运息息相关。辽朝初期，述律皇后代表的辽朝后族不仅为契丹民族化家为国及其历史进程做出过卓越贡献，维护了辽初政局稳定，同时后族独断专权、排除异己、干扰皇位继承。此时后族与政利大于害，后族在辽初政局中主要起到了积极的作用。辽朝中期，睿智皇后与政，辽朝社会初步完成文明化改革，政局稳定，辽朝社会呈现中兴盛世。钦哀皇后与仁德皇后的政争也拉开了辽王朝衰落的序幕，为辽朝后期政乱不断埋下隐患。此时后族与政好坏参半，对辽政局影响积极与消极并存。但辽朝后期后族之间、后族与皇族之间的权力博弈往往导致党争不断，削弱辽王朝统治力量，从而使辽朝逐渐走向衰败。此时后族与政犹如厝火积薪，对辽政局主要起到消极的影响。因此，后族对辽朝政治的影响就像一把双刃剑，无论哪个时期均包含了积极与消极两方面，对辽朝后族的与政评价要具体情况具体分析，不能一概而论，元朝史家所谓"以是而兴，以是而亡"② 属于比较客观而全面的评价。

---

① （元）脱脱：《辽史》卷 102《列传第 32·赞》，第 1443 页。
② （元）脱脱：《辽史》卷 67《外戚表》，第 1027 页。

辽朝柴册仪刍议

王 凯[*]

柴册仪是辽朝吉礼中之重要礼仪,辽朝九位皇帝中除太祖以燔柴替代,穆宗无明确记载外,其余皆在即皇帝位后行柴册之仪,甚至有辽太宗两次行柴册仪之记载,足见柴册仪在辽朝政治生活中的重要性。柴册仪既有祭天、祭神等内容,又有登坛受册之特殊形式,使其不仅是祭祀仪式,更是作为辽朝皇帝即位之重要标志。

鉴于此,早在 20 世纪 40 年代学界便对柴册仪有所关注,其研究焦点多集中于柴册仪的起源、演变等。[①] 进入 21 世纪后,则鲜有专门文章涉及此等问题。本文不揣鄙陋,拟从礼仪程序、礼仪"番汉"因素等角度对辽朝柴册仪进行探讨,同时借此讨论辽朝皇帝身份二重性问题,并求证于方家。

一 柴册仪程序

现有史料中,只有两则史料详细记载了柴册仪内容,其中最详细者莫过于《辽史·礼志》:

> 择吉日。前期,置柴册殿及坛。坛之制,厚积薪,以木为三级,坛置其上。席百尺毡,龙文方茵。又置再生母后搜索之室。皇帝入再

---

* 王凯,河北工程技术大学。

① 陈述:《契丹史论证稿》,北平研究院 1948 年版;王民信:《契丹柴册仪与再生仪》,《契丹史论丛》,学海出版社 1973 年版;朱子方:《论辽代柴册礼》,《社会科学辑刊》1985 年第 1 期;舒焚:《辽帝的柴册仪》,《辽金史论集》(第四辑),书目文献出版社 1989 年版;田广林:《契丹礼俗考论》,哈尔滨出版社 1995 年版等。

生室，行再生仪毕，八部之叟前导后扈，左右扶翼皇帝册殿之东北隅。拜日毕，乘马，选外戚之老者御。皇帝疾驰，仆御者、从者以毡覆之。皇帝诣高阜地，大臣、诸部帅列仪仗，遥望以拜。皇帝遣使敕曰："先帝升遐，有伯叔父兄在，当选贤者。冲人不德，何以为谋？"群臣对曰："臣等以先帝厚恩，陛下明德，咸愿尽心，敢有他图。"皇帝令曰："必从汝等所愿，我将信明赏罚。尔有功，陟而任之；尔有罪，黜而弃之。若听朕命，则当谟之。"佥曰："唯帝命是从。"皇帝于所识之地，封土石以志之。遂行。拜先帝御容，宴飨群臣。翼日，皇帝出册殿，护卫太保扶翼升坛。奉七庙神主置龙文方茵。北、南府宰相率群臣围立，各举毡边，赞祝讫，枢密使奉玉宝、玉册入。有司读册讫，枢密使称尊号以进，群臣三称万岁，皆拜。宰相、北南院大王、诸部帅进赭、白羊各一群。皇帝更衣，拜诸帝御容。遂宴群臣，赐赉各有差。①

由以上可知，柴册仪共行二日。前期准备阶段，先设置柴册殿及祭坛。以木材堆积高台，其上设置祭坛，祭坛之上铺设百尺龙纹方形毡。最后设置再生、母后及搜索室。

首日，皇帝先于再生室内行再生仪。再生仪毕，契丹八部之长者前导后扈，左右护持着皇帝至册殿之东北处行拜日仪。拜日毕，皇帝则乘由外戚长者所驭之马疾驰。随后，驭马者及从者以毡覆盖皇帝并带至一处高地。高地处，大臣、诸部早已列仗以待。皇帝遣使者向群臣表达让贤之意，群臣则以效忠之心对之。于是，皇帝与群臣订立誓约，皇帝"将信明赏罚"，群臣则"唯帝命是从"，并勒石记之。随后，皇帝祭拜先帝御容并大宴群臣。

次日，皇帝出柴册殿，由护卫太保护持登祭坛。祭坛中奉七庙神主于龙纹方形毡之上，群臣则各手持龙纹方形毡边，站成一圈。枢密使捧玉宝、玉册入，有司读册文讫，枢密使进尊号，群臣三称"万岁"并跪拜。宰相、北南院大王、诸部帅则进赭、白羊各一群为贺。最后，皇帝更衣，祭拜先帝御容，大宴群臣并赏赐。

---

① 《辽史》卷49《礼志一》，中华书局1974年版，第836页。

以上即为《辽史·礼志》中对柴册仪之描述，据此可知，该仪式大致有再生、拜日、立誓勒石、拜容、受册等部分组成。

鉴于辽、宋百年友好交聘关系，宋人笔记中往往能记录时人出使辽境见闻，其中王易所作《燕北录》中便有关于柴册仪之描述：

> 先于契丹官内拣选九人，与戎主身材一般大小者，各赐戎主所着衣服一套，令结束九人假作戎主。不许别人知觉。于当夜子时，与戎主共十人相离出小禁围，入大禁围内，分头各入一帐，每帐内只有蜡烛一条，椅子一只，并无一人。于三日辰时，每帐前有契丹大人一员，各自入帐列何骨腾（汉语捉认天时也），若捉认得戎主者，宣赐牛羊驼马各一千。当日宋国大王（戎主亲弟）于第八帐内捉认得戎主，番仪须得言道"我不是的皇帝"，其宋国大王却言道"你的是皇帝"。如此往来，番语三遍，戎主方始言是，便出帐来，着箱内番仪衣服，毕次第行礼。先望日四拜，次拜七祖殿木叶山神，次拜金神，次拜太后，次拜赤娘子，次拜七祖眷属，次上柴笼受册。次入黑龙殿受贺。当日行礼罢，与太后太叔同出大禁围，却入小禁门内，与近上番仪臣僚夜宴至三更退。①

上文着重描写柴册仪中捉认天子一环节。预先选取九名与皇帝身材相仿者，与皇帝共十人分别入十顶帐篷。每顶帐篷皆有一位大臣辨认皇帝，成功辨认者赏赐牛、羊、驼、马各一千。皇帝被认出后，则出帐更衣，此即为捉认天子。捉认天子毕，皇帝依次行拜日、七祖、木叶山神、金神、太后、七娘子、七祖眷属。拜迄，皇帝登柴笼受册，入黑龙殿受贺。仪式结束，是日，皇帝宴请群臣至三更。

以上即为《燕北录》所记辽朝柴册仪之情形，其与《辽史》所载相较，程序大体一致。但王易所重点描述之捉认天子，《辽史》中则并未记载。然《辽史》记载中亦有先期准备阶段设置搜索室之举，此应为王易笔下"捉认天子"之十顶帐篷。由此，可以推测王易所记应为柴册仪之前部，故，柴册仪完整程序应为再生仪、捉认天子、拜日、立誓勒石、祭

---

① 《燕北录》，转引自《说郛》卷38，涵芬楼版。

拜御容及山神等、受册、受贺。

二　再生仪、燔柴与柴册仪之关系

尽管《辽史》与《燕北录》已经大致描述了柴册仪具体内容，然仍有两处有待进一步阐释。一为再生仪与柴册仪之关系。《辽史》中曾记载辽皇帝行再生柴册仪或再生及柴册仪。柴册仪中既然已包含再生仪，为何二者于记载中又会重复出现，值得探讨；二为"燔柴"与柴册仪之关系。柴册仪既为皇帝即位重要标志，为何辽太祖未曾行柴册仪，而以"燔柴告天"即皇帝位，并且此后又有两次"燔柴"之记载。

（一）再生仪与柴册仪之关系

再生为契丹传统习俗，《辽史·国语解》曰："国俗，每十二年一次，行始生之礼，名曰再生。"既为国俗，再生于契丹族内部便比较普遍，应无对身份之限制，其所行"始生之礼"亦不过为一种习俗，是由"十二属纪年进一步发展而来"[1]，表达庆祝本命年以及尊重女性之意。而由再生习俗创制出再生仪后其含义则与之大不相同，并随着阶段不同，其含义呈现一种变化性。

《辽史》记载再生仪为阻午可汗所创，其时正是遥辇氏部落联盟初建时期，急需创立一系列制度、仪式以维护统治，再生仪的创制正是此时巩固统治之需要。[2]"故事，为夷离堇者，得行再生礼。罨古只方就帐易服，辖底遂取红袍、貂蝉冠，乘白马而出。乃令党人大呼曰：'夷离堇出矣！'众皆罗拜，因行柴册礼，自立为夷离堇。"[3]耶律辖底自立夷离堇事件中须得先行再生仪，后行柴册仪方为夷离堇。这表明当时再生仪与柴册仪共为新首领即位之标志。此时，再生仪的含义与最初再生习俗已经相去甚远，由单纯的纪念本命年转变为部落公选制度下庆贺新首领即位或忏悔往

---

[1]　朱子方：《辽代复诞礼管窥》，《辽金史论集（一）》，上海古籍出版社1987年版，第111页。

[2]　武玉环：《契丹族的〈再生仪〉刍议》，《史学集刊》1993年第2期。

[3]　《辽史》卷112《逆臣上》，中华书局1974年版，第1498页。

年罪孽、替代杀毫君的一种方式。①

　　辽朝建立后，再生仪为皇室所垄断。史料记载中唯有耶律休哥因功特赐行再生仪，其余皆为皇帝、太后、皇太子行此仪。此时，再生仪的含义再次发生变化。阿保机变家为国后，皇帝（契丹部落联盟首领）由部落公选变作世袭，再生仪作为公选制度下新首领即位的标志作用开始淡化。与此同时，另一种含义在逐渐凸显，即祈福、庆贺。统和四年，承天太后以南征分别于十月、十一月行再生仪为帝祈福即为明证。又如，重熙十八年六月，辽兴宗行再生仪，翌月便出兵伐夏。显然，此次再生仪是为伐夏祈福。朱子方先生曾就辽朝再生仪未按期举行而考证了六种情形："庆祝胜利、居丧延期、镇压农民起义、祈求战争胜利、因病因事祭神祈福、优礼功勋重臣。"② 此六种情形中，庆贺、祈福是辽朝举行再生仪的主要原因。此时，辽朝再生仪已经完全成为一种庆贺、祈福礼仪，《辽史·礼志》中亦是将之归于嘉礼中。因此，再生仪在礼仪含义上已经与作为皇帝即位标志的柴册仪大相径庭，成为一种独立的礼仪。此外，耶律辖底自立夷离堇事件已经说明早在遥辇氏部落联盟时期，其与柴册仪便为各自独立之礼仪。《燕北录》中亦明确记载王易所见道宗行柴册仪并未包含再生仪。

　　至于《辽史·礼志》中为何出现柴册仪包含再生仪之情形，则应该是元朝史臣编撰过程中过于仓促，误将会同元年辽太宗行"再生柴册仪"或清宁四年辽道宗行"再生及柴册仪"之情形③记作柴册仪。又鉴于《辽史·礼志》所记柴册仪中有"七庙神主"，而辽太宗时虽已有宗庙，但尚未有"七庙神主"，从肃祖至太祖不过五庙。辽道宗时期，则由太祖至兴宗恰为七庙，故《辽史·礼志》误将辽道宗清宁四年行"再生及柴册仪"记作柴册仪的可能性大。

（二）"燔柴"与柴册仪之关系

　　《辽史》中关于太祖行"燔柴"之记载有三次，主要集中于辽太祖即

---

　　① 王民信：《契丹的柴册仪与再生仪》，《契丹史论丛》，学海出版社 1973 年版。

　　② 朱子方：《辽代复诞礼管窥》，《辽金史论集》（一），上海古籍出版社 1987 年版，第120 页。

　　③ 此二例为《辽史》中仅有的两次再生仪与柴册仪同时举行之记载。

位初期：

太祖元年，阿保机"命有司设坛于如迂王集会埚，燔柴告天"即皇帝位；太祖六年，刺葛等人趁阿保机征术不姑，再次谋反。阿保机于十七泺"燔柴"，刺葛等人谢罪；太祖七年，刺葛、迭刺哥、安端等人再次谋反。迭刺与安端以入觐为名，率兵进攻阿保机。随后计谋被识破，迭刺、安端被囚。刺葛等抢夺旗鼓、神帐而走，阿保机派兵追击，最终俘获刺葛等人，平定诸弟叛乱。同年，辽太祖于莲花泺"燔柴"。

上述三次"燔柴"，皆是在不同的政治形势下实行的，亦有不同含义。

首先，阿保机并非以契丹族传统世选方式即皇帝位，而是改变契丹"三年一代"之习俗，以武力夺得大权。因此，阿保机不需行包含"捉认天子"的传统柴册仪，而行"燔柴告天"。古代民族历来信奉天命，对上天充满敬畏，契丹族亦如此。辽朝皇帝祀天非常频繁，"一岁祭天不知其几"，皇帝尊号亦多与天有关，如太祖为天皇帝，世宗为天授皇帝，穆宗为天顺皇帝等。由此可知，天命观念在辽朝政治中的地位。阿保机即皇帝位，既然未经契丹各部首领选举，那么以"燔柴告天"便是要彰显君权神授，证明阿保机即皇帝位之"合法性"。故，太祖元年所行"燔柴"为祀天之举，以此代替柴册仪。

其次，太祖六年、七年两次"燔柴"之举与平息诸弟之乱有关。阿保机以武力即皇帝位，阻断了家族内其他成员世选可汗之机会，故而连续三次发生诸弟叛乱。太祖五年，刺葛、迭刺、寅底石、安端阴谋叛乱，未待有所行动，便被告发。最终以辽太祖"登山刑牲，告天地为誓而赦其罪"①而告终。尽管如此，此后两年刺葛、迭刺等人仍两次叛乱。太祖六年，刺葛、迭刺、寅底石等领兵阻道。阿保机避其锋芒，于十七泺"燔柴"。随即，诸弟便遣使谢罪。此次叛乱中，阿保机未费一兵一卒便平息叛乱，关键之处便是"燔柴告天"。这是再次强调君权神授并以此获得契丹贵族支持的举措。因此，此次"燔柴"之举与太宗元年所行礼仪含义相同，可视作柴册仪的一种替代形式。而太祖七年所行"燔柴"仪式是在完全平息诸弟之乱举行，此举一则是庆祝叛乱平息，敬谢上天；二则是

---

① 《辽史》卷1《太祖纪上》，中华书局1974年版，第5页。

再一次彰显其君权神授。

最后，辽太祖三次"燔柴"皆可视作对柴册仪的一种代替。前文已述，辽太祖以世袭取代世选即皇帝位，故不行"捉认天子"之仪，单以"燔柴"告天。正因为辽太祖废"三年一代"之举，断绝其他贵族世选可汗之路，而引起传统势力的不满，才使得诸弟发生叛乱。辽太祖一方面以武力平息，另一方面则向传统势力妥协，不断地以"燔柴"告天即一种变相的柴册仪，来强调即位的合法性，来取得契丹贵族的支持。

此外，会同三年，辽太宗亦曾行燔柴之举，此次应是一种单纯的祭祀行为，与柴册仪并无太大关系。辽太宗曾分别于天显二年、会同元年行过柴册仪，尤其后者是在辽太宗扶立后晋，获得燕云十六州并接受后晋所上尊号的情形下举行，此举是为彰显辽太宗已成为草原和汉地的共主。故会同三年似无必要再行柴册仪，而此次"燔柴"之举则似与辽朝另一种礼仪——蒸节仪有关。

《辽史·营卫志》云："有辽始大，设制尤密。居有宫卫，谓之斡鲁朵，出有行营，谓之捺钵。"① 斡鲁朵，汉语译作宫，又称宫卫。皇帝去世后，其宫卫则"继而成为在位皇帝扈从之一"②，并设立先帝之行宫以及行宫内供奉先帝、后妃金像之小毡殿一同跟随当朝皇帝四时捺钵。

此后，每逢"节辰、忌日、朔望，皆致祭于穹庐之前。又筑土为台，高丈余，置大盘于上，祭酒食撒于其中，焚之"③，此即为蒸节仪，又称作烧饭。《契丹国志》云："（皇帝）既死，则设大穹庐，铸金为像，朔、望、节、辰、忌日辄致祭，筑台高丈余，以盆焚食，谓之烧饭。"④ 其中"穹庐"为先帝行宫，而《契丹国志》所言"大穹庐"则为供奉先帝、后妃金像之毡殿，即所谓神帐。

由上文所述，可知蒸节仪举行时间为"节辰、忌日、朔望"，仪式内容为致祭于先帝行宫、神帐，并焚烧酒食等祭品。辽太宗会同三年"十二月壬辰朔，率百僚谒太祖行宫。甲午，燔柴。礼毕，祠于神帐"。于时间上符合朔望之际，而谒太祖行宫、燔柴、祠于神帐等亦符合"致祭于

① 《辽史》卷 31《营卫志上》，中华书局 1974 年版，第 361 页。
② 杨若薇：《契丹王朝政治军事制度研究》，中国社会科学出版社 1991 年版，第 18 页。
③ 《辽史》卷 49《礼志一》，中华书局 1974 年版，第 838 页。
④ 《契丹国志》卷 23《建官制度》，齐鲁书社 2000 年版，第 173 页。

先帝行宫、神帐，并焚烧酒食等祭品"之行为。故辽太宗会同三年所行"燔柴"之举，实为行蒸节之仪。

三　柴册仪中"番汉"因素

契丹族起于我国北疆，信奉萨满教，认为天地、山岳、太阳、河流等自然万物皆有灵。同时，长期的游牧、射猎生活中，契丹族亦产生与之相适应的生活习俗及信仰。凡此皆于辽朝吉礼中得到充分展现。加之契丹族长期受到中原文化熏染，唐朝时，契丹可汗曾参与泰山封禅，对中原礼仪有更直接认识。至辽政权建立后，成熟完备的中原礼仪对其礼制创制产生重要影响。故此，柴册仪虽为契丹传统礼俗，但其中必然是"番、汉"双重因素相互交织。

（一）契丹传统因素

1. 祭祀对象

柴册仪主要为祭祀上天与祭日两种，皆由契丹族传统信仰习俗发展而来。虽《辽史》有云"终辽之世，郊丘不建"①，然契丹族传统习俗中非常重视天神、地祇祭祀，这与契丹族传统萨满教信仰有关，萨满教神灵信仰中认为万物有灵，而天神、地祇尤重。故辽朝凡举兵、新皇即位、丧葬、天地异象等皆祭祀天地，甚至无特殊情况亦祭祀。宋人称"契丹其主称天，其后称地，一岁祭天不知其几，猎而手接飞雁，鹘自投地，皆称为天赐，祭告而夸耀之"②。因此，辽朝虽无专门祭祀天地之仪，但将其融入多种祭祀中，如辽朝祭山大礼中有皇帝、皇后亲祀天神地祇。

契丹族长期生活于中国北疆酷寒之地，故将太阳作为温暖的象征而崇拜。《新五代史》云："契丹好鬼而贵日，每月朔旦，东向而拜日，其大会聚视国事，皆以东向为尊，四楼门屋皆东向。"③《文献通考》亦有类似记载；《辽东志略》记载契丹甚至自称"太阳契丹"。故此，辽朝将传统"贵日"习俗以礼仪形式固定下来，设立拜日仪。而由"贵日"产生的

---

① 《辽史》卷56《仪卫志二》，中华书局1974年版，第908页。
② 《宋史》卷8《真宗二》，中华书局1974年版，第172页。
③ 《新五代史》卷72《四夷附录一》，中华书局1974年版，第888页。

"崇东"心理亦体现于辽朝吉礼中，如辽朝"凡祭皆东向，故曰祭东"①；祭山仪中将天神、地祇设于东向，祭品亦抛于东侧等。至于岁除仪则完全是契丹族火神祭祀行为的礼仪化，其应为由"贵日"信仰而衍生出对火之崇拜。

2. 捉认天子

《燕北录》记载，柴册仪中皇帝及与其身材相仿者共十人分别入十顶帐篷，由契丹大臣捉认，称为"列何骨腾"，即"捉认天子"；《辽史·礼志》所记柴册仪中立誓勒石时"皇帝遣使敕曰：'先帝升遐，有伯叔父兄在，当选贤者。冲人不德，何以为谋？'"二者虽内容不同，但皆可视作契丹族部落联盟时期"民主公选"传统的残留。契丹可汗最初为世选制，可汗家族内贵族皆有世选资格。不论"捉认天子"中的与皇帝身材相仿者还是皇帝口中"伯叔父兄"，皆代表可世选可汗之贵族。而"捉认天子""立誓勒石"正是选举契丹可汗的一种仪式化表现形式。

此外，柴册仪中皇帝登坛后，有"北、南府宰相率群臣圜立，各举毡边"之举，鲜卑族传统选汗仪式中亦有类似行为。《北史》中记载北魏孝武帝"即位于东郭之外，用代都旧制，以黑毡蒙七人，欢居其一，帝于毡上西向拜天讫，自东阳、云龙门入"②。所谓"代都旧制"即鲜卑族传统选汗方式，其"以黑毡蒙七人"与契丹由群臣举毛毡之举颇为相似。况且契丹起源于鲜卑族③，故辽朝柴册仪中举毛毡之举应与鲜卑族似有某种传承。

至于柴册仪中将皇帝由马上摔下，并以毡垫包裹之方式，与突厥选可汗之方式亦有相似性。突厥可汗初立"扶令乘马，以帛绞其颈，使才不至绝，然后释而急问之曰：'你能作几年可汗？'其主既神情瞀乱，不能详定多少。臣下等随其所言，以验修短之数"④。突厥可汗乘马然后以帛勒脖子，与契丹人将皇帝由疾驰的马上扑下有类似之处，并且契丹曾一度依附于突厥，在突厥文化影响下制成此种选汗方式有极大的可能。

① 《辽史》卷116《国语解》，中华书局1974年版，第1542页。

② 《北史》卷5《魏本纪第五》，中华书局1974年版，第170页。

③ 张柏忠：《契丹早期文化探索》，《考古》1984年第2期；杨树森：《辽史简编》，辽宁人民出版社1984年版；李桂芝：《辽金简史》，福建人民出版社1996年版；等等。

④ 《北史》卷99《突厥传》，中华书局1974年版，第3287页。

3. 服饰

辽朝服饰分"国服""汉服"两种，所谓"北班国制，南班汉制，各从其便焉"①。"国服"即为契丹族传统服饰。早期契丹服饰较简单，材质多为皮毛，"以青毡为上服"。随着辽朝礼制的建立，服饰制度亦得以完备，"国服"分作祭服、朝服、公服、常服、畋猎服、吊服等。

《辽史·礼志》虽对柴册仪无明确服饰描述，但其既为契丹族传统礼仪，所穿服饰应为"国服"，且《燕北录》中记载皇帝"著箱内番仪衣服"亦表明柴册仪中皇帝应着"国服"，惜其具体形制不得而知。

据耶律辖底自立夷离堇时之情形，可知遥辇氏部落联盟时期，夷离堇行柴册仪着"红袍、貂蝉冠"。上文提及，契丹族早期"以青毡为上服"，为何在如此重要之礼仪中夷离堇要着红袍？上述史料出自《魏书》，北魏年间契丹族或尚青色。然而契丹族自大贺氏部落联盟时期便内附中原，并接受唐朝册封。柴册仪创自阻午可汗之手，彼时契丹族对中原文化之了解日益加深，因此中原服饰对契丹亦有影响。唐朝服饰中官员以服紫、红为尊，故契丹族应受此影响，由尚青变为尚红。至于貂蝉冠则"本为北族王冠"，"其形制是以黄金为冠盔，上插两行貂尾，垂于胸前"②。契丹部落联盟首领所穿服饰应与之类似，但规格更高。

辽朝建立后，虽然行柴册仪之权力已经收归于皇帝一人，但其服饰应有继承性。《辽史·礼志》记载，阿保机燔柴即帝位时，"朝服衷甲，以备非常"。虽如此，但所穿仍为国服中之朝服。故，辽朝柴册仪中皇帝着国服中之朝服，即"实里薛衮冠，络缝红袍，垂饰犀玉带错，络缝靴"。这正与上文所提"红袍、貂蝉冠"相类似。辽太宗时期，又将之改作锦袍、金带。

（二）中原文化因素

1. 印信、册书

早在战国时期便有印信，秦朝有"乘舆六玺"，使印信成为皇权正统的重要象征。契丹族最初只是游牧部落，并无符印等物，后与中原政权的交往中得以出现印信。隋朝时，曾有契丹别部首领孙敖曹为金紫光禄大

---

① 《辽史》卷56《仪卫志二》，中华书局1974年版，第906页。
② 田广林：《契丹礼俗考论》，哈尔滨出版社1995年版，第154页。

夫，隋朝金紫光禄大夫为从二品，当时或已授印信。故契丹早在隋朝时便应有印信。契丹内附唐朝后，接受唐朝册封，其首领窟哥"为左领军将军兼松漠都督府、无极县男，赐姓李氏"。此时，契丹族亦应有唐朝所赐印信。后契丹曾一度依附于回鹘，"受印于回鹘"。至唐会昌二年，"回鹘破，契丹酋屈戍始复内附，拜云麾将军、守右武卫将军。于是幽州节度使张仲武为易回鹘所与旧印，赐唐新印，曰'奉国契丹之印'"。此为有史可查关于契丹印信最早记录。至会同九年，辽太宗伐后晋，中原传国宝、金印等尽归于辽。

此后，辽朝亦创制多种印信，御前宝、诏书宝、契丹宝等，其中柴册仪中所用之玉宝便应为辽朝所创制之契丹宝。《辽史·仪卫志三》中记载，契丹宝用于受契丹册仪中。辽朝所创"受契丹册仪"实际以柴册仪为蓝本，结合唐礼而成。故而，两者所用之印信应一致即契丹宝。至于柴册仪初创之时，契丹一度依附回鹘，故所用应为回鹘所赐之印。唐会昌二年以后，契丹柴册仪所用应为"奉国契丹之印"。

2. 宗庙、御容

上文柴册仪程序中亦述需将"七庙神主置龙文方茵"，王易则记载皇帝需拜七祖殿及七祖眷属（《燕北录》记载眷属"具是木人，着红锦衣"，即御容）。尽管二者所记有所出入，皆是《辽史·礼志》中所记皇帝于柴册仪中亲行告庙之行为。

宗庙制度是中国古代特有的祖先祭祀制度，所谓"宗庙之礼，所以祀乎其先也"。早在商周时期，宗庙制度便已出现，而且宗庙不仅是祭祀之所，更是社会地位、等级之体现。而其中最直观之体现便是庙数，所谓"天子七庙，三昭三穆，与太祖之庙而七；诸侯五庙，二昭二穆与太祖之庙而五……士一庙。庶人祭于寝"。历来中原王朝皆重视宗庙，王朝建立之初便设立宗庙制度。

契丹族早期"父母死而悲哭者，以为不壮。但以其尸置于山树之上，经三年之后，乃收其骨而焚之。因酹而祝曰：'冬月时，向阳食。若我射猎时，使我多得猪鹿'"。① 由此可见，契丹人死后先树葬后火葬，而以死后三年焚烧尸骨、唱"焚骨咒"来表达祖先崇拜。故此，

---

① 《隋书》卷54《契丹传》，中华书局1973年版，第1881页。

以宗庙祭祀祖先是辽朝承袭自中原文化。但辽朝宗庙制度与中原王朝有所不同，一方面辽朝分别立始祖庙、祖考庙、太祖庙、太宗庙、世宗、穆宗、景宗、圣宗、兴宗、道宗庙以及让国皇帝庙；另一方面，辽朝亦有七庙之制。开泰十年，"上（圣宗）升玉辂自内三门入万寿殿，进七庙御容酒"。同时，辽朝创制了告庙、谒庙之仪，并规定"凡瑟瑟、柴册、再生、纳后则（皇帝）亲行之"，宗庙制度得以在辽朝完全确立下来。

御容又称作"御像""神御"，该词最早见于《唐朝名画录》，阎立本"尝奉诏写太宗御容"①。御容之范围不仅限于帝、后之画像，亦有塑像之类，材质以木质、石质、金属为主。御容最早可追溯至魏晋时期，彼时受佛教文化影响，帝王多塑等身佛像。② 隋朝时，文帝亦曾造等身像"颁诸四方"③。

唐以后，御容盛行，辽朝亦建有御容之制。辽朝皇帝去世后皆制御容，且各皇帝陵寝亦有御容殿。辽朝御容与中原御容制度相较其不同之处在于将御容之制与宗庙制度相结合。辽朝宗庙之中不仅放置神主，亦将御容置于其中。如辽朝始祖庙中便供奉"奇首可汗、可敦并八子像"。此外，辽朝还创制薨节仪，将帝后之御容置于穹庐之中，随皇帝宫卫四时捺钵，朔望、节辰、忌日皆祭拜之。

余论

综上所述，柴册仪为辽朝传统礼仪，肇建于阻午可汗时期，源自契丹部落联盟时期"民主公选"之传统，后于辽朝建立后，经中原礼仪文化之改造，成为辽朝政治生活中重要礼仪。虽然《辽史·礼志》将柴册仪归于吉礼，但其内容既有祭祀上天、神灵之举，又有皇帝登坛受册之程序，故其并非单纯祭祀行为。柴册仪中捉认天子、立誓勒石等程序表现的是部落联盟时期民众"公选"新可汗之情形，而祭祀上天、神灵、祖先则是

---

① （唐）朱景玄：《唐朝名画录》，四川美术出版社1985年版，第8页。
② 王艳云：《辽代御容及其奉安制度》，《南京艺术学院学报》2012年第1期。
③ 新文丰出版公司编辑部：《石刻史料新编》第1辑，新文丰出版公司2006年版，第3058页。

表现君权神授，新可汗得到了上天、祖先的认可。因此，柴册仪是契丹可汗即位之标志性仪式。

在建立与中原王朝性质相同的辽政权后，仍保留柴册仪这一契丹族可汗即位仪式，实为对内亚传统之保留。一方面，辽初契丹贵族中保守势力依然强大。诸弟之乱不仅表明契丹贵族对于辽朝皇帝仍有一战之力，亦说明"世选"制于辽朝依然"深得人心"。故此，辽朝以保留柴册仪来向契丹保守贵族妥协。

另一方面，辽朝面对丧失本民族自身特性的情形始终保持一种警惕。天赞五年，姚坤使辽告哀，阿保机曾言："吾能汉语，然绝口不道于部人，惧其效汉而怯弱也。"① 拒说汉语以及日后严禁契丹人参加科举考试，均是基于保护自身民族特性的考量。这在辽朝吉礼中亦有明显体现，比如其祭祀对象仍为契丹传统所崇拜之太阳、火、山岳。而对于中原王朝历来所重视之郊天之礼，"终辽之世，郊丘不建"，而以祭山仪代之。又如祭山仪中仅有契丹部族参加②以及行柴册仪时"汉人不得预"③。凡此，皆表明辽朝非常重视保持民族特性。

尽管柴册仪在辽朝政治生活中占有重要地位，但是辽朝皇帝行柴册仪时间却在逐渐推后，甚至有推迟几十年方举行之情形。如辽圣宗乾亨四年即位，而至统和二十七年才行柴册仪。这其中之原因值得思考。

辽朝建立后，契丹可汗（辽朝皇帝）的身份开始具有二重性，一方面是中原王朝传统意义上的皇帝，另一方面则仍是契丹族可汗。故而，柴册仪可视作辽朝皇帝成为契丹可汗之标志，亦解释了为何举行柴册仪时"汉人不得预"。

辽朝皇帝身份二重性充分体现了内亚传统与中原文化于辽朝之重叠、交织。辽朝为契丹族所创立，统治上层亦是以契丹贵族为主，但其疆域囊括大片农耕地区，境内生活着数量庞大的农耕人口，并且大量汉族贵族（农耕人口）进入辽朝统治阶层。因此，辽朝为稳定统治，平衡境内游

① 赵永春：《奉使辽金行程录》，吉林文史出版社 1995 年版，第 1 页。

② 《辽史·礼志》中记载，祭山仪中大臣、命妇"服从各部旗帜之色以从"，这显然表明参与者皆为契丹各部之人。

③ 《续资治通鉴长编》卷 110《宋仁宗天圣九年》，中华书局 1979 年版，第 2561 页。

牧、农耕两种文明（辽初诸弟之叛乱及辽太宗入汴后黯然撤军皆是对待两种文明失衡之表现），实行"以国制治契丹，以汉制待汉人"的因俗而治政策。

这种"二元"体制在辽朝政治、经济等多方面皆有体现。政治上将捺钵、南北官制与五京制相结合，以中央"行国"与地方州县为统治方式。而经济上则畜牧与农耕并举，辽朝之草原地区发展畜牧业，并设群牧司等官职；农耕地区则依然发展农业，并向辽境之西部、北部推行屯田制。

尽管如此，辽朝试图在国家多方面保持游牧、农耕两种文明之平衡，但是随着中原文化尤其是儒家文化的不断传播，情况开始发生变化。如辽朝服饰制度为"北班国制，南班汉制"，而景宗后期"大礼虽北面三品以上亦用汉服"，至兴宗"大礼并汉服矣"[1]。而辽道宗称"吾修文物，彬彬不异中华"[2]，则已将自身纳入中原文化之中。因此，对于代表继承契丹可汗大统之标志已不再重视亦是情理之中。

此外，这也是辽朝皇帝集权之加强的重要表现。自阿保机创立斡鲁朵制，"分州县，析部族，设官府，籍户口，备兵马"，辽朝皇帝之实力不断加强。斡鲁朵不仅是辽朝皇帝之亲卫，更有独立之行政及经济，俨然"国中之国"。辽朝斡鲁朵共计十二宫一府，政治上单独设置南、北面宫官以管理诸斡鲁朵；军事上则于各地设置斡鲁朵提辖司，"有兵事，则五京、二州各提辖司传檄而集，不待调发州县、部族，十万骑军已立具矣"；经济上则占有大量人口及州县，"每宫皆有户口钱帛，以供房主私费"[3]。与此同时，对于契丹中之强大部族则采取分而治之的政策，如太祖时"分迭剌部为二院：斜涅赤为北院夷离堇，绾思为南院夷离堇。诏分北大浓兀为二部，立两节度使以统之"，[4] 使契丹贵族再无实力觊觎帝位。如此情形下，辽朝皇帝自然不会重视仅仅具有象征意义的柴册仪。

---

① 《辽史》卷56《仪卫志二》，中华书局1974年版，第908页。

② 《契丹国志》卷9《道宗天福皇帝》，齐鲁书社2000年版，第76页。

③ （宋）余靖：《契丹官仪》，转引自《武溪集》卷18，吉林出版集团2005年版，第178页。

④ 《辽史》卷2《太祖下》，中华书局1974年版标点本，第18页。

辽代的宗族字辈与排行

王善军[*]

宗族作为具有很强凝聚力的社会群体，其凝聚方式多种多样。在作为个人符号的称谓中，也有着明显的体现。个人称谓中能够表现宗族群体的要素，主要是姓氏、字辈与排行。字辈是指宗族成员取名时每一辈分成员用同一个字相连，或单名则用同一偏旁相连，也有的两者兼用。排行又称行第，是指按父系的某一直系长辈之下同辈成员的年龄相排，或兄弟和姐妹分别排列，或兄弟姐妹混合排列。辽代汉族及部分游牧民族已广泛使用字辈取名，并流行以排行相称甚至取名。鉴于以往学术界对辽代的姓氏多有研究，而对字辈与排行则很少涉及，[①] 本文拟以汉人、契丹人、渤海人和奚人为线索，对此问题进行初步探讨。不妥之处，望方家指教。

一　汉人的宗族字辈与排行

汉人宗族字辈在唐代已非常流行，辽代汉人的宗族字辈无疑是从唐代继承下来的。一般来说，汉人姓名中的第一字为姓（复姓除外），第二字（或第三字，或第二字之偏旁）为字辈，第三字（或第二字）是名。以下先举述若干世家大族的事例，以便观察。

安次韩氏：延徽一代仅见一人，字辈不明。延徽有子德枢、德邻，应是以"德"为字辈。孙辈有佚、倬、伟，以"人"为字辈。第四代绍勋、

＊　王善军，西北大学历史学院教授。

①　都兴智：《契丹族的姓氏和名称》（《辽宁师范大学学报》1990 年第 5 期）最早提及契丹人取汉名时，兄弟往往有一字相同，见名即知辈分。刘浦江：《再论契丹人的父子连名制——以近年出土的契丹大小字石刻为中心》（《清华元史》创刊号，商务印书馆 2011 年版）涉及三例契丹名的兄弟连名，但刘先生并不认为是字辈，而认为只是父子连名制的变例。

绍芳、绍雍、绍文、绍升等，以"绍"为字辈。第五代述、遘、遹、造等，以"走"为字辈。第六代资让、资愿、资道、资顺、资贞等，以"资"为字辈，另有晦、昉以"日"为字辈。第七代诇、计等，以"言"为字辈。可以看出，韩氏家族拟定字辈的方式基本上是隔代相同，即若一代以单字为字辈，则其上一代与下一代均以偏旁为字辈。辽初名臣韩延徽名颖，字藏明，延徽亦应为其字，① 应是符合韩氏家族称谓规则的，只是因史书记载而使韩延徽之名更为人们所熟知而已。

燕京刘氏：为刘守奇之后。守奇之子袭授沧州节度使者，有子名宇正、宇平，名连"宇"字；有孙名日善、日亨、日爱、日成，名连"日"字；曾孙名从信；玄孙名思谔、思诚，名连"思"字，并以言字偏旁相连。② 守奇之子名承嗣者，有子名宇弼、宇晏、宇傑，应为杨氏所生，以"宇"为字辈；延哥、兴哥、宝哥、八哥，应为耶律氏所生，名连"哥"字；又有大豬、小豬，亦应为耶律氏所生③，因幼亡，应是小字，似也名连"豬"字。承嗣之孙日泳、日丽，名连"日"字；又有阿钵哥亦因幼亡只有小字。日泳之子从敏、从举、从文、从质，梁氏所生，名连"从"字；湘、济、润，李氏所生，名连"水"字。兄弟中以母氏排字辈，与司马迁所说的"同母者为宗亲"④ 似有关联。燕京刘氏为唐幽州节度使刘仁恭之后，刘承嗣为刘仁恭之孙，官至兴州刺史，其契丹夫人耶律牙思，"本属皇亲"⑤。家族取名中的这一现象是否与汉代皇室类似，有待新材料的出现加以证明。

河间张氏：谏之子正岌、正峦、正嵩、正峰，第二字名连"正"字，第三字又均连"山"字。正嵩子思睿、思恭、思敬、思忠，名连"思"

① （宋）欧阳修：《新五代史》卷72《四夷附录第一》云"德光遣中书令韩颖奉册高祖为英武明义皇帝"（中华书局 2016 年版，第 1010 页），外交场合称"韩颖"，应为正式姓名。在韩氏后裔的碑志资料中，如《韩佚墓志》《韩资道墓志》《韩诇墓志》等，亦均称"延徽"为"颖"。

② 《刘从信墓志》，载向南等编《辽代石刻文续编》，辽宁人民出版社 2010 年版，第 212 页。该墓志系据抄本录文，原文中"宇正"为"申正"，"日善""日亨""日爱""日成"为"曰善""曰亨""曰爱""曰成"。依刘氏字辈来看，抄者很可能因字形相近而误抄。

③ 王成生：《辽宁朝阳市辽刘承嗣族墓》，《考古》1987 年第 2 期。

④ （西汉）司马迁：《史记》卷 59《五宗世家》，中华书局 1959 年版，第 2093 页。

⑤ 《刘承嗣墓志》，载向南编《辽代石刻文编》，河北教育出版社 1995 年版，第 48 页。

字，另有韩七，其弟思忠又名韩八，俱为小字。思忠子可举、可从、可奂、可巽，名连"可"字，公献、公谨，名连"公"字，另有一子吴哥，因出家，应为小字。①

上述事例说明，在辽代世家大族群体中，以字辈取名的习俗不但十分流行，而且许多复杂的规则均有体现。同时，在中下层官僚宗族中，按字辈取名也相当常见。据出土于内蒙古自治区巴林左旗的《李文贞墓志》记载，其父辈成员名居□、居昭、居顺；其弟名文积、文善、□□；子侄辈成员名□□、崇孝、崇舜、宜儿、崇仁、崇政、□□、崇俭、崇□、崇□、崇慈、崇让、崇禧、崇佑；孙辈成员名遭、逵、道、適、逾、迪、□、法花奴、花严奴、□、普贤奴、千儿；曾孙辈名合儿、和儿、吉祥奴、□□。② 李氏宗族前三代成员分别以"居""文""崇"为字辈取名，十分规范；李文贞孙辈的前7人继续按字辈取名，名连"走"字，后5人则为小字；曾孙辈则都是小字。李文贞去世时这些成员还比较小，或许还没到拥有名字的年龄。"法花""花严""普贤"均属佛教词语，且李氏宗族中有两人为僧侣，一方面反映了当时汉人日常生活中的佛教信仰，另一方面则是受到契丹等族取名习俗的影响。

与李文贞家族情况类似的还有不少汉人官僚家族。其先"入国系保和县"③ 的东头供奉官王士方家族，第一代名兆；第二代名承祚；第三代延玉、延臬，名连"延"字；第四代士廉、士政、士俊、士方，名连"士"字；第五代中的士方之子仲康、从省、仲祺，士俊之子仲仁、伯伦、仲佺，名连"人"字，其中士俊之子第三字亦连"人"字。第六代婆孙、吴孙、丰寿奴、兴寿奴、亨寿奴、德寿，则均为契丹名，且似为小字。

如果说上述宗族均为官僚宗族，那么在有关平民宗族的有限记载中，亦体现出宗族字辈的流行。河北省蔚县大水门头村三官庙中矗立的两方经幢，记载的人物应为同一宗族。其中一方记李昌疑之子惟晟、惟□；惟晟

---

① 《张正嵩墓志》《张思忠墓志》，载向南编《辽代石刻文编》，第69、215—216页。
② 《李文贞墓志》，载向南等编《辽代石刻文续编》，第162—163页。
③ 《王士方墓志铭》，载刘凤翥等辑《辽上京地区出土的辽代碑刻汇辑》，社会科学文献出版社2009年版，第110页。

之子文举、文全，惟□之子文□、文昱。①显然，可知的李氏第一代名连"昌"字；第二代名连"惟"字，其中李昌逸之子似又有同用"水"旁的现象，可惜碑文在关键处阙字；第三代名连"文"字。辽宁省朝阳市出土的《朝阳北塔作头题名》，记载"锻匠……副作头崔从成，弟从已"②，应是兄弟名连"从"字。北京市房山区北郑村《北郑院邑人起建陀罗尼幢记》所记的建幢者中，有邑人郑景章、郑景辛、郑景遇、郑景约、郑景存等。又有郑彦福，为景辛之子；郑彦温、郑彦周；郑彦从、弟彦温、郑彦殷；郑彦信、弟彦温、彦进、彦友。郑彦周之子有马五、马六等。③可以看出，郑氏三代人的字辈分别为景、彦、马。《房山天开塔舍利石函记》所记良乡县村民岳姓有岳文山、岳文诠、岳文玄、岳文援，张姓有张世清、张世准、张世安、张世永④，显然也应是同族以字辈相连之成员。

在流行以字辈取名的同时，宗族排行在辽代汉族的亲属称谓或取名中也有充分表现。已获"赐姓，出宫籍，隶横帐季父房"⑤的韩德让，在韩氏兄弟中排行第四，因其次兄德庆早亡，故皇族成员耶律乌不吕呼其为"三父"。⑥韩氏宗族的韩瑜与夫人萧氏"生九男三女"，其中小字三哥、四哥者虽按实际排行为第七、第八，但因兄弟多有夭亡，应是取名时实际存活者的排行。⑦河间刘氏宗族还曾直接以排行取名，刘慎行有子6人，分别名一德、二玄、三毼、四端、五常、六符，这是兄弟之间的排行。前文提及的河间张氏宗族，张正嵩之子韩七、韩八，在兄弟中应排第五、第六，但因有两个姐姐，故在小字中含有数字七、八，无疑是男女混排的结果。⑧马直温妻张馆为张嗣复长女，有弟4人，其中张峤在四兄弟中排行

①《李惟晟建陀罗尼经幢记》《李惟准建陀罗尼经幢记》，载向南等编《辽代石刻文续编》，第268、269页。

②《朝阳北塔作头题名》，载向南等编《辽代石刻文续编》，第84页。

③《北郑院邑人起建陀罗尼幢记》，载向南编《辽代石刻文编》，第12页。

④《房山天开塔舍利石函记》，载向南等编《辽代石刻文续编》，第279页。

⑤《辽史》卷82《耶律隆运传》，中华书局2017年版，第1422页。

⑥《辽史》卷83《耶律学古传附乌不吕传》，第1436—1437页。

⑦《韩瑜墓志铭》，载刘凤翥等辑《辽上京地区出土的辽代碑刻汇辑》，第61页。

⑧《张正嵩墓志》，载向南编《辽代石刻文编》，第69页。

第三，故自称"峤乃夫人次三弟也"①。这种情况说明一般同辈的男女是分别排行的。临潢府的李文贞宗族，因系"五世同居，百口共食"，同辈成员自然会实行大排行，这在前引文献中已有清晰显现。李文贞的三个儿子崇仁、崇政和崇慈分别排在第六、第七和第十二。墓志中还提到"第四叔叔、婶婶""五叔叔、婶婶"②，只用了排行和亲属称谓，而未言名字。位于北京市房山区北郑村的辽塔，内有陀罗尼幢一座，上面所记的建幢者中，有"摄顺州司马都加进、母张氏、妻綦氏、男兴哥、霸哥、□哥、女九娘子、十娘子"。可以看出，都氏一家的男子以"哥"为字辈，女子则用排行相称，且是超越家庭的大排行。建幢者中还有"前摄顺州长史郑彦周、母王氏、妻李氏、男马五、马六、忙儿"，郑氏的排行则与字辈相连。另有"晋任七、周王三、小二"，似乎其称谓也与排行有关。还有"杜神如、奴许三"③，若许三为杜神如之奴隶，则说明奴隶有用排行取名的现象。

　　位于北京市门头沟区清水村的辽代经幢，其题记中涉及的人物应均是汉人，以排行为名或相称者众多。如"赵秀荣，男喜儿、瘫儿、三郎、四郎"，"齐在友，男大哥、二哥"，"冯延祚，男张五、张六、张七"，"女弟子刘氏，……孙女五姐、六姐、七姐、八姐、九姐"，"刘氏，女大姐、二姐"，"女弟子李氏，女三姐"等，均是明确亲属关系的称谓。其他男子如小哥、三哥、张五、张六、阳三、六哥、三儿、留四、吾三、谢七、龚三、谢六、安七、阳五、端七、阳六、阳七、王五、王六、王七、王八、郭六、郭七、八哥、陈六、马五、高六、大福、小福等，女子如六娘、三女、四女、苏七、杨八、四女、杨六、八姐、五娘、三哥、吴八、五姐等④，应均是明显含有排行信息的称谓。同样的情况，也出现在辽代的东京道和上京道地区。出土于辽宁省沈阳市的舍利塔石函，其题记中涉及的人物有十五、杨八、五儿、三儿、十姐、冯六、三姐、八儿、小八、三八、马五、王四、陈四、刘七润、八姐、刘八、曹匡一、刘匡一、旦李一、吴三、刘文一、杨十、六姐、马六、二姐、陈十、王五、五姐、谢

① 《马直温妻张馆墓志》，载向南编《辽代石刻文编》，第633页。
② 《李文贞墓志》，载向南等编《辽代石刻文续编》，第163页。
③ 《北郑院邑人起建陀罗尼幢记》，载向南编《辽代石刻文编》，第12页。
④ 《清水院陀罗尼幢题记》，载向南等编《辽代石刻文续编》，第349—351页。

八、王十一、张六、马张十、韩十五、韩十七、八姐、三姐、吴十、八姐、韩三、谢五、三哥、十儿、张六、马五等。① 这些人中，可能会有一些是渤海族人，但大部分应为汉人。出土于内蒙古自治区巴林左旗的王延福办佛会发愿碑，其碑文中涉及的人物有二姐、小二、三姐、五姐夫、小姐□、小大姐等。② 王延福等人应是上京道地区的汉人，看来以排行相称也颇为流行。

在汉人的亲属称谓中，还有更清晰地使用排行的日常行为。现存于北京市大兴区礼贤镇清真寺的辽代经幢，其题记中称："大耶耶□新□□李氏。二耶耶讳卯□□王氏。三耶耶尚书讳信，娘娘李氏。五耶耶讳宁，娘娘刘氏。"③ 由这类排行称谓可以推出，事主的亲"耶耶"排行第四。位于河北省易县的僧思拱墓幢，记文中提及事主"俗眷""大伯伯得安，三伯伯得兴，已亡大伯娘阿贾，□伯娘阿任……大嫂□□，二嫂阿孙，四嫂任氏"④ 等，也是以排行相称的亲属称谓。

值得注意的是，名字中带有数字也未必都是排行。上京松山州刘氏宗族成员中有同一代人"八哥""冯八""高八""高十"，⑤ 就未必是排行。因该宗族上一代人多有与契丹女子通婚的现象，子女取名可能受契丹以数字命名习俗的影响。况且，同一代名字中出现多个"八"，似与排行不符。

二　契丹人的宗族字辈与排行

辽代契丹人一般以"奴""女""哥"等取名。⑥ 但随着对汉文化接受程度的加深和族际交流的频繁，契丹人取名已变得越来越复杂，社会上层成员除契丹名外，普遍又取汉名。而名字中的字辈，也逐渐流行起来。

① 《沈阳塔湾无垢净光舍利塔石函记》，载向南等编《辽代石刻文续编》，第352—358页。

② 《王延福办佛会发愿碑》，载向南等编《辽代石刻文续编》，第121页。

③ 《经幢记》，载向南等编《辽代石刻文续编》，第198页。

④ 《僧思拱墓幢记》，载向南等编《辽代石刻文续编》，第211页。

⑤ 参见李俊义、庞昊《辽上京松山州刘氏家族墓地经幢残文考释》，《北方文物》2010年第3期。

⑥ 宋德金、史金波：《中国风俗通史·辽金西夏卷》，上海文艺出版社2006年版，第120页。

先以皇族来看，以字辈取名已是比较明显的事实。皇族中最显贵的支系自辽圣宗辈以后，字辈已经比较严格。圣宗兄弟名隆绪、隆庆、隆祐①，子侄辈名宗训、宗愿、宗真、宗简、宗伟、宗元、宗政、宗德、宗允、宗教、宗海、宗业、宗範、宗熙、宗亮、宗弼、宗奕、宗显、宗肃等②，孙辈名弘用、洪基（弘基）、弘本、弘世、洪孝、弘辩、弘仁、弘义、弘礼、弘智、弘信等③，曾孙辈名濬、淳等。④ 很明显，皇族中的显贵支系以隆、宗、弘、水为字辈顺序。

皇族三父房之仲父房中，耶律休哥有子高八、道士奴、高九、高十，是既用字辈又用排行⑤，只是道士奴未排在其中；耶律思忠有子仁先、义先、礼先、智先、信先⑥，名连"先"字。与上述弘仁兄弟一样，仁先兄弟也以仁、义、礼、智、信取名，体现了崇尚儒家伦理的意识。

再以后族来看，各宗族汉名中的字辈亦比较明显。后族拔里氏宗族成员萧和之五子，均有汉名，并且明确使用字辈："长曰讳孝穆，枢密使、兼政事令、吴国王；次讳孝先，兵马都总管、燕京留守晋王；次讳孝诚，大国舅、兰陵郡王；次讳孝友，西北路招讨使、兰陵郡王；次讳孝惠，北宰相、殿前都点检、楚王。"⑦ 以孝为字辈，反映契丹族对汉文化核心价值观的歆慕。孝穆子侄辈名知足、知章、知口（只剌）、知微、知人、知

---

① 《辽史》卷 10《圣宗纪一》、卷 64《皇子表》，第 115、1088—1089 页。都兴智认为契丹人取汉名时使用字辈首先出现在辽圣宗时期（《契丹族的姓氏和名称》，《辽宁师范大学学报》1990 年第 5 期）。

② 《辽史》卷 16《圣宗纪七》，第 206、209 页；《耶律宗允墓志》，载向南编《辽代石刻文编》，第 321 页。

③ 《辽史》卷 21《道宗纪一》，第 285 页；《耶律宗愿墓志》，载向南等编《辽代石刻文续编》，第 149 页；《耶律弘世墓志》，载向南等编《辽代石刻文续编》，第 192 页；《耶律宗允墓志》，载向南编《辽代石刻文编》，第 321 页；《耶律弘益妻萧氏墓志》，载向南编《辽代石刻文编》，第 590 页；《永清公主墓志》，载向南等编《辽代石刻文续编》，第 227 页；李焘：《续资治通鉴长编》卷 199，嘉祐八年七月戊辰，中华书局 2004 年版，第 4824 页。

④ 《辽史》卷 72《宗室·顺宗濬传》、卷 30《天祚皇帝纪四》，第 1339、398 页。

⑤ 《辽史》卷 83《耶律休哥传》、卷 14《圣宗纪五》，第 173、1433 页。

⑥ 《辽史》卷 96《耶律仁先传》，第 1537 页；《耶律仁先墓志》，载向南编《辽代石刻文编》，第 354 页。

⑦ 《晋国夫人萧氏墓志铭》，载刘凤翥等辑《辽上京地区出土的辽代碑刻汇辑》，第 152 页。

行、知善、知玄等①，名连"知"字；孙辈名德温、德良、德恭、德俭、德让、德崇等②，名连"德"字。后族乙室已家族成员中有绍宗、绍矩兄弟③，其子辈中则有永、宁、安兄弟，孙辈中有闾、闿、闉兄弟④，曾孙辈中有奉先、保先、嗣先兄弟⑤，应是以绍、点、门、先为字辈的。另被尊为尚父的后族成员萧仲，其4子分别名琪、琳、琏、琼，显然以玉为字辈。⑥

尽管契丹人的汉名明显流行字辈习俗，但其契丹名是否也有字辈习俗，则尚不能完全肯定，需要契丹文字的进一步解读来加以证明。根据已释读的契丹小字，耶律宗教契丹名 𮲔（驴粪）⑦，其弟耶律宗诲契丹名 𮲔（豬粪）⑧，似包含有字辈含义。如果仅从契丹字的读音来看，名字相连的现象也同样存在。刘浦江发现了三例契丹名的兄弟连名，但刘先生并不认为是字辈。他解释说："在实行父子连名制的契丹人社会中，按照常规，父亲理应与长子连名；但如果没有子女，或者尚未成婚而急于获得一个象征身份和地位的尊称（第二名），亦可与其兄弟或从兄弟连名。这实际上是父子连名制的一种变例。"⑨ 这三例的具体情况是：（1）据《辽史》卷75《耶律觌烈传》记载："耶律觌烈，字兀里轸。"后附其弟耶律羽之传云："羽之，小字兀里，字寅底晒。"刘先生指出，耶律觌烈的第二名"兀里轸"应是以其弟耶律羽之的小名"兀里"为词根，后续属格附加成分构成的。 （2）据契丹小字《耶律慈特墓志铭》，墓主父亲的名字为 𮲔（涅邻·兀古匿），二伯父的名字为 𮲔（兀古邻·控骨里）。其伯父的第二名 𮲔（兀古邻）与其父亲的小名 𮲔（兀古匿）为同词

---

① 《萧知行墓志》，载向南等编《辽代石刻文续编》，第124页。

② 《萧德温墓志铭》，载刘凤翥等辑《辽上京地区出土的辽代碑刻汇辑》，第155页。

③ 《秦晋国大长公主墓志》《陈国公主墓志》，载向南编《辽代石刻文编》，第153、249页。

④ 《萧闾墓志铭》，载刘凤翥等辑《辽上京地区出土的辽代碑刻汇辑》，第159—160页。

⑤ 《辽史》卷102《萧奉先传》、卷71《后妃·天祚皇后萧氏传》，第1327、1585页。

⑥ 《萧琳墓志铭》，载刘凤翥等辑《辽上京地区出土的辽代碑刻汇辑》，第288页。

⑦ 《辽史》卷17《圣宗纪八》等多处又作"旅坟"。

⑧ 刘凤翥：《契丹小字〈耶律宗教墓志铭〉考释》，《文史》2010年第4辑，收入《契丹文字研究类编》，中华书局2014年版。

⑨ 刘浦江：《再论契丹人的父子连名制——以近年出土的契丹大小字石刻为中心》，《清华元史》创刊号，商务印书馆2011年版。

根，前者不过是后续了一个属格后缀而已。（3）根据契丹小字《耶律紑里墓志铭》，墓主的孩子名（小名）为▩（紑里），第二名为▩（夷懒），其年龄最大的弟弟名▩▩（逊宁·夷列）。哥哥的第二名▩（夷懒）与弟弟的小名▩（夷列）为同根词。上述兄弟连名的事例，虽尚不足以证明这些契丹文名字包含字辈，但也无法排除这种可能。

比照汉人字辈取名的情况，在契丹小字《许王墓志》中也有明显体现。根据当代学者对该墓志的解读，墓志主人“共有六个儿子，即二夫人所生的□格宁、三夫人所生的房寿、尚寿、福寿、德寿和四夫人所生的清寿”。他们名字的契丹小字分别为▩、▩、▩、▩、▩、▩。显然，除▩外，其他兄弟五人名连“▩”字。同时，墓志主人“共有三个女儿，即大夫人所生的王家童、三夫人所生的福德、福盛”①。她们名字的契丹小字分别为▩▩▩、▩▩、▩▩。可以看出，三夫人所生的两个女儿名连“▩”字。许王即《辽史》有传的耶律斡特剌，生活于辽朝后期。或许可以说，至迟至辽朝后期，契丹人以本民族文字的取名，也已深受汉人字辈的影响。

契丹族建国前已有排行，建国后则更为盛行。皇族中的孟父房、仲父房和季父房，是以阿保机的父辈进行的排行。辽代史料中多见兄弟排行，属于小排行。但辽兴宗“笃于亲亲，凡三父之后，皆序父兄行第”②，显然又属于大排行。或许正因为皇族成员排行的流行，所以《辽史》在《皇子表》中专列有“行第”一栏。后族中的拔里家族，分为大父房、少父房，乃是以辽初功臣萧室鲁、萧阿古只兄弟的排行而分。乙室已家族则分为大翁帐、小翁帐，也是同样的情况。出土于内蒙古自治区宁城县的“办集胜事碑”，刻文有“功德主等，尚父大王、乙里兔、北里宣徽相公、防御太尉、林牙太师、东哥娘子、腊夫人、胡都夫人、率府将军、二郎君、三郎君”③。虽因年代不清，难以考证这些人具体是谁，但据称谓可知应为契丹人，其中的二郎君、三郎君应属以排行相称。

① 刘凤翥：《契丹小字〈许王墓志〉再考释》，收入《契丹文字研究类编》，第239页。
② 《辽史》卷89《耶律和尚传》，第1490页。
③ “办集胜事碑”，载向南等编《辽代石刻文续编》，第317页。

契丹人用数字取名的习俗包含内容丰富，未必一定是排行。皇族成员耶律万辛有子名马九、三部奴、杷八、陈六、散八①，就显然不是排行。因为不但兄弟名中带"八"者有二人，而且长子名中所带的数字最大，次子以下也无章可循。至于六院部皇族夷离董房有成员名耶律韩八、耶律安十、耶律赵三，皇族孟父房的耶律马六等，是否与排行有关，则不得而知。

三　渤海人的宗族字辈与排行

渤海人因受汉文化影响较深，姓名中的宗族字辈有明显体现。渤海王族大氏后裔有名大公鼎者，其子昌龄、昌嗣、昌朝②，显然是以"昌"为字辈。右姓高氏高模翰后裔中，有名为裴者，其子泽、洵、渥，其孙永肩、永年，曾孙据、和哥、拱、抃、小和尚、乾孙。③ 可见，高氏宗族以水、永、手为字辈，只是墓志记载了若干幼儿小字而已。

以宗族字辈取名，不仅在渤海人上层社会成员中流行，在下层社会成员中也同样如此。清宁四年（1058），"显州北赵太保寨白山院建千佛舍利杂宝藏经塔壹所"，建塔人的姓名在"石函记"中较为完整地保存下来。这些人应大都是渤海人宫分人，身份低下。在他们的名字中，也明显地表现出字辈的流行。如赵氏人物中有赵德政、赵德从、赵德受、赵德乂、赵德荣，又有赵惟德、赵惟辛、赵惟山、赵惟清、赵惟知、赵惟玄、赵惟进、赵惟膳、赵惟足、赵惟臣、赵惟方、赵惟吉、赵惟嵩、赵惟平、赵惟成、赵惟正。④ 可以看出，这些人均应是赵太保寨赵氏宗族中的"德"字辈成员和"惟"字辈成员。

从渤海人接受汉文化的角度来看，宗族成员的排行也应比较流行，可惜尚未发现直接的资料。前述辽宁省沈阳市出土的舍利塔石函记涉及的众多以排行取名的人物中，可能有一些是渤海人。在内蒙古自治区巴林右旗

---

① 《北大王墓志》，载向南编《辽代石刻文编》，第 223 页。
② 《辽史》卷 105《能吏·大公鼎传》，第 1609 页。
③ 《高为裴墓志》《高泽墓志》，载向南编《辽代石刻文编》，第 609、611—612 页。
④ 《显州北赵太保寨白山院舍利塔石函记》，载向南编《辽代石刻文编》，第 288—289 页。

罕山南麓发现的《崇善碑》①，内容主要为这一地区的地名和人名，反映了民族杂居的复杂状况，绝大部分人名为契丹人、汉人和渤海人。其中的"渤海店"，应为渤海人相对聚居的地方。遗憾的是，其下的人名多漫漶不清。不过，在《崇善碑》所记载的清晰可辨的人名中，以排行取名却是十分盛行的。男子如遇六儿、李八儿、张小二哥、张七儿、杨三、韩九哥、刘三贤、田八合、杨大、苏九哥、戴六儿、刘七、杨第二、陆八儿、李五儿、李六儿、契丹十五、李十儿、王十哥、王五儿、张三孙、杨六儿、高十哥、王八儿、刘六儿、仇七十、马三儿、耿三哥、尚三部、李十哥等，女子如二姐、三姐、吴二姐、孙五姐、六姐、大姐、二姑、戴四姐等。虽然这些人名难以辨别有多少为渤海人，但在这样的社会氛围中，渤海人以排行相称也应是自然的事情。

四　奚人的宗族字辈与排行

奚人上层社会成员也有以字辈取名现象。奚人萧福延，有兄福善（萧韩家奴）、弟福德②，显然兄弟名连"福"字。其中福善、福延均曾任奚王。在《大王记结亲事碑》中涉及的奚王兄弟名为禾辱免、禾辱吒③，应是名连"禾辱"字。奚王中有萧高六，又有萧高九，是否为字辈与排行，则限于史料，尚难以断定。

萧孝恭家族出自初鲁得（楮特）部族，有学者认为该部"由阻午可汗吞并了的一部分奚人所组成"④。据《萧孝恭墓志》记载，其祖"讳德顺"，其父"讳惟信"，其叔父"惟忠"，其姐（妹）三人"长曰都哥，次曰庐佛女，次曰乌卢本"，子三人"长曰消灾奴，次曰杨奴，小曰望孙"，女二人"长曰召相，小曰了孙"⑤。其堂弟《萧孝资墓志》中又记

① 《崇善碑》，载刘凤翥等辑《辽上京地区出土的辽代碑刻汇辑》，第306—310页。

② 《萧福延墓志》，载向南等编《辽代石刻文续编》，第132页。

③ 《大王记结亲事碑》，载刘凤翥等辑《辽上京地区出土的辽代碑刻汇辑》，第297页。

④ 爱新觉罗·乌拉熙春、呼格吉勒图：《初鲁得族系考》，《内蒙古大学学报》2007年第6期。

⑤ 《萧孝恭墓志铭》，载刘凤翥等辑《辽上京地区出土的辽代碑刻汇辑》，第293页。

其祖"讳顺德",其父"讳惟忠",弟二人"长曰孝思,……次曰孝宁"①。据考证,德顺、顺德名虽不同,实为一人。② 可以看出,惟信、惟忠兄弟,名连"惟"字;其下一辈成员孝恭、孝资、孝思、孝宁,名连"孝"字。德、顺、信、忠、孝均属于儒教概念,庐佛女、消灾奴则是以佛教词汇与本族习俗相结合的名字,都哥、乌卢本、杨奴等是本族传统的名字。在家族取名的过程中,萧氏家族分别受到了儒教、佛教和传统习俗等多种文化因素的影响。

在现有资料中,似也有奚人以排行取名的现象。据奚《张哥墓志》记载,"青阳郡奚耶律太保张哥男高七,次男望哥,孙子韩九、七哥、王八、王九、十一,重孙豆咩哩"③。耶律张哥家族的名字,特别是其孙辈的成员,应包含有以排行取名的因素。

五 结语

在人类发展历史上,绝大多数民族均曾出现过亲属间的连名现象。字辈和排行作为同辈成员间的连名或称谓方式,在汉族成员中有着较充分的体现,却未必就是汉族的专利。更何况辽代作为中国历史上的多民族区域政权,各民族在不断的交往和融合中,日常生活已发生了很大变化。契丹、奚、渤海等民族在辽政权建立之初保留了很多传统的民族特点,经过有辽一代的融合,其传统民族特点逐渐消失。汉族的民族特点也同样处在不断变化的过程中,由于不断与各少数民族交往和融合,在日常生活的众多方面均产生了变化,局部地区的汉人甚至还出现了一定的少数民族化倾向。历史发展的趋势表明,各民族日常生活已逐渐呈现趋同性。辽人的取名明显地表现为各民族相互影响,而字辈和排行习俗一方面体现各民族日常生活的趋同性,另一方面也体现汉族文化对其他民族的深刻影响。

---

① 《萧孝资墓志铭》,载刘凤翥等辑《辽上京地区出土的辽代碑刻汇辑》,第 295 页。

② 贾鸿恩、李俊义:《辽萧孝恭萧孝资墓志铭考释》,《北方文物》2006 年第 1 期。

③ 《张哥墓志》,载向南编《辽代石刻文编》,第 200 页。

辽朝"人名"视域下的文化映像

——以石刻文字为中心

张国庆*

《说文》释"名":"自命也,从口从夕。夕者冥也,冥不相见,故以口自名。"这就是说,名字是一个人的符号标记,以示区别于他者。古今中外,无论男女老少、贵贱高低,人人都有属于自己的"名字"。公元10—12世纪,由北方草原游牧民族契丹人建立的辽王朝,其境内的各族人等亦均有名。史实证明,人之名字,可以从某一侧面映现一个时代、一个地区某一族群或某个国家的社会文化。钩沉出土辽代墓志石刻,检索《辽史》等传世文献,梳理、排列辽人之名字,笔者发现其确能客观真实地反映辽朝文化的某些特征。

一 以"奴"为名:中原"贱名"习俗之沿承

辽朝男子,上自帝王官贵,下至平民百姓,既有契丹人,也包括汉人,大都喜欢以"奴"字为名。比如辽朝的中兴之主辽圣宗耶律隆绪,"小字文殊奴"[1]。又如辽景宗之子、圣宗之弟秦晋国王耶律隆庆,"番名菩萨奴"[2]。而《辽史·皇子表》却记"隆庆,字燕稳,小字普贤奴"[3]。但不管是"菩萨奴"还是"普贤奴",总之耶律隆庆也是以"奴"字为

* 张国庆,辽宁大学历史学院。本文为国家社会科学基金一般项目"辽代石刻所见辽朝史事研究"(13BZS031)阶段性成果。

[1] (元)脱脱等:《辽史》卷10《圣宗纪一》,中华书局1974年版,第107页。

[2] (宋)叶隆礼撰,贾敬颜、林荣贵点校:《契丹国志》卷14《诸王传·孝文皇太弟》,上海古籍出版社1985年版,第152页。

[3] (元)脱脱等:《辽史》卷64《皇子表》,中华书局1974年版,第986页。

名。此外，皇太弟耶律隆庆有子名"谢家奴"；有孙名"王家奴""罗汉奴"①。

　　出土辽代石刻文字中反映辽朝契丹人以"奴"字为名者更较普遍。比如圣宗朝东京中台省左平章事耶律元宁，"有子三人，孟曰天王奴，……季曰宝奴"②。辽朝东丹国左相耶律羽之有子亦名耶律元宁。此元宁曾在圣宗朝官至三镇口巡检使，有六子，其中四人以"奴"字为名："长曰崇庆奴，次曰观音奴、慈氏奴、释加奴"③。道宗朝契丹初鲁得部族节度使萧孝恭有三个儿子，其中两个以"奴"字为名："长曰消灾奴，次曰杨奴。"④

　　有辽一代，不仅仅是契丹人好以"奴"字为名，不少汉族人亦有此俗。如圣宗朝殿中侍御史宋公（因志石残损，只知其姓，不详其名），有七子，"或得龙驹之号，或称凤雏之奇，各有令名，盖锺馀庆"。其中最小的儿子即名"□庆奴"⑤。天祚朝东头供奉官王士方有三个侄子，其中一人名"兴寿奴"，一人名"享寿奴"。王士方有三个孙子，最小的一个名"丰寿奴"⑥。天祚帝朝归化州（今河北宣化）平民张世古有三个儿子，其中两个亦以"奴"字为名："仲曰通玄奴，季曰金光奴"⑦。

　　"奴"是古时人的一种身份，为奴者地位低下卑贱。按说，"奴"字不应是人们取名的选择对象。但恰恰相反，就在辽之前的魏晋南北朝及隋唐时期，不论民族，不分地域，上自帝王，下至平民，曾一度风行过以"奴"字为名的取"贱名"（或曰"恶名"）习俗。如《晋书·石苞传》

---

　　① （元）脱脱等：《辽史》卷66《皇族表》，中华书局1974年版，第1022—1023页。

　　② 统和二十六年（1008）《耶律元宁墓志》，载向南、张国庆、李宇峰辑注《辽代石刻文续编》，辽宁人民出版社2010年版，第44页。

　　③ 开泰四年（1015）《耶律元宁墓志》，载向南、张国庆、李宇峰辑注《辽代石刻文续编》，辽宁人民出版社2010年版，第58页。

　　④ 大康七年（1081）《萧孝恭墓志》，载向南、张国庆、李宇峰辑注《辽代石刻文续编》，辽宁人民出版社2010年版，第170页。

　　⑤ 开泰四年（1015）《宋公妻张氏墓志》，载向南、张国庆、李宇峰辑注《辽代石刻文续编》，辽宁人民出版社2010年版，第56页。

　　⑥ 乾统二年（1102）《王士方墓志》，载向南、张国庆、李宇峰辑注《辽代石刻文续编》，辽宁人民出版社2010年版，第244页。

　　⑦ 天庆七年（1117）《张世古墓志》，载向南、张国庆、李宇峰辑注《辽代石刻文续编》，辽宁人民出版社2010年版，第294页。

记载，西晋石苞之子石崇，"生于青州，故小名齐奴"。《宋书·武帝纪》记载，南朝宋武帝刘裕"小名寄奴"。《陈书·后主纪》记载，南朝陈后主陈叔宝"小字黄奴"。金蓬勃先生通过检索诸史文献，发现这一时期以"奴"字为小名的名人还有很多。如冉闵，小字"棘奴"；周谟，小字"阿奴"；陶侃之子陶范，小字"胡奴"；王导之子王劭，小名"大奴"；谢安之弟谢石，小字"石奴"；潘岳，小字"檀奴"；杨忠，小名"奴奴"；任忠，小字"蛮奴"；卢思道，小字"释奴"；李林甫，小字"哥奴"；李白之子小字"明月奴"；白居易之弟小字"金刚奴"；等等。①

辽朝一些制度承唐仿宋。譬如《辽史·百官志》在记述辽朝南面汉官官制时即言"如唐制也"。其实，辽朝的习俗文化等也有颇多沿承自中原汉地，以"奴"字为"贱名"即是其中之一例。古往今来，人们之所以乐意给自己的孩子取"贱名"，是承载着父母对子女最为朴实和美好愿望的。在自然界，物之"贱"者，生命力可能更强，存世或许更长久。也就是说，为人父母者，特别是在医疗条件颇差的时代，他们都希望自己的孩子名"贱"而身"强"，能健康、安顺地长大成人。辽朝人亦不例外。检索传世文献及出土石刻文字，辽人除了用"奴"字为孩子取"贱名"外，还有更为粗野鄙俗者，如"驴粪""狗""猪"等，其义当与"奴"字类同。譬如辽圣宗有一子，即名"狗儿"。② 圣宗之弟耶律隆庆有一子，取名"驴粪"，爵封辽西郡王。③ 另据天祚帝乾统九年（1109）的《李从善幢记》记载，"大辽国燕京良乡县刘李村"李从善有二子，"长男驴粪，次男廿一猪"④。

二　以地名及封号为名：取名中的"纪念"意义

检索出土石刻文字，发现有的辽朝官员喜欢用自己为官之地的军州地名给子女取名。如道宗朝知大理正孟有孚，"男三人，长曰观风，次曰韶

---

①　金蓬勃：《通鉴胡注勘误一则——兼论以"奴"为名》，《新西部》2015年第6期。

②　（元）脱脱等：《辽史》卷64《皇子表》，中华书局1974年版，第990页。

③　（元）脱脱等：《辽史》卷66《皇族表》，中华书局1974年版，第1023页。

④　向南、张国庆、李宇峰辑注：《辽代石刻文续编》，辽宁人民出版社2010年版，第263页。

阳,幼曰辽兴"①。孟有孚三个儿子中,有两人的名字与父亲为官所在地地名有关。我们先回顾一下孟有孚的仕宦经历。"公(孟有孚)幼敏晤,力学不倦,荦荦自立,绝异于常人。年二十七登科。其在公敢行,有不可夺之气。曾知泰州乐康县,甚有佳政,朝廷亦闻之。及受代,为辰渌盐院使。会车驾路出于金山,问其政于民,乃超赴行在所。行未及至,授同知泰州军州事,从彼人之欲也。未几,特旨改韶阳军节度副使。上方急用之,当塗无有力者推挽,改知卢龙县,锦州节度副使,至磨勘、监临、解由,凡五任。上(辽道宗)复记其能,用为大理正。"② 从孟有孚的仕宦履历可知,他曾做过"韶阳军节度副使"。"韶阳军",是辽朝上京道长春州的军州名。《辽史·地理志》:"长春州,韶阳军,下,节度。本鸭子河春猎之地。兴宗重熙八年置。隶延庆宫,兵事隶东北统军司。统县一:长春县。"③ 长春州鸭子河一带是辽朝后期契丹皇帝春捺钵行在之所,地理位置十分重要。辽道宗"特旨"诏命孟有孚出任长春州韶阳军节度副使,应是知他具备较强行政及管理能力。长春州韶阳军的节度使副,概负责契丹皇帝春捺钵活动时的一些事务性工作,因而职责十分重要。推测孟有孚的次子应该出生在他被诏命"韶阳军节度副使"之时,所以,他为儿子取名"韶阳",以示不忘契丹皇帝对自己的重视和信任,纪念意义十分明显。后因"当塗无有力者推挽",孟有孚改任卢龙知县。卢龙为辽朝南京道平州之附郭县。《辽史·地理志》:"平州,辽兴军,上,节度。商为孤竹国,春秋山戎国。秦为辽西、右北平二郡地,汉因之。汉末,公孙度据有,传子康、孙渊,入魏。隋开皇中改平州,大业初复为郡。唐武德初改州,天宝元年仍北平郡。后唐复为平州。太祖天赞二年取之,以定州俘户错置其地。统州二、县三:卢龙县。"④ 有辽一代,平州与长春州、兴中府等相类,是地位仅次于五京各府的大州之一。孟有孚虽不是州官,但任职平州附郭卢龙县,亦认为是道宗皇帝对自己的看重,因而,便以平州军名"辽兴"为自己的三子取名,目的也是为了纪念自己的这段仕宦生涯。

---

① 《孟有孚墓志》,载向南等编《辽代石刻文编》,河北教育出版社1995年版,第471页。

② 同上书,第470—471页。

③ (元)脱脱等:《辽史》卷37《地理志一》,中华书局1974年版,第445页。

④ (元)脱脱等:《辽史》卷40《地理志四》,中华书局1974年版,第500页。

辽朝也有些人的名字是取自他们父祖的"封号"，其纪念意义亦不言自明。如道宗朝重臣、知枢密院事梁援的两个孙子，其名字即与梁援的"封号"有关。据天祚帝乾统七年（1107）的《梁援妻张氏墓志》记载："长男庆先生二子，三女。……其二子，大曰韩国，小曰赵国，生时皆依祖父所带国公以训小字。"① 有关梁援的"封号"，天祚帝乾统元年（1101）的《梁援墓志》有载：道宗寿昌"六年夏，召至阙，拜枢密副使，加号同德功臣、修国史、韩国公、签中书省事。冬十月一日，正授兼中书侍郎、同中书门下平章事、监修国史、知枢密院事，加开府仪同三司，进封赵国公，食邑一万户"②。"梁志"还记"孙男曰韩国奴"。此"韩国奴"应即《梁援妻张氏墓志》记载的梁庆先长子"韩国"（"张志"概漏刻一"奴"字）。依此推断，梁庆先的幼子小名应为"赵国奴"。《梁援墓志》之所以没有刻记"赵国奴"，或为梁援去世时（寿昌七年，即乾统元年，1101），梁庆先的次子"赵国奴"还没有出生。

三　以佛教名词为名：佛教文化影响之扩大

辽朝人好以各种佛教名词为子女取名，这种现象在契丹人和汉人中均有发生。

如契丹人以佛教名词为名者。辽圣宗的"仁德皇后萧氏，小字菩萨哥"③。辽道宗"宣懿皇后萧氏，小字观音"④。辽兴宗重熙十四年（1045）的《秦国太妃墓志》记载，太妃耶律氏有"孙女十三人"，其中最小的两个分别取名"观音女"和"普贤女"⑤。辽道宗大安十年（1094）的《耶律智先墓志》记载，果州防御使（遥领衔）耶律智先有一子，名"佛顶"；有一妹（或姊）丈，名"定光奴"⑥。天祚帝乾统八

---

① 向南：《辽代石刻文编》，河北教育出版社 1995 年版，第 567 页。

② 同上书，第 522 页。

③ （元）脱脱等：《辽史》卷 71《后妃传》，中华书局 1974 年版，第 1202 页。

④ 同上书，第 1205 页。

⑤ 向南、张国庆、李宇峰辑注：《辽代石刻文续编》，辽宁人民出版社 2010 年版，第 92 页。

⑥ 同上书，第 223 页。

年（1108）的《耶律弘益妻萧氏墓志》记载，太和宫副使耶律弘益妻萧氏，"名弥勒女"。① 天祚帝天庆四年（1114）的《耶律习涅墓志》记载，兴复军节度副使耶律习涅的曾祖父"小字观音"。②

汉人中亦有以佛教名词为人名者。如道宗朝人李文贞，"有孙十二人，……其八曰法花奴，……其九曰花严奴，……（其十一）曰普贤奴"③。辽道宗寿昌五年（1099）的《尚暐墓志》记载，知大定府少尹尚暐的孙辈、重孙辈中有多人以佛教名词为名。"公有孙五人，长曰龙树，次曰马鸣"；"孙女一人，文殊。重孙一人，演论"④。"龙树""马鸣""文殊"及"演论"等均为佛教名词。

辽朝佛教盛行。佛教教义中的普世伦理精神对家庭、对个人的影响潜移默化，多种多样。信佛者念佛诵经，斋食善行，佛教内容深入人心，烙印十分深刻。他们以佛教名词为子女取名，"人名"出现的宗教色彩，就是佛教文化影响所致。譬如，辽道宗宣懿皇后之所以取名"观音"，就是因为其父母和家人认为她的身形相貌及言谈举止极像佛教传说中的"观音"。辽人王鼎《焚椒录》即云：宣懿皇后"姿容端丽，为萧氏称首，皆以观音目之，因之小字观音"。再如，辽朝中后期的不少佛教信徒，为彰显自己对佛教的笃信，为使佛教经典长传而不灭，便合家出资，积极参与辽朝政府组织的南京道涿州范阳县白带山云居寺镌刻石经活动。她们认为，出资参与镌刻石经，便是为弘扬佛法而践行的尽孝积善、灭罪祛灾之活动。检索云居寺石经"造经题记"，笔者发现有资助镌刻石经的佛教信徒，为自己的子女即取名"积善"和"积行"。如辽兴宗重熙九年（1040）的《造经题记》即云："燕京北军都坊住人、故秦晋国王府前行、摄涿州录事参军王寿等，合家施材，镌此经字。同施李肃，妻贺氏。为报三宝国恩，及为亡过父母，冤家债主，法界有情，同生兜率内院，远证无上菩提。长男菊，新妇王氏。妻崔氏，长男积善，次男积行。重熙九年四

① 向南：《辽代石刻文编》，河北教育出版社1995年版，第590页。

② 向南、张国庆、李宇峰辑注：《辽代石刻文续编》，辽宁人民出版社2010年版，第282页。

③ 同上书，第163页。

④ 向南：《辽代石刻文编》，河北教育出版社1995年版，第499页。

月十一日记。"①

四　以儒学名词为名：汉儒文化影响之深远

　　至辽代中后期，辽人以与"儒学"内容相关字词为名者已较普遍，他们中既有汉人，亦有契丹人。如辽道宗咸雍九年（1073）的《萧德恭墓志》记载，遥领寿州忠正军节度留后、契丹人萧德恭兄弟五人，分别以"温""良""恭""俭""让"为名。"长兄静江军节度使讳德温，……次兄兴宗朝驸马都尉、知大国舅、龙虎军上将军讳德良，……长弟彰愍宫使讳德俭，……次弟睿孝皇帝驸马都尉、兴圣宫使、左金吾卫上将军讳德让。"② 辽道宗大康三年（1077）的《李文贞墓志》记载，李文贞有子侄15人，其中多人以与"儒学"内容相关的字词为名，如"崇孝""崇舜""崇仁""崇政""崇俭""崇慈""崇让""崇禧""崇佑"等。③ 辽道宗大安十年（1094）的《耶律智先墓志》记载，遥领果州防御使、契丹人耶律智先兄弟五人，分别以"仁""义""礼""智""信"为名。"公讳智先，字栾水，姓耶律氏。……别胥生男五人：曰仁先、曰义先、曰礼先、曰信先。"④ 辽道宗寿昌元年（1095）的《永清公主墓志》记载，永清公主耶律氏"有弟五人"，亦分别以"仁""义""礼""智""信"为名。"长曰弘仁，清宁四禩间，承皇上眷祐，特授左威卫上将军；弟弘义，自幼除太宁军节度使；弟弘礼，气度渊沉，回旋谦雅，举措骨气，……自条年授邓州观察使；弟弘智，贵州观察使；弟弘信，左监门卫□将军。"⑤

　　辽人之取名，无论是缘于《论语·学而》的"温""良""恭""俭""让"，还是直用儒家"五常"的"仁""义""礼""智""信"，以及其他与"儒学"内容相关的字词，均表明原本盛行于中原地区的汉儒文化，

---

① 向南：《辽代石刻文编》，河北教育出版社1995年版，第723页。

② 向南、张国庆、李宇峰辑注：《辽代石刻文续编》，辽宁人民出版社2010年版，第153页。

③ 同上书，第163页。

④ 同上书，第222页。

⑤ 同上书，第227页。

至辽朝中后期，已经在北方契丹辽地生根发芽，开花结果。儒家文化迅速传播，影响颇大。不仅仅是辽地汉人，在契丹人中，特别是一些社会上层的契丹贵族，他们接受儒家文化颇具代表性。如上文提到的契丹人耶律智先，其次兄、兴宗朝殿前都点检耶律义先对儒家文化中的"孝""义"等内涵的理解就非常现实。《辽史·耶律义先传》即云："义先常戒其族人曰：'国中三父房，皆帝之昆弟，不孝不义尤为不可。'其接下无贵贱贤否，皆与均礼。其妻晋国长公主之女，每遇中表亲，非礼服不见，故内外多化之。"① 当然，契丹辽地的汉人，特别是一些汉人世家大族，他们世代生活在很早就盛传儒家文化的幽云地区，儒学学养深厚，因而，他们对名字中的儒化内涵理解更为深刻。如天祚朝的汉官杜念。天庆十年（1120）的《杜念墓志》作者郑□□，对杜念所取与儒学内容相关的"名""字"之内涵，给予了一番合理之诠释："公姓杜氏，讳念，字忠恕。盖念者，悦心也。悦以先民之忘其劳，悦以犯难民忘其死，莅官从政，莫若悦乎？忠者，□□□□□□谓之中，反经合道莫若中乎？恕者，如心也。己所不欲，勿施于人，忖己度物，莫若如乎？公之名字，义联三心，俱为盛□□□□□□古之君子无以加焉。"② 由此可见一斑！

五　汉语名与契丹语名的互用：民族文化之交融

建立辽朝的契丹人属于北方草原游牧民族。有辽一代，契丹辽地的契丹人既接受来自中原的汉文化，同时也固守着本民族的草原游牧文化，表现在取名方面，就是契丹贵族人士大都既有自己的汉语名和字，也有契丹语名（或小名）和字（或小字）。如辽道宗咸雍七年（1071）的《萧阊墓志》记载，"公讳阊，字蒲打里，姓萧氏"。萧阊在道宗朝官至监察御史。"阊"字为其汉语名，"蒲打里"为其契丹语字（重熙十五年的《秦

① （元）脱脱等：《辽史》卷90《耶律义先传》，中华书局1974年版，第1356页。

② 向南、张国庆、李宇峰辑注：《辽代石刻文续编》，辽宁人民出版社2010年版，第304页。

晋国大长公主墓志》记为"蒲打"）。萧閶"有弟二人：长曰闌，次曰闇"①。可见，萧閶弟兄三人汉语名均为"門"字旁，与汉人取名方式完全相同。检索《辽史》"本纪""列传"及诸"表"，契丹人类似萧閶兄弟的取名方式俯拾皆是。如"太宗孝武惠文皇帝，讳德光，字德谨，小字尧骨"②。其中"德光""德谨"分别为辽太宗的汉名、汉字，"尧骨"则为其契丹语小字。再如"兴宗神圣孝章皇帝，讳宗真，字夷不堇，小字只骨"③。"宗真"是辽兴宗的汉名，"夷不堇""只骨"分别是他的契丹语字和小字。兴宗朝北院枢密使"萧孝忠，字撒板，小字图古斯"④。"孝忠"是他的汉名，"撒板""图古斯"分别为其契丹语字和小字。

同样，长期濡染契丹草原游牧文化的辽地汉人，他们中有些人的名字便开始契丹化。特别是契丹化程度较深的玉田韩氏家族（韩知古—韩匡嗣家族），自圣宗朝韩德让被赐契丹国姓"耶律"之后，韩氏家族的子孙，既有汉名，也有契丹语字或小字。以辽道宗咸雍八年（1072）的《耶律宗福墓志》为例。韩氏族人到了辽代后期的道宗朝，不仅仅在世者早已改姓"耶律"，大都有了契丹语名字，而且还为其先祖"追命"契丹语名。如"高祖讳延你，仆射令公，夫人曰麼散。"高祖指辽朝韩氏家族第一代韩知古。此时的韩知古被"追命"契丹语名"延你"，韩知古的夫人被"追命"契丹语名"麼散"。"曾祖讳天你，秦王，夫人曰拏思。"曾祖指韩匡嗣，此时被"追命"契丹语名"天你"，匡嗣夫人被"追命"契丹语名"拏思"。"列祖讳普你，招讨侍中，夫人曰拈母浑。"列祖指韩德威，契丹语名"普你"，其夫人契丹语名"拈母浑"。"烈考何你，惕隐相公，皇妣夫人曰北也。"烈考指耶律（韩）遂正，契丹语名"何你"，其夫人契丹语名"北也"。墓主人耶律（韩）宗福，"宗福"为其汉语名，《辽史·德威传》及同书《涤鲁传》记载宗福的契丹语名为"涤鲁"。耶律（韩）宗福子孙中，大都亦有契丹语名。如次子即名"乌斡"。其他如"斡里钵""铺素里""也鲁鞢里""都椀""特末""卢保古"

① 向南、张国庆、李宇峰辑注：《辽代石刻文续编》，辽宁人民出版社 2010 年版，第 135—136 页。

② （元）脱脱等：《辽史》卷 3《太宗纪上》，中华书局 1974 年版，第 27 页。

③ （元）脱脱等：《辽史》卷 18《兴宗纪一》，中华书局 1974 年版，第 211 页。

④ （元）脱脱等：《辽史》卷 81《萧孝忠传》，中华书局 1974 年版，第 1285 页。

"乌鲁姑""浑不鲁""挞北""乌特懒""阿思里""特旦波"等,均为耶律宗福的孙子(女)或重孙子(女)的契丹语名。① 当然,除了玉田韩氏,辽代后期也有其他一些汉人为子女取契丹语名者,如辽道宗大安三年(1087)的《茹雄文墓志》即载,茹雄文有三个儿子,最小的儿子即名"挞不也"②,显然也是契丹语名字。

多年前,笔者曾撰文指出,辽文化是一种融会契丹文化、汉文化及其他契丹辽地诸民族文化于一体的"中和"文化。③ 因为有辽一代二百余年间,契丹辽地的民族关系,既有契丹民族统治阶层与其他民族之间的征服与被征服、统治与被统治的关系,也有契丹、汉及其他民族之间的相互学习、相互交流的友好和睦关系。随着这两种关系的不断发展和演进,民族间的文化交流与融合,也在不断地扩展与深入。上述契丹人既有契丹语名也有汉语名,汉人既有汉语名也有契丹语名,就是这种民族文化相互交融的实证之一。《辽史》记载辽太宗耶律德光契丹语小字"尧骨",在《旧五代史》卷137《外国列传一·契丹》中被记为"耀库济",二者应为契丹语同名的不同音译。"德光本名耀库济,后慕中华文字,遂改焉。"实际上,耶律德光受汉文化影响,取汉语名"德光"后,并将原来的契丹语名"尧骨"(耀库济)变为小字保留着。同理,汉人韩氏家族男女均取契丹语名,亦是契丹辽地汉人与契丹人密切接触,对契丹文化耳濡目染,受其深刻影响所致。④

六 皇帝赐名及与皇子联名:政治文化之映现

辽是以契丹贵族为核心,联合汉、奚、渤海等民族上层建立的封建政权,契丹皇帝为巩固自己的集权统治,便大力笼络、施惠其他民族上层官员为己所用,其手段之一,便是向他们赐国姓(耶律),以及赐名、与皇子联名等。

---

① 向南、张国庆、李宇峰辑注:《辽代石刻文续编》,辽宁人民出版社2010年版,第141—143页。

② 同上书,第184页。

③ 详见拙文《略论辽代契丹和汉文化的"中和"及其原因》,《北方民族》1989年第2期。

④ 详见拙文《契丹族文化对汉族影响刍论》,《北方文物》1998年第3期。

　　辽朝契丹皇帝向汉臣赐姓现象比较常见。如汉族四大家族之一的玉田韩氏，从圣宗朝权臣韩德让开始，便被赐国姓"耶律"，此后子孙世代相承。再如道宗朝的张孝杰、李仲禧、王观、杨兴工等，都曾被赐国姓"耶律"。

　　契丹皇帝向臣下赐名，除了部分赐予契丹人，如圣宗朝的萧孝友，"太平元年，以大册，加左武卫大将军、检校太保，赐名孝友"①；道宗朝的耶律挞鲁，寿昌三年（1097）"三月辛酉，燕国王延禧生子。癸亥，赐名挞鲁"②，大多数还是赐给了汉族大臣。如圣宗朝权臣韩德让，除了被赐姓"耶律"外，还先后被赐名"德昌"和"隆运"，与圣宗皇帝耶律隆绪"联名"③。"耶律隆运，本姓韩，名德让，西南面招讨使匡嗣之子也。统和十九年，赐名德昌；二十二年，赐姓耶律；二十八年，复赐名隆运。"④ 还有道宗朝的张孝杰，"大康元年，赐国姓。……乙辛荐孝杰忠于社稷，帝谓孝杰可比狄仁杰，赐名人杰，乃许放海东青鹘"⑤。另据辽道宗咸雍八年（1072）的《耶律宗福墓志》记载，耶律宗福是被赐国姓的玉田韩氏子孙，道宗朝曾官至南宰相，封韩王。他的名字"宗福"亦为圣宗皇帝所赐，且与当朝皇子联名，以示宠幸。"墓志"云："时统和中，特蒙圣宗皇帝升于子息之曹，令与兴宗皇帝参于昆弟之列。贵处宸禁，荣连御名，宠也；特诏主掌叔父思母相公之籍产，恩也。"⑥ 圣宗皇帝诸皇子、皇侄之汉语名，前一个字均为"宗"，如"宗真"（辽兴宗）、"宗元"（石刻文字均记为"宗元"，《辽史》写作"重元"应不正确）、"宗简""宗愿""宗伟""宗范""宗政"（有墓志出土）、"宗亮"等，契丹化汉人耶律（韩）宗福与他们联名。

---

　　① （元）脱脱等：《辽史》卷87《萧孝友传》，中华书局1974年版，第1334页。

　　② （元）脱脱等：《辽史》卷26《道宗纪六》，中华书局1974年版，第309页。

　　③ 近年出土的辽道宗寿昌二年（1096）《耶律弘礼墓志》称："隆运，联景宗御讳"，应不正确。

　　④ （元）脱脱等：《辽史》卷82《耶律隆运传》，中华书局1974年版，第1289页。

　　⑤ （元）脱脱等：《辽史》卷110《奸臣传上》，中华书局1974年版，第1486—1487页。

　　⑥ 向南、张国庆、李宇峰辑注：《辽代石刻文续编》，辽宁人民出版社2010年版，第141页。

七　简短结语

　　辽朝立国二百余年，受各种因素的影响，"人名"所反映的文化现象，繁富而多元。笔者以上所举，仅是辽朝人名文化研究之冰山一角。拙文立论若有错谬，还望同道专家批评指正。因于传世辽朝文献史料奇缺，出土石刻文字资料又大多零散杂乱，因此，要想深入研究辽朝人名，厘清人名与文化之间的各种复杂关系，仍需于此有兴趣的同道朋友共同努力，不断发掘新的史料，再出新的研究成果。

从出土的石刻资料看萧翰的出身和族帐

都兴智[*]

萧翰是辽代外戚中的重要人物之一，《辽史》有传。关于萧翰的出身和族帐问题，史料记载存在着矛盾，学者们对此也有不同看法：或曰萧翰为萧敌鲁之子；或曰萧室鲁之子；或曰萧翰出身国舅大父房；或曰出身国舅少父房。现根据出土的契丹文和汉文墓志，参考文献记载，对相关问题再做探讨。

一　萧翰并非萧敌鲁之子

史料上关于萧翰的出身和族帐的记载是比较混乱的，近些年来，有许多学者认真研究相关问题，其中以乌拉熙春和史风春两位教授的研究成果最引人注目。乌拉熙春教授通过对出土的契丹小字《欧里懒·太山将军与妻永清郡主二人之墓志》的解读认为，太祖与淳钦皇后为中表亲，德祖之妹、太祖之姑先嫁拔里氏萧解里，生敌鲁与室鲁，后改嫁拔里氏月椀，并将室鲁带到了后夫家里，与后夫又先后生下淳钦皇后和其弟萧阿古只等子女。萧室鲁无子，过继阿古只第五妻耨斤夫人所生之子萧翰为养子。萧翰属于拔里国舅小翁帐。[①] 史风春教授的博士论文就曾论述过相关问题，在近两年发表的论文中认为"萧翰是萧室鲁之子的观点仍有疑问，否定萧翰为萧敌鲁之子的理由还不够充分，萧翰为阿古只之子又过继给萧室鲁的说法还期待对契丹小字的正确解读，（宋方史料所记）萧缅思是萧

---

　*　都兴智，辽宁师范大学历史文化学院。

　①　参见乌拉熙春《爱新觉罗·乌拉熙春女真契丹学研究》，（日本）松香堂书店 2009 年版，第 152 页；向南：《松漠上的开拓——简评乌拉熙春〈从契丹文墓志看辽史〉》，《内蒙古社会科学》2008 年 29 卷 1 期。

敌鲁还是萧室鲁也还需要研究"①。

《辽史》卷 113《萧翰传》："萧翰，一名敌烈，字寒真，宰相敌鲁之子。"宋方史料记载："萧翰，本国人，述律太后之兄子也，其妹复为太宗后。"② 这两条记载表面上看来并不矛盾，但实际上大有问题。因宰相萧敌鲁确为述律太后之兄，但萧翰并非萧敌鲁之子。《辽史》卷 73《萧敌鲁传》："萧敌鲁，字敌辇，其母为德祖女弟，而淳钦后又其女兄也。"把萧敌鲁记成了淳钦皇后之弟，这显然是误记。《萧义墓志》："其先敌烈宁，太祖姑表弟，应天皇后之长兄也。"学者们研究认定，萧义是敌鲁后裔，所谓"其先敌烈宁"，即指萧敌鲁。敌鲁是淳钦皇后同母异父之长兄，而非其弟。关于这一点，已得到学界的认同。萧翰并不是敌鲁之子。《旧五代史》卷 98《萧翰传》："萧翰者，契丹诸部之酋长也。父曰阿钵。刘仁恭镇幽州，阿钵曾引众寇平州，仁恭遣骁将刘雁郎与其子守光率五百骑先守其州，阿钵不知，为郡人所绐，因赴牛酒之会，为守光所擒。契丹请赎之，仁恭许其请，寻归。其妹为阿保机妻，则德光之母也。翰有妹，亦嫁于德光，故国人以翰为国舅。"《资治通鉴》卷 286："（萧）翰，述律太后兄子也，其妹复为契丹主后，翰始以萧为姓。"《资治通鉴》卷 264，唐天复三年，"阿保机遣其妻兄阿钵将万骑寇渝关"。《新五代史》卷 72《四夷附传》："翰，契丹之大族，其号阿钵，翰之妹亦嫁德光。"根据上述史料的记载，知萧翰乃淳钦皇后兄阿钵之子（《新五代史》把"阿钵"误记为翰之名号）。对照其他史料，知阿钵就是淳钦皇后的另一兄长萧室鲁。

二　关于萧室鲁其人

萧室鲁，《辽史》无传，但在相关纪传里记其为太祖淳钦皇后述律平之弟。如《辽史》卷 71《后妃传》："太宗靖安皇后萧氏，小字温，淳钦皇后弟室鲁之女，帝为大元帅，纳为妃，生穆宗。"《辽史·公主表》记，

① 史风春：《辽朝后族萧翰身世考》，《辽宁工程技术大学学报》2013 年第 4 期；《关于辽后族室鲁的几个问题》，《内蒙古社会科学》2014 年第 5 期。

② （宋）叶隆礼，贾敬颜、林贵荣校注：《契丹国志》卷 17《萧翰传》，中华书局 1986 年版，第 168 页。

太祖有一女，名质古，"下嫁淳钦皇后弟萧室鲁，幼为奥姑"。对照新出土的石刻文字资料和其他史料记载，可以肯定，"弟"字实为"兄"之误。《耶律羽之墓志》，羽之"夫人重袞，故实六宰相之女也，升天皇帝之甥"①。经学者们研究证明，志文中所记的实六宰相，就是淳钦皇后异父同母仲兄萧室鲁。萧室鲁是耶律羽之的岳父，也是辽太宗耶律德光的娘舅和岳父。

关于萧室鲁妻奥姑公主，齐晓光在《耶律羽之墓发掘简报》中认为羽之岳母为太祖女质古公主，但不久又进行了修正，认为萧室鲁之妻不是太祖之女，而是太祖之妹。② 盖之庸在《内蒙古辽代石刻文研究》一书中关于《耶律羽之墓志》考释部分也发表了相同的看法，其说甚是。笔者也曾撰文，论证室鲁之妻是太祖胞妹余庐睹姑公主，而非太祖女质古公主。③

在契丹小字墓志中，萧室鲁的契丹名是 ，可解为"尤古宁·缅思"。《辽史》卷3《太宗纪上》天显十年四月丙戌："皇太后父族及母前夫之族二帐并为国舅，以萧缅思为尚父领之。"《辽史》卷67《外戚表》载，驸马都尉室鲁，左列"勉思"一名，与"缅思"同音。《契丹国志》卷13《后妃传》："太宗皇后萧氏，涿州人，辽兴军节度使萧延思之女也。""延思"应为"缅思"契丹语之汉字同音异译。

"缅思"之名见诸契丹小字《欧里懒·太山将军与妻永清郡主二人之墓志》（以下简称"太山志"），该墓志的书丹者为太山之孙韩家奴。由于志文契丹字写得不太规范，所以给释读带来不少困难。承蒙刘凤翥发来志文拓本，经仔细核对，又参考各家释文，虽不能全部通读，但与萧室鲁相关部分志文还是可以解读的。"太山志"第四行："第六代先祖尤古宁（实先生解为"尤尔肯纳"）·缅思尚父，月椀阿主配偶女人之子。"④

① 盖之庸：《内蒙古辽代石刻文研究》，《耶律羽之墓志》，内蒙古大学出版社2007年版，第4页。

② 齐晓光：《关于〈耶律羽之墓志对文献记载之勘补〉一文的几点补正》，《文物》1996年第6期。

③ 参见拙作《辽代国舅拔里氏阿古只家族的几个问题》，《黑龙江民族丛刊》2009年第5期。

④ 刘凤翥主编：《辽上京地区出土的辽代碑刻汇辑》，中国社会科学出版社2009年版，第63页；即实：《谜田耕耘》，辽宁民族出版社2012年版，第681页。

"缅思"一词很长时间没有被解读，后对照汉文《永清公主墓志》，太山与永清郡主长子萧昕续娶之妻为"遥辇帐燕京同知留守左仆射眘思女也"，再与"太山志"相关部分核对，知组成室鲁孩子名的三个契丹原字最下面的一个（上面类似"水"字下面"大"字）发音是"si"，三个原字相拼正是"缅思"。笔者以前著文曾认为"缅思"是室鲁的汉名，看来是错误的，因契丹人的汉名从来也没有出现在契丹文的墓志中。按契丹人命名特点和规律，缅思应是室鲁的孩子名，尤古宁是其字（契丹文墓志称为第二个名）。月椀阿主，史料上又记作婆姑梅里、容我梅里、袍笱梅老、拔懒月椀，为辽太祖淳钦皇后与其弟阿古只的生父。配偶女人，应与结发之妻有所区别，大概有续娶之意。月椀阿主配偶女人，系指辽太祖之姑、德祖之妹撒葛只迷己。

萧室鲁夫妻因反对太祖破坏契丹传统世选制称帝，参与太祖诸弟之乱。《辽史·太祖纪》太祖七年五月，"前北宰相萧实鲁、寅底石自刭不殊"。八年正月，"北宰相实鲁妻余卢覩姑于国至亲，一旦负朕，从于叛逆，未置之法而病死，此天诛也"。此萧实鲁无疑就是萧室鲁。太祖之弟寅底石与萧室鲁夫妇背叛太祖，参加了诸弟之乱，失败后受到严厉惩罚，室鲁与寅底石自杀未死，室鲁之妻也因此事而亡。太祖死后，太宗即位，室鲁的地位发生了变化，已兼有皇舅和国丈两重身份，故得封尚父，领国舅二帐。

三 萧翰的族帐

尽管"太山志"还有一些契丹字目前尚不能解读，但"缅思"是室鲁而非敌鲁则可以充分肯定。"太山志"第2行："将军孩子名太山，第二个名欧里懒。第七代先祖拔懒月椀阿主。……陶畏斯同胞部斡那拨石烈拔里解里郎君亡后，妻那赖益撒葛只迷己□亲同□地母（皇后）撒懒阿古只宰相等孩子五个生。"[1] 这几句话提供的相关证据是：第一，萧太山的先祖是拔懒月椀阿主，与阿古只同宗。第二，太祖之姑前夫解里郎君，姓拔里氏。解里郎君与耶律宗室为同部，皆为陶畏斯部人，只是所属石烈

---

① 斡那拨石烈，是采用即实先生的最新研究成果，参见即实《谜田耕耘》，第216页。

不同，前者为斡那拨石烈，后者则为霞赖益石烈。这说明契丹人的社会组织同部之内居住的部民并非全部为同姓。那赖益撒葛只迷己，即德祖之妹、太祖之姑。那赖益撒葛只是其名，迷己是契丹贵族女性的一种尊称，亦译为"未肌"。第三，拔里解里郎君死后，那赖益撒葛只改嫁月椀阿主，又生了地母（皇后，此指太祖淳钦皇后）、宰相阿古只等五人。撒葛只与后夫所生五个子女，除淳钦皇后、阿古只之外，可知者还有耶律老古之母和敌鲁古娘子。《辽史·耶律斜涅赤传》载，斜涅赤之侄老古，"其母淳钦皇后姊也"。契丹小字《永宁郎君墓志》第 4 行："敌鲁古娘子，月椀阿主、撒葛只迷己二人之女，地母（皇后）一奶同胞。"① 可知者四人，另一个待考。《辽史》卷 74《韩知古传》："太祖平蓟时，知古六岁，为淳钦皇后兄欲稳所得。"所谓"欲稳"，即"月椀"之异译，"淳钦皇后兄欲稳"应为"淳钦皇后父欲稳"之误。笔者以前误信《辽史》的记载，也认为欲稳是淳钦皇后之兄，应予更正，以免误导后来者。

"太山志"第 3 行："天皇帝之时，解里郎君子敌辇·敌鲁宰相，月椀阿主之子撒懒阿古只宰相，配偶女人之子尤古宁·缅思尚父。"敌辇·敌鲁即辽史所记之萧敌鲁，敌鲁是孩子名，敌辇是其字（第二个名）。天皇帝，指辽太祖。这里把萧敌鲁、阿古只、缅思三人区分开来，萧敌鲁是撒葛只前夫解里郎君之子，阿古只是撒葛只与后夫所生之子，这都毫无疑问。但把尤古宁·缅思尚父说成是月椀阿主配偶女人之子则很值得注意。也就是说萧室鲁既不同于前夫之子萧敌鲁，又不同于后夫之子阿古只。唯一合理的解释就是此子是续娶之妻从前夫家带来的儿子。中国北方地区民间俗称续娶之妻带来的前夫子女为"带犊"，南方则称其为"拖油瓶"。由此看来，乌拉熙春教授关于萧室鲁身世的相关推断还是很有道理的，室鲁应为月椀阿主之养子。同行下面的字句是："天子皇帝当国，解里郎君之先祖胡母里□女眷契丹许姑汉儿□裔嗣，（接第 4 行）月椀阿主配偶女人之子并弥里石烈□□国舅成为，□官承袭。"天子皇帝指辽太宗耶律德光。这段文字虽然有的词语尚无法解读，但其大意还是比较清楚的。即辽太宗执政以后，拔里解里郎君的先祖胡母里契丹妻子和汉儿妻子所生的后

---

① 刘浦江、康鹏主编：《契丹小字辞汇索引》，《耶律永宁郎君墓志》，中华书局 2014 年版，第 139 页。

裔，月椀阿主配偶女人之子居住在同一个弥里和石烈中，皆称为国舅，并承袭国舅司的官职。

"太山志"载，萧翰并不是萧缅思之子，而是阿古只之子。志文第 5 行："第五代先祖石鲁隐·安里令公，拔懒月椀阿主之子叔父撒懒宰相之第五女人耨斤夫人之子。□郎君无嗣。女人齐国阿不里公主配偶。□那阿主族帐承祧。公主国让皇帝皇后之女。"石鲁隐·安里令公，即萧翰。所谓"叔父撒懒宰相"，无疑是指阿古只。萧翰本是阿古只与其第五妻耨斤夫人二人所生之子，其妻齐国阿不里公主，是辽太祖长子东丹王耶律倍与王妃（世宗时追尊为皇后）二人之女。所谓"国让皇帝"是契丹文直译，按汉语语序应为"让国皇帝"。让国皇帝是辽世宗即位后为其父耶律倍追尊的帝号。关于阿不里公主的封号齐国公主，萧太山的后裔金代《故显武将军尚食局使拔里公墓志》（又称《萧居士墓志》）记为秦国公主。该墓志第 3 行："第七代先祖石鲁隐·安里令公，女人尚义宗皇帝之女秦国公主阿不里。"[1] 义宗，即指耶律倍，是辽世宗即位后为其父追尊的庙号。萧翰所承祧的族帐无疑就是萧缅思的族帐。因为志文记载萧太山的世系是第七代先祖拔懒月椀阿主—第六代尤古宁·缅思—第五代石鲁隐·安里—第 4 四代丹哥将军—祖父留宁·安哥—父特每·王五—欧里懒·太山。萧翰虽然是缅思的过继子，但他对养母可能有着很深的感情。当年辽太宗北撤途中崩于滦州杀胡林，世宗兀欲在前线将领的拥戴下不上请而即位于镇阳，惹怒了淳钦皇太后。双方兵戎相见，对阵于潢河横渡，萧翰坚定地站在世宗一边。淳钦皇太后阵前质问萧翰为什么从逆，萧翰答道："臣母无罪，太后杀之，以此不能无憾。"[2] 萧翰所说的母亲，应该是指太祖妹余卢觌姑，即他的养母。以此可以推知，《辽史》上虽然记载余卢觌姑是病死，但实际上很可能是被淳钦皇后逼死或派人害死，所以作为养子的萧翰一直耿耿于怀。《辽史·太祖纪》所谓"未置之法而病死"之说显然是不可信的。

《辽史·外戚表》："契丹外戚，其先曰二审密氏：曰拔里，曰乙室己。至辽太祖，娶述律氏。述律，本回鹘糯思之后。大同元年，太宗自汴

---

① 刘凤翥：《契丹小字金代〈萧居士墓志铭〉考释》，《文史》2009 年第 1 辑；即实：《谜田耕耘》，第 1049 页。

② （元）脱脱等：《辽史》卷 113，《萧翰传》，中华书局 1974 年版。

将还，留外戚小汉为汴州节度使，赐姓名曰萧翰，以从中国之俗，由是拔里、乙室己、述律三族皆为萧姓。拔里两房，曰大父、少父；乙室己亦两房曰大翁、小翁；世宗以舅氏塔列葛为国舅别部。三族世预北宰相之选，自太祖神册二年命阿骨只始也。圣宗合拔里、乙室己二国舅帐为一，与别部为二。此辽外戚之始末也。"

需要说明的是，《辽史·外戚表》所记外戚的族帐房次是存在错误的。对照其他史料及出土的石刻文字资料可以断定，《辽史》的这段记载是有问题的。首先，述律和拔里并不是两个氏族。如太祖淳钦皇后名述律平，姓述律氏，其同胞之弟萧阿古只及其后裔却姓拔里氏，这说明述律即拔里氏。其次，出土的石刻资料（包括汉文和契丹文）证明，国舅拔里氏的两房不是大父房和少父房，而应该是大翁帐和小翁帐。大翁帐是指淳钦皇后母前夫之族，即萧敌鲁家族；小翁帐则是指淳钦皇后同父同母胞弟萧阿古只及同母异父仲兄萧室鲁的后裔。事实证明，《辽史》所记的拔里国舅少父房，即相当于石刻资料中所记的拔里国舅小翁帐；国舅大父房，相当于大翁帐，这是很多石刻资料已经证明了的。故《辽史》所谓外戚二审密氏拔里两房为大父房和少父房、乙室己两房为大翁帐和小翁帐的记载，看来是误记。石刻资料证明，实际上是拔里氏分为大翁帐和小翁帐，乙室己氏分为大父房和少父房。萧翰家族无疑属于拔里国舅小翁帐。

辽代奚王萧京墓志铭文释读

任爱君[*]

赤峰市博物馆收藏一通辽代墓志铭，墓志盖已失，仅剩志石；且由于年代久远，此通墓志铭的出土地点，也已经不详。志石为青砂岩，长83厘米、宽79厘米、厚12厘米，通石刻字32行，每行24—30字不等，通篇约840字。

志石首行题刻"左龍虎衞上將軍前六䗊度奚王燕京統軍使金紫崇禄大夫檢校太保食邑五千二百户食實封七百五十户開國公蕭京墓誌銘幷引"（以下简称"蕭京墓誌銘"，"京"乃京字之古体）。

一　萧京生平及家世简介

依据墓志原文，墓主姓萧名京（无字号），辽代白霫人，奚族，出身辽朝奚王家族，高祖、曾祖二人曾任奚王府常衮之职，父萧□志文，（姓名中间空一字）韵官至林牙。萧京自幼聪敏好学、工于文章，以荫功入仕，任牌玺郎君，随侍皇帝左右；后来出任武州刺史，处理刑政，遵守朝廷法制，即使专擅刑法的僚吏、久经办案的官佐，也都不能找到任何"曲法"的空隙或借口，政绩才能流播南邻宋朝境内。朝廷遂擢升萧京为同知东京户部事，调度出纳，尽心尽力，克勤职守，府库盈余；又升任同知上京留守，勤恳为政，巩固国本，成为官佐楷模，使国家北部都没有任何的忧虑。后又转任上京（西楼）金吾大将军，任内曾经两次奉诏为诸道刑狱按察使，审理各地狱讼，析决疑滞、昭雪冤案，回朝敷奏，全都符合朝廷旨意。故又转官为燕京步军都指挥使，吏士爱戴、军政齐治，有名

---

[*] 任爱君，赤峰学院历史文化学院。

将治军之方略。不久，奉诏出使北宋，完成使命，回到京城，受到朝廷褒奖，诏命升任奚王，在任五年，治绩优良，旋即改任为燕京统军使，赴任后，即病逝于燕京统军使公廨。时为大安八年六月七日，时年69岁。

志文言及，萧京自入仕而至病逝之年，已经"历事两朝，迨逾四纪"。萧京病逝于大安八年（1092）。"大安"乃辽道宗朝年号，故"历事两朝"之"两朝"，是指兴宗、道宗两朝；"迨逾四纪"之"四纪"，古代纪年凡"一纪"为12年，"四纪"即48年。由此上溯48年，即1045年（辽兴宗重熙十四年），应为萧京入仕之年；萧京病逝时，年69岁，由此上推48年，则知入仕时年龄22岁；又推及而知，萧京生年为1024年（辽圣宗太平四年）。详察墓志原文，还可得见：萧京出使北宋之年，应为辽道宗大安四年（1088）前后。案《辽史》大安四年并未记载派遣使臣出使宋朝事项，但李焘《续资治通鉴长编·卷四一九》宋哲宗元祐三年（1088年，辽道宗大安四年）十二月丁卯条记载：

> 辽国遣使兴复军节度使萧京、永州管内观察使耶律睦，副使中大夫、守卫尉卿刘泳，东上阁门使、海州防御使刘彦昇来贺正旦。①

澶渊和盟之后，辽、宋两朝并存时期，双方互派使臣，一般均由朝臣中选派，凡被选派奉使者，官衔均是临时借职，使毕即落借职，奉使者或仍、原职或有升迁。由《续资治通鉴长编》记载来看，萧京奉命出使宋朝为贺正旦使臣，所借职务为"兴复军节度使"，使还后，即由燕京步军都指挥使升迁为奚王。担任奚王职务五年，又转任燕京统军使，未久即病殁。

依据墓志铭文记载，萧京先后担任牌玺郎君、武州刺史、同知东京户部事、同知上京留守事、上京金吾详稳（其间又两次奉诏按察诸路刑狱）、燕京步军都指挥使、奚王、燕京统军使等职务。又由志文"暨乎壮室，委以专城，领武州郡政"的记载，知萧京由宫廷郎官出任武州刺史时，已经年方三十或年逾三十的"壮年"阶段，尔后又在官场步步升迁，直到官至奚王、燕京统军使。这既是萧京本人仕宦经历的写照，也体现辽

---

① （宋）李焘：《续资治通鉴长编》卷419，宋哲宗元祐三年十二月丁卯条。

朝和平、盛世阶段的官职转换与序迁过程。

关于萧京妻室、子孙等，墓志铭文也有简略的交代。萧京前后曾有两位夫人，先夫人姓耶律氏，志文所谓"宗族之贵"是也；先夫人耶律氏早逝，萧京即合葬于先夫人墓，位于中京大定府劝农县西三十里，即"勸農縣西，不啻一舍，前夫人之先塋，祔而葬之"。后娶夫人，姓字不显，应因萧京实授奚王而获得"乙里婉"封号。萧京有子二人，长曰谋里也，已入仕，"【職?】居館閣，嚴君告奏，留侍庭闈"，即因职务关系，未能亲临萧京葬事；次子曰郭家奴，供职朝廷卫军系统。萧京有女三人，除长女那演，其余早逝。志文称，长女那演"孝稟天誠，行【第二十行】□□□頌，助丧盡物，近賫千縞，恪禮事神，靡遑四躰"，即萧京丧事皆为长女那演张罗完成。同时，志文记载，萧京还有孙男四人、孙女三人，均皆年幼，姓字无载。

二　萧京墓志铭文反映出的具体问题

1. 白霅作为奚族郡望名称的来历

白霅，本为隋唐时期铁勒十五部之一，作为一支实力比较强大的草原游牧部落，最先出现于漠北草原，唐朝中前期又移居于漠南草原地带，并在较长的历史时间内都与唐朝有着密切的联系，但自唐朝中后期开始，白霅部落逐渐淡出历史舞台，最终无声无息、无影无踪。学界始终怀疑：奚、霅之间是否存在密切的联系？因为，金、元时期"白霅"已经成为奚族世居地的"郡望"。但是，奚、霅之间联系的探索，始终缺乏直接而有力证据的支持。

萧京墓志铭文，明确记载其本人及家族籍贯为"白霅"，说明辽朝时期"白霅"就已成为专属奚族人籍贯的代名词，即奚族人的郡望。但奚、霅关系也就成为一个更为亟待解决的重要问题。

2. 关于"实失王"与奚王府地位的转变

萧京墓志文记载，"本实失王七代之孙"。"实失王"之"王"，应指奚王；这位"实失王"，应即奚族大王，其生活时代约与辽太祖阿保机时期相当，且在奚族发展史上应具有较高知名度。但文献记载中未见任何有关"实失王"其人的文字。据《辽史》记载，与辽太祖生存时代相当之际，曾有一位名为"时瑟"的奚王，在奚族发展史上具有重大影响，兹转录其史料如下：

> 其先曰时瑟，事东遥里十帐部主哲里。后逐哲里，自立为奚王。卒，弟吐勒斯立。遥辇鲜质可汗讨之，俘其拒敌者七百户，撼其降者。以时瑟邻睦之故，止俘部曲之半，余悉留焉。奚势由是衰矣。①

这位名为"时瑟"的奚族部落首领，本为世代选举奚族可汗的遥里氏家族的下属。"东遥里"即东部遥里氏家族，也就是东部奚的统治家族，是对应"西部奚"而言；"十帐部主哲里"，即第十帐的帐主哲里，也就是遥里氏家族的第十位奚可汗哲里，奚族帐制应与契丹帐制相同，尤其9世纪末10世纪初期更是如此。"逐"即逐出、驱逐，赶跑了，然后就由时瑟自己直接出任东部奚的可汗（奚王应是辽代的称谓，而非奚族自称）。时瑟任可汗，有篡夺的意味，故与邻族和睦相处，但契丹人不领情，趁机对内部不稳的东部奚发动进攻；所谓"遥辇鲜质可汗讨之"，也是讳言，此时世代选举契丹可汗的遥辇氏家族，也已经成为耶律阿保及家族手中的玩偶，实际主持此次讨伐的军事首长即阿保机父亲——德祖萨剌的（萨剌德）；此处所云"俘其拒敌者七百户"，又"止俘部曲之半"即部落人口而非战俘，这些人口即《辽史·太祖纪上》所云："先是德祖俘奚七千户，徙饶乐之清河，至是创为奚迭剌部，分十三县。"② 时瑟时期，确实成为奚族由盛转衰、成为契丹属部的开始。

除此之外，据已发现的《奚大王记结亲事碑》，也曾有"与实失郎王下撒蟒官人"之语，这位"实失郎王"即奚族大王无疑。③ 但萧京墓志文所云七代祖"实失王"与《辽史》记载的"时瑟"、《奚大王记结亲事碑》之"实失郎王"，三者之间是否关联或即同名异译？还有待新证据的支撑。萧京七代祖"实失王"的真实身份，也有待继续考证。萧京为奚王后裔无疑，但究属东遥里氏家族还是时瑟家族的后裔，也有待奚族史研究的深入和考古实证的新材料为支撑。

---

① （元）脱脱：《辽史》卷33《营卫志下》部族下，太祖二十部，中华书局1974年版，第387页。

② 《辽史》卷1《太祖纪上》，第2页。

③ 盖之庸：《内蒙古辽代石刻文研究》，内蒙古大学出版社2002年版，第374页。

　　关于奚族地位、奚王职务角色的演变等，笔者曾有述及。① 《辽史》里记载的奚王以及奚王府部落，其身份、地位与军政治权等，在辽朝前期和后期的发展中是截然不同的，笔者认为：辽朝前期的奚王府部族是以契丹人同盟者身份发挥作用，但自统和十四年（996）奚王和朔奴罢免后，"奚王"成为辽朝北面官系统中的具体职务，"奚王"由家族世选演变、朝廷认可直接转变为废除世选的朝廷任命方式，奚王府地位一落千丈！萧京出任奚王时，就是辽朝官员升迁、任命的结果。

　　3. 关于奚王府（奚族）五帐六节度

　　《辽史》所谓"奚王府六部五帐分"，即奚族五帐六节度。"帐"或"帐分"，为辽朝房帐制度的专有名词，"帐分"是帝王家族人口世系区分措施，类似中原盛行的谱牒制度，如契丹皇族"大横帐"下有孟父、仲父、季父三房之分，"国舅帐"也有大、小翁父房之分，但辽朝九位皇帝皆有个人的宫帐，遥辇氏九位可汗也分别拥有个人的宫帐（称为九可汗宫分，宫分实即帐分）；奚王府统治家族也是如此。

　　上述关于"时瑟"记载中，已经言明：至时瑟时期，奚王府已经拥有遥里氏家族十位可汗的 10 个帐分。但是，由于奚部族的东西分裂以及时瑟篡位的影响，至时瑟出任奚王（可汗）时，仅有五个帐分的部族人口，这是奚族呈现东、西两部分裂的直接结果，故萧京墓志文也自称其本人即"五帐之贵者"，这是门第身份的象征。那么，《辽史》中又为何将奚王府部族（东部奚集团）称为"六部五帐分"或是"五帐六节度"呢？

　　这是因为，奚王府五帐分原有五个部（或氏族），即遥里氏、伯德氏、奥里氏、梅只氏、楚里氏，故又号为"五部奚"。辽太祖耶律阿保机天赞二年（923），奚王府部东扒里厮胡损率领部众，据守箭笴山抵抗契丹，辽太祖举兵击灭之，于是收合王府杂役户、五部奚贵族隐丁及流散人口等设置为"堕瑰部"，仍属奚王府管辖。"五部奚"遂为"六部奚"，每个部的首领都与契丹部落一样称为节度使。这就是"五帐六节度"的来历，但是"堕瑰部"是个以地缘关系为链接纽带、丧失了以血缘关系为联结作用的"新部落"，故萧京墓志文强调自己为"五帐之贵者"的意义所在。

---

　　① 任爱君：《契丹对奚族的征服及其统治方略》，《内蒙古社会科学》2010 年第 2 期；《辽代的乌马山奚》，《北方文物》2010 年第 4 期。

4. 关于墓志铭文涉及的其他辽代官职

志文称，萧京入仕之始，"司主牌玺"。《辽史·百官志一》"北面著帐官"系统有"牌印局"，内设"牌印郎君"；志文称，"领武州郡政"，应为出任"武州刺史"或"同知州事"职务。据《辽史·地理志》"武州，宣威军，下，刺史"，武州为刺史州。

"知东京户部事"，应为"知东京户部使事"，隶属"南面京官"，为"五京诸使职名"之一，衙属"东京户部使司"，正印长官为"东京户部使"或"知东京户部使事"。

"同知上京留守事"，隶属"南面京官"，为"五京留守司"职名之一，正印长官为"某京留守行某府尹事"。"同知上京留守事"职衔低于"知上京留守事"。

"西娄更任金吾详稳"，"西娄"即西楼，指称上京临潢府及祖州地区，意即由此转任上京"南面朝官"系统之"诸卫职名"，左、右金吾卫的长官（左金吾卫详稳或右金吾卫详稳）。"两授案察，代天讯刑，雪冤拔滞"，即金吾卫任内还曾两次受命担任"南面分司官"之"按察诸道刑狱使"，分路按察，析决滞狱。

"任燕京步军都指挥使，分司列局"，燕京步军都指挥使即南京步军都指挥使，隶属"南面京官"系统之"南面军官"，衙属南京侍卫亲军步军都指挥使司。

"正拜奚王"，即升迁为奚王，即管理奚六部之最高长官。《辽史·百官志》将"奚王"纳入"北面部族官"序列，奚六部与五院、六院部及乙室部并称辽代四大王府。萧京在奚六部任职五年，即转授为燕京统军使，隶属"北面边防官"之"诸统军使职名"，衙属南京都统军司（又名燕京统军司）。

5. 关于志文刻写"固深诸夏之根"词句的含义

"诸夏"义同"中国"或"中原"，引申为国家版图之根本，故"固深诸夏之根"意即牢固地加深"中国"或"中原"的统治基础。但志文中此句话的意思，却是放在萧京担任"同知上京留守事"之后，续曰"益励精勤，常加诚旾，固深诸夏之根，皷舞四方之则，遂致北阙无忧"云云，因此这段话中的"诸夏"即中国或中原之意，其实际所指乃为辽朝统治的根本之地，即以上京临潢府为中心的"契丹本土"。由此一段话语所彰显的历史意义，大致如下：

第一，辽朝自建立起，就自视契丹为"中国"。如辽太祖天赞三年（924）九月丁巳，"凿金河水，取乌山石，辇至黄河、木叶山，以示山川朝海宗岳之意"①。辽太祖这样做的目的，一是向金河水、乌山石所在的漠北草原地区宣示宗主权；二是凭借"山川朝海宗岳"的仪式作用，彰显"大中国"的历史意蕴。因此，辽道宗朝的大臣刘辉，在给道宗皇帝所上奏章中，一是将辽朝百姓称为"中国之民"；二是强烈反对宋朝欧阳修修订的"五代史"，将契丹（辽朝）置于"四夷"之列，建议将宋朝历史也附录于"国史"之后。②

第二，辽宋和盟之后，双方在称谓上的趋同意识，也是契丹辽朝"中国观念"基本成型的具体显现。澶渊和盟后，辽、宋双方"国书"往来以及使臣口陈中，首先由辽朝方面形成了"南朝、北朝"的称谓，甚至还在北宋朝堂内部引起争议，但"南朝、北朝"的称谓却在双方流行开来，产生的重要影响就是：西夏元昊自称"西朝"、喀喇汗王朝自称为"桃花石汗"，连高丽政权也已"东朝"自居。"中国观念"的认同，已经在一个更为广阔的区域范围内得到更高程度的认同。

第三，由墓志文所传播的"中国观念"认同现象而言，在契丹辽朝境内的"中国观念"认同趋势，已经不是最高统治者所采取的策略，已成为文人雅士阶层高瞻远瞩的发明，由墓志文中流露出的"固深诸夏之根"——此番话语来看，契丹辽朝境内植根于民族融合基础上的观念认同，已经成为一个相当普遍的历史现象。

附录：萧京墓志录文

左龍虎衛上將軍前六部度奚王燕京統軍使金紫崇禄大夫檢校太保食邑五千二百户食實封七百五十户開國公蕭京墓誌銘并引

登仕郎守秘書省秘書郎知大定府勸農縣事武騎尉王正臣撰

---

① 《辽史》卷2《太祖纪下》天赞三年九月丁巳条，第20页。

② 《辽史》卷104《文学下》刘辉传，第1455—1456页。

　　大王姓蕭氏諱京白霅人也本實失王七代之孫五帳之貴者高曾二【第一行】祖任重常衮勳業優隆子孫蕃茂父□韻位至林牙盛德冠時陰功貽【第二行】後而生大王天賦聰敏幼嗜文學逮夫成冠得以立身束带闕廷司【第三行】主牌璽夙興夜寐心小憂深暨乎壯室委以專城領武州郡政威雄朔【第四行】鎮名振宋隣所決是非躬覽冊製法家不能舞其文案吏不能誣其理【第五行】上達貞幹驟歷官聯同知東京户部事心計調度力勤出納帑藏羨餘【第六行】緝粟紅朽復承委寄榮遂甄陞任同知上京留守事益勵精勤常加誡【第七行】育固深諸夏之根皷舞四方之則遂致　北闕無憂西婁更任金吾詳【第八行】穩兩授案察代天訊刑雪冤拔滯終而敷奏罔不允俞任燕京步軍都【第九行】指揮使分司列局難在兵戎延賓待士不忘俎豆禮樂暨精絲綸旋降【第十行】命出使南宋及還駢牡特勞金壘宏著聲名難拘階陞匪俟九遷之寵【第十一行】超加一字之封正拜　奚王法確令下风恬俗熙千里地廣五年績成【第十二行】自夫從政歷事兩朝迨踰四紀修己立無過之地措時建太平之階無【第十三行】何改授燕京統軍使威德未弘膏肓遘疾時年六十有九大安八年六【第十四行】月七日薨於燕京統軍司公廨八月一日柩進至鄉九月二十九日勸【第十五行】農縣西不啻一舍前夫人之先塋祔而葬之夫人二前夫人宗族之貴【第十六行】□□之純先勒銘焉此不存矣後夫人乙里娩貞善有聞包容積行至【第十七行】□□藻之祀罄繡之工無以加焉男子二人長曰謀也里習賢之教踵【第十八行】□□□文明代遭□□居館閣嚴君告奏留侍庭闈次曰郭家奴體貞瑰【第十九行】□□□深厚　上所稱嘉職□扞衞女子三人孟曰那演孝稟天誠行【第二十行】□□□頌助喪盡物近貴千緝恪禮事神靡遑四躰仲曰慶姐季曰刘家【第二十一行】□□□以不幸亡矣無所採實孫男四人孫女三人調遵庭訓柔習閨儀【第二十二行】□□□内外之戚悲哀之慟資薦之虔僃述懿跡託紀貞砥正臣忝於製錦【第二十三行】□□□同布政之才强以为銘微人柱擎天之作銘曰【第二十四行】

□□□閟	直矣瑜瑕	貴而無□	富而不奢	填壑施惠	輕琚報□
□□□殺	朋来百嘉	□内製外	憂公如家	堯契筋力	劉韓爪牙
□□□□	□波逝遐	高穹台暝	鉅厦柱邪	生兮五百	興國榮華
□□□□	□□□□	其葬秋者	是時嘉耶	不筮宅者	先塋告耶
□□□□	□□□□	悲吟苦弔	山猿木鴉	福流子孫	支泒益加

回鹘人与辽朝关系述略

武玉环[*]

早在辽建国前，地处辽朝中心上京附近的回鹘族，已经与契丹迭剌部通婚，双方建立了较密切的联系。辽朝建国后，回鹘族延续与契丹皇族保持通婚的传统，俨然成为举世瞩目、地位显赫的后族。地处辽朝境内的其他回鹘部族，向辽朝缴纳赋税，承担徭役，成为隶属于辽朝廷的属部。而在辽境外的回鹘族，每年向辽朝称臣纳贡，成为辽朝的属国。回鹘族在辽朝历史上起过重要的作用，并对辽朝历史产生了较为深远的影响。

一　与契丹皇族唇齿相依的回鹘后族

"耶律、萧氏十居八九，宗室、外戚，势分力敌，相为唇齿，以捍邦家，是或一道。然以是而兴，亦以是而亡，又其法之弊也。"[①]《辽史》中的这段话，十分精辟地道出了萧氏后族在辽代历史中的作用。而萧氏后族中，有一支即是出自回鹘族的后裔。

早在契丹遥辇氏部落联盟时期，回鹘族就与契丹建立了联系。《新唐书·契丹传》："奚、契丹亦鲜入寇，岁选酋豪数十入长安朝会，每引见，赐予有秩，其下率数百皆驻馆幽州。至德、宝应时再朝献，大历中十三，贞元间三，元和中七，大和、开成间凡四。然天子恶其外附回鹘，不复官爵渠长。会昌二年（842），回鹘破，契丹酋屈戍始复内附，拜云麾将军、守右武卫将军。于是幽州节度使张仲武为易回鹘所与旧印，赐唐新印，曰'奉国契丹之印'。"可知，契丹曾一度依附于回鹘，并持有回鹘赐予的

---

　*　武玉环，金陵大学文学院。
　①　《辽史》卷 67《外戚表》，中华书局 1974 年版，第 1029 页。

旧印。

回鹘汗国瓦解后，留驻契丹内地回鹘的一支，与契丹族建立了婚姻关系。《辽史·后妃传》记载："太祖淳钦皇后述律氏。讳平，小字月理朵。其先回鹘人糯思生魏宁舍利。魏宁生糯思梅里。慎思生婆姑梅里。婆姑娶匀德愁（契）王女，生后于契丹右大部，婆姑名月椀。仕遥辇氏为阿礼割只。"淳钦皇后述律氏的父亲月椀（一作容我）任契丹遥辇氏部落联盟的阿札割只。

从上文中可知：（1）太祖淳钦皇后述律平的先祖为回鹘人。（2）述律平的父亲婆姑名月椀，娶契丹匀德愁（实）王女，生述律平。（3）婆姑曾任契丹遥辇氏部落联盟时期的官员阿礼割只。说明契丹族在遥辇氏部落联盟时期已经与回鹘族通婚。

上文中的"契丹右大部"，见《辽史·地理志》：仪坤州"本契丹右大部地"，后建广义县，又称"本回鹘部牧地"。可见所谓右大部原系泛指此地与契丹通婚的回鹘部人，而并非契丹旧部，故无部名。回鹘汗国衰亡西迁，其地为契丹所有。[①] 匀德实，太祖阿保机之祖父，追谥玄祖。王女为阿保机姑母。淳钦后父系出于回鹘，母系出于契丹。

在辽代石刻资料里，也有其相关的记载。辽代墓志《欧里懒·太山将军与妻永清郡主二人之墓志》第二行中记载："第七代先祖拔懒月椀阿主……陶畏斯同胞部斡那拨石烈拔里解里亡后，其妻那赖益撒葛只迷已口亲同口地母（皇后）撒懒阿古只宰相等孩子五个生。"文中的拔懒月椀阿主，既是《辽史·后妃传》中记载的婆姑梅里、容我梅里，也是太祖淳钦皇后述律平的父亲。

辽朝的几位皇后，都出自述律家族。辽朝皇后出于述律（淳钦）皇后家族的有：

太祖淳钦皇后述律平，生太宗。

太宗靖安皇后萧氏，小字温，淳钦皇后弟室室鲁之女。生穆宗。

世宗怀节皇后萧氏，小字撒葛只，淳钦皇后弟阿古只之女。帝为永康王时，纳之为后，生景宗。

圣宗钦哀皇后萧氏，小字耨斤，淳钦皇后弟阿古只五世孙。生兴宗。

---

① 蔡美彪：《辽代后族与辽季后妃三事》，《历史研究》1994 年第 3 期。

兴宗仁懿皇后萧氏，小字挞里，钦哀皇后弟孝穆之长女。生道宗。

道宗宣懿皇后萧氏，小字观音，钦哀皇后弟枢密使惠之女。

天祚文妃萧氏，小字瑟瑟，国舅大父房之女。[1]

述律家族世居后位，盘根错节，形成权势仅次于皇族的最大家族。

述律后家族是隶属于二审密的后族。但是究竟属于拔里家族，还是属于乙室已家族？学界看法不一。有的人认为：淳钦皇后等属于拔里家族，睿智皇后（承天太后）等属于乙室已家族。[2] 也有人认为，萧思温、睿智后家族当出于契丹审密拔里氏。[3]

我们认为，述律后家族是隶属于二审密的拔里家族，其根据一是文献资料记载。《辽史·外戚表》："契丹外戚，其先曰二审密氏：曰拔里，曰乙室已。至辽太祖，娶述律氏。述律，本回鹘糯思之后。大同元年，太宗自汴将还，留外戚小汉为汴州节度使，赐姓名曰萧翰，以从中国之俗，由是拔里、乙室已、述律三族皆为萧姓。"而述律即拔里。太祖淳钦皇后为述律氏，其同胞弟萧阿古只及其后裔姓拔里氏，说明述律即拔里。述律、拔里二姓氏应为同一氏族。《辽史》中把拔里、述律并列，实属错误。

二是辽代石刻资料同样记载淳钦皇后属于拔里家族，《欧里懒·太山将军与妻永清郡主二人之墓志》第二行："第七代先祖拔懒月椀阿主……陶畏斯同胞部斡那拨石烈拔里解里亡后，其妻那赖益撒葛只迷已口亲同口地母（皇后）撒懒阿古只宰相等孩子五个生。"文中第七代先祖拔懒月椀阿主中的拔懒，即拔里的谐音，拔懒即拔里。

在辽朝历史上，回鹘后族占有重要的历史地位，其外戚多在辽朝廷中担任重要官职。据逝于道宗大康元年的《萧德温墓志》："一门生于三后，四世出于十王。"指的当是圣宗钦哀皇后、兴宗仁懿皇后、道宗宣懿皇后。十王，至大康元年可考知的有：晋国王萧和、齐国王孝穆、晋国王孝先、楚国王孝忠、丰国王孝友、楚国王孝惠、陈王知足、齐王无曲、柳城郡王术哲。[4]

---

① 《辽史》卷 71《后妃传》，中华书局 1974 年版，第 1132 页。

② 王善军：《论辽代后族》，《黑龙江民族丛刊》2007 年第 2 期。

③ 蔡美彪：《辽代后族与辽季后妃三案》，《历史研究》1994 年第 2 期。

④ 《萧德温墓志》，载向南等编《辽代石刻文编》，河北教育出版社 1995 年版，第 373 页。

　　回鹘后族萧氏，与皇族耶律氏，世柄国政，对于辽朝历史的发展起到了重要作用，并对辽朝社会的发展产生了深远的影响。

二　隶属于辽朝的回鹘部族与属国

　　早在辽建国前，回鹘族已经居住在契丹的右大部地。建国后，辽朝在其地建立州县、部族乃至属国进行管理。

1. 回鹘州县与部族

　　仪坤州，启圣军，节度。本契丹右大部地。应天皇后建州。"太祖淳钦皇后述律氏，讳平，小字月理朵。其先回鹘人糯思，生魏宁舍利，魏宁生慎思梅里，慎思生婆姑梅里，婆姑娶匀德恝王女，生后于契丹右大部。婆姑名月椀，仕遥辇氏为阿扎割只。至四世孙容我梅里，生应天皇后述律氏，适太祖。"可知，淳钦皇后述律平的祖先为回鹘人，早在遥辇氏时期，已经居住在契丹右大部地。建国后，淳钦皇后以所生之地置州，为仪坤州。

　　广义县，本回鹘部牧地。淳钦皇后述律平以四征所俘居之，因建州县。统和八年，以诸宫提辖司户置来远县，十三年并入。户二千五百。

　　除了在辽朝腹心地带的回鹘族居地建立州县外，辽朝还在西北地区原来回鹘族的聚居地建立边防城。"河董城。本回鹘可敦城，语讹为河董城。久废，辽人完之以防边患。"皮被河城。地控北边，置兵五百于此防托。皮被河出回纥北，东南经羽厥，入胪驹河，沿河董城北，东流合沱漉河，入于海。[①]

　　辽朝在回鹘聚居地设置部族，管理回鹘族部民。薛特部，开泰四年，辽朝以回鹘户置。隶属于北府，居慈仁县北。（慈仁县。太宗以皇子只撒古亡，置慈州坟西。重熙元年，州废，改今县。户四百。属永州。治所在今内蒙古翁牛特旗境内。）可知，薛特部在上京永州附近，是回鹘的一个部族。"回纥，其先匈奴也，俗多乘高轮车，元魏时亦号高车部，或曰敕勒，讹为铁勒。其部落曰袁纥、薛延陀等，凡十有五种。"上文中的薛延陀部，应是辽朝的回鹘部族薛特部。

---

① （元）脱脱：《辽史》卷37《地理志》，中华书局1974年版，第451页。

2. 隶属于辽之属国的回鹘族

"辽居松漠，最为强盛。天命有归，建国改元。号令法度，皆遵汉制。命将出师，臣服诸国。人民皆入版籍，贡赋悉输内帑。"[①] 辽朝的属国，据《辽史》记载，共计 59 个，而回鹘即是其中之一。

按照回鹘族与辽朝关系的亲疏，可把其分为三个层次：地处辽朝核心的辽后族中的回鹘族；地处辽朝境内的回鹘族；地处辽朝境外的回鹘族。

辽朝后族中的回鹘族，与辽朝皇族唇齿相依，是辽朝的统治核心。辽朝西北部的回鹘族为辽朝的属民；而辽朝境外的回鹘族与辽朝为属国关系。"辽属国可纪者五十有九，朝贡无常。有事则遣使征兵，或下诏专征；不从者讨之。助军众寡，各从其便，无常额。"[②] 辽朝设立北面属国官，对其进行管理与统辖："辽制，属国、属部官，大者拟王封，小者准部使。命其酋长与契丹人区别而用，恩威兼制，得柔远之道。"[③]

辽朝建国初，境外的回鹘族就与辽朝建立了朝贡关系。并且派遣使臣前来朝贡。太祖元年和州回鹘来贡。自此以后，回鹘族与辽朝一直保持较为稳定的朝贡关系，经常遣使来朝。

时期	事例	史料出处
太祖	神册三年渤海、高丽、回鹘、阻卜、项各遣使来贡。高丽及西北诸蕃皆遣使来贡。回鹘献珊瑚树。	《辽史》卷70《属国表》；《辽史》卷1《太祖纪》
	天赞三年回鹘怕里遣使来贡。攻阻卜。遣兵流沙，拨浮图城，尽取西鄙诸部。获甘州回鹘乌母主可汗。	《辽史》卷70《属国表》；《辽史》卷2《太祖纪》
	天赞四年回鹘乌母主可汗遣使贡谢。日本国来贡。新罗国来贡。	《辽史》卷70《属国表》；《辽史》卷2《太祖纪》
	太祖天显元年攻渤海海，"回鹘、新罗、吐蕃、党项、沙陀从征有功，赏之"。	《辽史》卷70《属国表》；《辽史》卷2《太祖纪》
太宗	天显八年阿萨兰回鹘来贡。铁骊来贡。	《辽史》卷70《属国表》；《辽史》卷3《太宗纪》
	天显十二年女直国遣使来贡。回鹘来贡。铁骊来贡。	《辽史》卷70《属国表》；《辽史》卷3《太宗纪》

---

① （元）脱脱：《辽史》卷70《属国表》，中华书局1974年版，第1125页。

② 同上。

③ （元）脱脱：《辽史》卷46《百官志》，中华书局1974年版，第754页。

续表

时期	事例	史料出处
太宗	会同七年赁烈、要里等国来贡。回鹘遣使请婚，不许。	《辽史》卷70《属国表》；《辽史》卷4《太宗纪》
	会同八年回鹘来贡。	《辽史》卷70《属国表》；《辽史》卷4《太宗纪》
	会同九年回鹘、女直来贡。	《辽史》卷70《属国表》；《辽史》卷4《太宗纪》
穆宗	应历二年回鹘及辖戛斯国来贡。	《辽史》卷70《属国表》；《辽史》卷6《穆宗纪》
景宗	保宁三年汉遣使来告。回鹘遣使来贡。	《辽史》卷70《属国表》；《辽史》卷8《景宗纪》
	保宁五年阿萨兰回鹘来贡。	《辽史》卷70《属国表》；《辽史》卷8《景宗纪》
	保宁九年回鹘遣使来贡。	《辽史》卷70《属国表》；《辽史》卷9《景宗纪》
	保宁十年阿萨兰回鹘遣使来贡。	《辽史》卷70《属国表》；《辽史》卷9《景宗纪》
圣宗	统和六年闰月，阿萨兰回鹘来贡。	《辽史》卷70《属国表》；《辽史》卷12《圣宗纪》
	统和七年回鹘、于阗、师子等国来贡。	《辽史》卷70《属国表》；《辽史》卷12《圣宗纪》
	统和八年于阗、回鹘各遣使来贡。阿萨兰回鹘于越、达剌干遣使来贡。回鹘来贡。	《辽史》卷70《属国表》；《辽史》卷13《圣宗纪》
	统和九年女直国遣使来贡。回鹘来贡。阿萨兰回鹘来贡。统和十年回鹘来贡。	《辽史》卷70《属国表》；《辽史》卷13《圣宗纪》
	统和十一年回鹘来贡。	《辽史》卷70《属国表》；《辽史》卷13《圣宗纪》
	统和十二年回鹘来贡。回鹘遣使来贡。	《辽史》卷70《属国表》；《辽史》卷13《圣宗纪》
	统和十三年回鹘来贡。阿萨兰回鹘遣使来贡。	《辽史》卷70《属国表》；《辽史》卷13《圣宗纪》
	统和十四年回鹘遣使来贡。回鹘来贡。回鹘贡。阿萨兰回鹘遣使为子求婚，不许。	《辽史》卷70《属国表》；《辽史》卷13《圣宗纪》
	统和十八年回鹘来贡。	《辽史》卷70《属国表》；《辽史》卷14《圣宗纪》
	统和十九年回鹘进梵僧名医。	《辽史》卷70《属国表》；《辽史》卷14《圣宗纪》
	统和二十三年回鹘来贡。女直国及阿萨兰回鹘各遣使来贡。阿萨兰回鹘遣使来，因请先留使者，皆遣之。	《辽史》卷70《属国表》；《辽史》卷14《圣宗纪》
	统和二十四年沙州炖煌王曹寿遣使进大食马及美玉，以对衣、银器等物赐之。	《辽史》卷70《属国表》；《辽史》卷14《圣宗纪》

续表

时期	事例	史料出处
圣宗	统和二十六年萧图玉驰奏讨甘州回鹘，降其王耶刺里，抚慰而还。	《辽史》卷70《属国表》；《辽史》卷14《圣宗纪》
	统和二十八年西北路招讨使萧图玉奏伐甘州回鹘，破其属郡肃州，尽俘其生口。诏修土隗口故城以实之。	《辽史》卷70《属国表》；《辽史》卷15《圣宗纪》
	统和二十九年诏西北路招讨使、驸马都尉萧图玉安抚西鄙，置阻卜等部。	《辽史》卷70《属国表》；《辽史》卷15《圣宗纪》
	开泰三年沙州回鹘曹顺遣使来贡，回赐衣币。	《辽史》卷70《属国表》；《辽史》卷15《圣宗纪》
	开泰九年遣使赐沙州回鹘炖煌郡王曹顺衣物。沙州回鹘炖煌郡王曹顺遣使来贡。	《辽史》卷70《属国表》；《辽史》卷16《圣宗纪》
	太平六年遣西北路招讨使萧惠将兵伐甘州回鹘。萧惠攻甘州不克，师还。自是，西阻卜诸部皆叛。我军与战，败绩，涅里姑、曷不吕皆殁于阵，遣惕隐耶律洪古等将兵讨之。	《辽史》卷70《属国表》；《辽史》卷17《圣宗纪》
兴宗	重熙十年夏国遣使献所俘宋将及生口。回鹘遣使来贡。	《辽史》卷70《属国表》；《辽史》卷19《兴宗纪》
	重熙十二年回鹘遣使来贡。阻卜来贡。	《辽史》卷70《属国表》；《辽史》卷19《兴宗纪》
	重熙十四年夏国遣使来朝。阿萨兰回鹘遣使来贡。	《辽史》卷70《属国表》；《辽史》卷19《兴宗纪》
	重熙十六年阿萨兰回鹘王以公主生子，遣使来告。	《辽史》卷70《属国表》；《辽史》卷20《兴宗纪》
	重熙二十一年阿萨兰回鹘遣使贡名马、文豹。	《辽史》卷70《属国表》；《辽史》卷20《兴宗纪》
	重熙二十二年阿萨兰回鹘为邻国所侵，遣使求援。	《辽史》卷70《属国表》；《辽史》卷20《兴宗纪》
道宗	咸雍二年回鹘来贡。	《辽史》卷70《属国表》；《辽史》卷22《道宗纪》
	咸雍四年阿萨兰回鹘遣使来贡。夏国遣使来贡。	《辽史》卷70《属国表》；《辽史》卷22《道宗纪》
	咸雍七年回鹘来贡。	《辽史》卷70《属国表》；《辽史》卷22《道宗纪》
	咸雍八年回鹘来贡。	《辽史》卷70《属国表》；《辽史》卷23《道宗纪》
	咸雍九年回鹘来贡。	《辽史》卷70《属国表》；《辽史》卷23《道宗纪》
	大康三年回鹘来贡。	《辽史》卷70《属国表》；《辽史》卷23《道宗纪》
	大康四年回鹘遣使来贡。	《辽史》卷70《属国表》；《辽史》卷24《道宗纪》

续表

时期	事例	史料出处
道宗	大安五年高丽遣使来贡。回鹘遣使贡良马。	《辽史》卷 70《属国表》；《辽史》卷 25《道宗纪》
	大安七年回鹘遣使贡方物。回鹘遣使来贡异物，不纳，厚赐遣之。	《辽史》卷 70《属国表》；《辽史》卷 25《道宗纪》
天祚帝	天庆二年和州回鹘来贡。阻卜酋长来贡。	《辽史》卷 70《属国表》；《辽史》卷 27《天祚纪》
	天庆三年回鹘遣使来贡。	《辽史》卷 70《属国表》；《辽史》卷 27《天祚纪》

从上表可知，太祖时期，回鹘族与辽朝建立了朝贡关系。辽朝通过武力征服，俘获甘州回鹘乌母主可汗，迫使回鹘族向辽朝称臣纳贡。自此以后，回鹘族始终保持与辽朝的臣属朝贡关系。

太宗时期，回鹘族曾经来使，向辽朝请赐婚。兴宗时期，回鹘族与辽朝联姻，重熙十六年，阿萨兰回鹘王以公主生子，遣使来告。说明回鹘王族与辽朝公主通婚的事实，两族通婚，密切了辽与回鹘间的联系。

圣宗时期，曾经派兵讨伐回鹘族。具体原因，是由于圣宗太平年间，西北诸族叛乱，回鹘族也参与其中。前后经过三年的时间，辽朝廷才把西北诸部族的叛乱平定下去。

回鹘族自辽初至辽末，始终与辽朝保持着臣属关系。天祚帝天庆年间，仍有回鹘使者来贡，后来由于辽金战争及辽朝的灭亡而终止。

辽朝设置大王府或郡王府，管理回鹘各个部族。辽朝的北面属国官，有阿萨兰回鹘大王府。亦曰阿思懒王府。回鹘国单于府。兴宗重熙二十二年，诏回鹘部副使以契丹人充。沙州回鹘敦煌郡王府。甘州回鹘大王府。在大王府中设置大王、于越、左相、右相、惕隐（司徒）、太师、太保、司空、节度使、详稳等大小官职，分别授予西域各国及部族首领，有时候以契丹人充任。

属国军是辽朝军队中重要的武装力量。《辽史》卷 36《兵卫志》："属国军，辽属国可纪者五十有九，朝贡无常。有事则遣使征兵，或下诏令征；不从者讨之。助军众寡，各从其便，无常额。"在辽朝的属国军中有甘州回鹘、阿萨兰回鹘、沙州炖煌、沙州回鹘、和州回鹘等。属国军参与辽朝征伐邻族的军事行动。太祖天显元年，攻渤海国，"回鹘、新罗、吐蕃、党项、沙陀从征有功，赏之"①。

三　回鹘人在辽朝历史上的作用与影响

辽朝皇族娶回鹘女子为妻，契丹、回鹘两族唇齿相依，相互依托，成为主宰辽朝政治的主要力量。主要体现在以下几方面。

辅佐太祖建国，巩固皇权。淳钦后弟阿古只总领宿卫，率腹心部侍卫亲军平定诸弟之乱，为开国功臣，因功拜北府宰相。淳钦皇后述律平曾经协助太祖耶律阿保机，统一契丹八部，并且亲自领兵作战，协助太祖平定诸弟叛乱。又追随太祖，北伐室韦，西征党项，南攻幽州，东灭渤海。太祖死后，淳钦后摄政，严厉镇压契丹反对派贵族，扶立次子耶律德光（太宗）即皇帝位，仍然参预军国大事的决策。

掌握部分军权，维护皇权的统治。辽朝的应天太后（淳钦皇后述律平）和承天太后，都有各自的斡鲁朵民户以及各自的军队。属珊军为应天皇后设置，有骑军二十万。承天太后置孤稳斡鲁朵。有正户六千，蕃汉转户一万，有骑军一万。此外在众部族军和大首领部族军之中，由后族掌管一部分军权。这部分由后族掌握的军权，成为维护皇权的重要武装力量。后族是捍卫皇权、守卫边防的一支重要力量。统和二十二年，皇太妃选诸部族二万余骑充屯军，专捍御室韦、羽厥等国。

守卫边疆，平定叛乱。萧孝穆，淳钦皇后弟阿古只五世孙。父陶瑰，为国舅详稳。开泰元年，术烈等变，孝穆击走之。冬，进军可敦城。阻卜结五群牧长查剌、阿睹等，谋中外相应，孝穆悉诛之，乃严备御以待，余党遂溃。以功迁九水诸部安抚使。萧德，重元之乱，箫德推锋力战，斩涅鲁古首以献，论功封汉王。②

伐宋灭渤海，充当先锋。阿古只，太祖即位，与敌鲁总腹心部。神册初元，讨西南夷有功；三年，以功拜北府宰相，世其职。攻渤海，破扶馀城，独将骑兵五百，败老相军三万。功臣中喻阿古只为耳。萧柳，淳钦皇后弟阿古只五世孙。南伐宋朝，宋将范庭召列方阵而待。萧柳驰马向前，

---

① （元）脱脱：《辽史》卷2《太祖纪》，中华书局1974年版，第21页。

② （元）脱脱：《辽史》卷96《萧德传》，中华书局1974年版，第1400页。

充当先锋，中流矢，裹创而战，众皆披靡。①

征伐高丽，屡立战功。萧惠，淳钦皇后弟阿古只五世孙。初以中宫亲，为国舅详稳。从伯父排押征高丽，至奴古达北岭，高丽阻险以拒，惠力战，破之。及攻开京，以军律整肃闻，授契丹行宫都部署。②

后族创建头下军州、斡鲁朵，掌控辽朝部分经济命脉。头下军州的土地和人民成为头下主的私有财产（头下军州的赋税分为二，朝廷与头下主各取一部分）。

后族与皇族，后族与后族之间的矛盾与斗争，削弱了辽朝的统治，对辽朝国运产生了深远的影响。辽朝统治集团内部的斗争，贯穿辽朝始终。先是太宗与耶律倍争夺皇位的斗争，及世宗与李胡争夺皇位的斗争，这两次政争，述律后都参与其中，并起了推波助澜的作用。辽兴宗朝，钦哀皇后摄政，废弃圣宗以来的各项政策，诛杀不同政见的大臣百余人。至道宗朝，道宗听信谗言，先后杀死皇后萧观音和太子耶律濬。辽末，天祚帝赐死文妃萧瑟瑟和儿子晋王敖鲁斡。《辽史》作者曾评论说："辽之亡也，虽孽降自天，亦柄国之臣有以误之也。当天庆而后，政归后族。奉先沮天祚防微之计，陷晋王非罪之诛，夹山之祸已见于此矣。"

回鹘族对于辽朝社会生活的影响，也体现在商贸关系及生活用品方面。在辽朝上京有专门从事商业贸易的回鹘人。《辽史》卷37《地理志》：南门之东回鹘营，回鹘商贩留居上京，置营居之。西南同文驿，诸国信使居之。《辽史》中记载了辽与西域诸国的经贸往来，尤以与回鹘商贸最为典型。以高昌回鹘为例，"契丹时，三年一次朝贡，进献玉、珠、乳香、斜合、黑皮、褐里丝等。亦有互市，其国主亲与北主评价"。可知辽和回鹘之间有专门的互市场所，《辽史·食货志》记载："雄州、高昌、渤海亦立互市……来易于辽者，道路强属。"说明高昌和辽朝之间通过互市贸易和朝贡所进行的经贸活动的频繁。

辽朝从回鹘族引进了经济作物和种子。胡峤《陷虏记》中有关于西瓜的记载："自上京东去四十里，至真珠寨，始食菜。明日东行，地势渐高，西望平地松林，郁然数十里。遂入平川，多草木，始食西瓜，云契丹

---

① （元）脱脱：《辽史》卷73《萧阿古只传》，中华书局1974年版，第1234页。

② （元）脱脱：《辽史》卷85《萧柳传》，中华书局1974年版，第1320页。

破回鹘得此种,以牛粪覆棚而种,大如中国冬瓜而味甘。"

辽朝从回鹘族那里引进生活用品。陈国公主墓出土了大量的白玉饰品,其中马具装饰玉雕精美绝伦,有的学者认为这些玉均来自于阗,但是,据《旧五代史·回鹘传》载:回鹘"其地出玉、氇、绿野马、独峰驼、白貂鼠、羚羊角……自明宗时,常以马市中国,其所赍宝玉皆属县官,而民犯禁为市者辄罪之。周太祖时除其禁,民得与回鹘私市,玉价由此倍贱。显德中,来献玉,世宗曰:'玉虽宝而无益。'却之。"① 回鹘与辽朝有较为密切的联系,且向辽朝朝贡,把当地特产玉带来,自是情理之中的事情。因此不排除陈国公主墓出土的白玉来自回鹘的可能。

服饰方面,内蒙古敖汉旗宝国吐乡发现的《辽代马球图》壁画,画中运动员所戴三角形尖顶帽,为西域胡人之帽饰。② 而回鹘族,"妇人总发为髻,高五六寸,以红绢囊之;既嫁,则加氊帽"③,说明回鹘族喜戴尖顶帽。这种尖顶帽对辽朝的帽饰有一定的影响。

---

① 《新五代史》卷74《回鹘传》,上海古籍出版社1986年版,第101页。
② 齐音:《内蒙古敖汉旗发现辽代马球图壁画》,《体育文史》1991年第1期。
③ 《新五代史》卷74《回鹘传》,上海古籍出版社1986年版,第101页。

"以强盛夸于中国"：论辽兴宗的对宋外交

蒋金玲[*]

辽宋两国，自 979 年宋太宗开启战端，双方进行了大大小小十数次战争，迄至 1004 年澶渊之盟的签订，战事结束，两国约为兄弟之国。到辽兴宗时期，"南北两朝永敦信誓"[①] 依然是辽朝对宋外交思想的核心，故此期间，辽宋之间的聘使往来、贸易互动一直正常进行。但实际上，辽宋双方一团和气的背后是暗流汹涌，而辽兴宗时期则是两国较量辽方占优势的关键时期，所谓"以强盛夸于中国"[②]。本文欲从关南争地、谕夏和宋、谕宋绝夏等三个方面考察辽兴宗对宋的强势外交。

一 "必与寡人加一'纳'字"：辽兴宗时期的关南争地

辽宋两国对关南地区的争夺肇始于石敬瑭主导的燕云地区归属权的易手，由于幽燕地区极具战略价值，故宋代以来，"人皆以石晋割十六州为北方自撤藩篱之始"[③]。此后，中原政权与契丹展开了旷日持久的争夺。辽穆宗应历九年（959），周世宗收复了瀛、莫二州等关南地，宋朝建立后，关南地归入宋，从而形成辽宋"双重的领土纠纷"，即双方都认为

---

* 蒋金玲，吉林大学文学院中国史系。

① 据《郑颉墓志》记载，辽兴宗曾以"南北两朝永敦信誓"御试进士。见《郑颉墓志》，向南、张国庆、李宇峰辑录《辽代石刻文续编》，辽宁人民出版社 2010 年版，第 179 页。

② （宋）田况：《儒林公议》，文渊阁《四库全书》影印本，第 1036 册，台湾商务印书馆 1986 年版，第 298 页。

③ （宋）司马光：《资治通鉴》卷 280《后晋纪一》，高祖天福元年十一月"胡注"，中华书局 1995 年版，第 9154 页。

"丧失了领土"，① 从而为后世辽宋争端埋下了伏笔。辽圣宗统和二十二年（1004）契丹大举攻宋，其目的，正如政事舍人高正所言："今兹引众而来，本谋关南之地，若不遂所图，则本国之人负愧多矣"②，宋以三十万的岁币换得关南地问题的暂时解决。辽兴宗重熙十一年（1042）春正月，辽兴宗"遣南院宣徽使萧特末、翰林学士刘六符使宋，取晋阳及瓦桥以南十县地"③，辽宋两国围绕关南归属问题再起争端，史称"关南争地"。

在辽兴宗看来，关南地区乃我故土，本应还归，这种观念在多处文书中均有体现。如在重熙十一年（1042）的《遣王永言赐高丽王诏》中有云："朕以关南十县，我国旧基，将举兵师，议复土壤。"④ 而在契丹给宋朝的"问罪书"中，辽兴宗先是明确指称关南"十县"乃辽之"故壤"⑤，辽兴宗后来在与富弼的面对面交锋中，也强调"寡人所欲得者祖宗故地耳"，且"群臣竞请举兵，而寡人以谓不若遣使求关南故地，求而不得，举兵未晚也"⑥。

在辽宋双方的谈判中，辽方表现得非常强势，其代表刘六符云："北朝皇帝坚欲割地"⑦；而在与宋使富弼交锋中，辽兴宗也强调："我得地则欢好可久"⑧，以威胁宋朝屈服，但均遭到富弼坚决拒绝："北朝若欲割地，此必志在败盟，假此为名，南朝决不从，有横戈相待耳。"⑨ 在反复谈判后，辽宋双方就"增币"达成最终协议，即宋给辽朝的岁币在澶渊之盟三十万的基础上再增二十万。除增币外，辽朝还取得一个外交上的重大胜利，即宋给辽的岁币称"贡""献"或"纳"。

关于增币，辽宋双方协商相对容易，但关于宋岁币称"贡"或

① 曾瑞龙：《经略幽燕——宋辽战争军事灾难的战略分析》，北京大学出版社 2013 年版，第 33 页。

② （宋）李焘：《续资治通鉴长编》卷 58，真宗景德元年十二月，中华书局 2004 年版，第 1290 页。

③ （元）脱脱：《辽史》卷 19《兴宗纪二》，中华书局 1974 年版，第 277 页。

④ 陈述：《全辽文》卷 2《遣王永言赐高丽王诏》，中华书局 1982 年版，第 24 页。

⑤ （宋）李焘：《续资治通鉴长编》卷 135，仁宗庆历二年三月，第 3229—3330 页。

⑥ （宋）李焘：《续资治通鉴长编》卷 137，仁宗庆历二年七月，第 3283—3284 页。

⑦ 同上。

⑧ 同上书，第 3285—3286 页。

⑨ 同上书，第 3283—3284 页。

"纳"，由于直接关系国家地位与尊严，故富弼誓死抗拒，双方最终在辽朝的威胁与宋朝的让步下议定，此详见于宋、辽史料记载。据《续资治通鉴长编》卷137：

> 翌日，引弼等见契丹国主……国主曰："……固不若岁增金帛，但无名尔，须于誓书中加一'献'字乃可。"弼曰："'献'字乃下奉上之辞，非可施于敌国。况南朝为兄，岂有兄献于弟乎?"国主曰："南朝以厚币遗我，是惧我也，'献'字何惜?"弼曰："南朝皇帝守祖宗之土宇，继先皇之盟好，故致币帛以代干戈，盖惜生灵也，岂惧北朝哉? 今陛下忽发此言，正欲弃绝旧好，以必不可冀相要尔，则南朝亦何暇顾生灵哉?"国主曰："改为'纳'字如何?"弼曰："亦不可。"国主曰："誓书何在? 取二十万者来。"弼既与之，国主曰："必与寡人加一'纳'字，卿无固执，恐败乃主事。我若拥兵南下，岂不祸乃国乎?"……国主默然，见弼词色俱厉，度不可夺，曰："我自遣使与南朝皇帝议之，若南朝许我，卿将何如?"……弼退而与刘六符言，指帐前高山曰："此尚可逾，若欲'献'、'纳'二字，则如天不可得而升也。使臣颈可断，此议决不敢诺。"于是敌留所许岁增金帛二十万誓书，复遣耶律仁先、刘六符赍其国誓书以来，仍求"纳"字……然朝廷竟从晏殊议，许称"纳"字，弼不预也。①

可见在与富弼的交锋中，辽兴宗清楚地知道"南朝惧我"，故在交涉中咄咄逼人，他先是要求宋给辽的誓书中加"献"字，被富弼义正词严拒绝后，辽兴宗又提议改为"纳"，富弼仍然拒绝，辽兴宗怒曰"必与寡人加一'纳'字"，并以"拥兵南下"相威胁。而《富弼墓志》里关于此事的记载几乎与《续资治通鉴长编》雷同，只是，此处的使臣"颈可断"，而墓志里是"头可断"。② 在确见富弼不可动摇，辽朝廷随后派遣耶律仁先与刘六符赴宋朝谈判，《耶律仁先墓志》则记载了交涉的结果：

---

① （宋）李焘：《续资治通鉴长编》卷137，仁宗庆历二年八月，第3291—3293页。
② 洛阳市第二文物工作队：《富弼家族墓地发掘简报》，《中原文物》2008年第6期。

　　重熙十一年大兵南举，宋国遣奏乞固旧好，命王使之，故太尉刘宋公为之副。是日临遣，上曰："彼自统和之后，岁贡金帛，迩来国情不诚，汝可往，庶华联命。"王至宋廷，甚承礼敬。宋帝与大臣议，著信誓书纳素，岁添纳金帛二十万，永愿为好。报命，上悦之，授功臣，中书门下平章事。诏曰："王师方举，邻国乞盟，奉贡交欢，卿之力也。"因授燕京留守同知、兼权析津府尹事。①

　　此墓志载宋朝岁币为"岁贡"，辽兴宗诏书云："邻国乞盟，奉贡交欢。"这些敏感的字眼，无不显露着辽兴宗的盛气凌人。

　　而《辽史·刘六符传》则记载了这次交涉中辽方恃强逞威的细节：

　　重熙十一年，与宣徽使萧特末使宋索十县地，还，为汉人行宫副部署。会宋遣使增岁币以易十县，复与耶律仁先使宋，定"进贡"名，宋难之。六符乃威胁曰："本朝兵强将勇，海内共知，人人愿从事于宋。若恣其俘获以饱所欲，与'进贡'字孰多？况大兵驻燕，万一南进，何以御之？顾小节，忘大患，悔将何及！"宋乃从之，岁币称"贡"。六符还，加同中书门下平章事。及宋币至，命六符为三司使以受之。②

　　可见刘六符倚仗辽朝国势雄盛、兵强将勇，逼迫宋朝就范，在辽咄咄逼人的军事威胁下，宋廷最后妥协。

　　值得注意的是，在前文所引的这场争端中，宋人的记载是宋朝许称"纳"，辽人的记载则是"贡"。"贡"，即"献"，古常指把物品进献给天子；"纳"，交付、致送之意，与"贡"组合成"纳贡"，指古代的诸侯以财物进贡给天子，也指域外国家前来进贡。③ 可见"贡"比"纳"的不平等意味更强烈。但正如赵永春先生所言，无论是辽人说用"贡"字还是宋人说用"献"字或"纳"字，都反映了辽人意欲凌驾于宋人之上

---

　　① 《耶律仁先墓志》，载向南等编《辽代石刻文编》，河北教育出版社 1995 年版，第353 页。

　　② （元）脱脱：《辽史》卷 86《刘六符传》，第 1323 页。

　　③ 参见《辞海》，上海辞书出版社 1999 年版，第 1467、3275—3276 页。

的思想愿望，也就是说，辽人已经不满意与宋人对等交往，意欲做宋人的宗主国了。① 而宋人也云："庆历增币之事，富弼以为朝廷之大耻，而终身不敢自论其劳。盖契丹征令，是主上之操也。天子供贡，是臣下之礼也。"②

在这场争端中，尽管辽朝并未完成收复祖宗故壤的夙愿，但仍然名利双收：不仅让宋增岁币，且迫使宋岁币称"贡"，宋被迫以"臣下之礼"事辽，故辽兴宗对关南交涉的结果颇为满意，称此次约和乃"美事"。③ 在当时的东亚政治格局中，西夏、高丽都已为辽朝藩属，至此，辽朝的国际地位升至顶点。在重熙十二年（1043）的《遣萧慎微等赐高丽王册》中辽兴宗有云："朕膺穹旻之寄。绍祖宗之基。四表归仁。偃灵旗而定霸。百官考礼。镂宝册以加尊。遐眷帝臣。……群方则慕义向风。交驰玉帛。邻国则畏威怀德。增纳金缣。"④ 其为东亚共主的得意之情溢于言表。

二　"为无敌于天下"：辽兴宗时期的谕夏和宋

与宋朝到 1042 年关南地交涉中才被辽朝单方面视为臣属不同，辽夏之间的宗藩、甥舅关系早于辽圣宗时期已确立，正如辽兴宗所称："夏国元是当朝建立，累世称藩，并受封册兼两曾尚主。"⑤ 而北宋与西夏之间战争频仍，自 982 年李继迁反宋至北宋灭亡、金占领宋陕西诸路、宋夏脱离直接联系为止，在近 150 年的时间里，双方处在交战和敌对状态的时间约占四分之三以上。毋庸讳言，宋与西夏的战争成了宋夏关系最重要的特征。⑥ 1038 年李元昊称帝建立西夏王国之后，即 1040—1042 年，连续三次大规模攻宋，宋方均以惨败告终。虽然在这之前，辽朝已经派遣使者调停宋夏冲突，但以 1042 年为节点，可发现辽朝在这之后要求西夏停战的态度越发强硬。

---

①　赵永春：《辽人自称"北朝"考论》，《史学集刊》2008 年第 5 期。

②　（元）脱脱：《宋史》卷 436《陈亮传》，中华书局 1977 年版，第 12934 页。

③　陈述：《全辽文》卷 2《遣王永言赐高丽王诏》，中华书局 1982 年版，第 24 页。

④　陈述：《全辽文》卷 2《遣萧慎微等赐高丽王册》，中华书局 1982 年版，第 26 页。

⑤　（宋）李焘：《续资治通鉴长编》卷 507，哲宗元符二年三月，第 12082 页。

⑥　李华瑞：《论宋夏战争》，《河北学刊》1999 年第 2 期。

　　1040 年（辽兴宗重熙九年，宋仁宗康定元年），李元昊在三川口一战大获全胜后乘胜追击，锋芒毕露，所谓"出师以来，未曾挫衄，势犹大盛，心亦无厌"①，宋军连连失利，故遣使契丹，请求辽朝向其藩属国夏国施加压力，"假契丹以制元昊"②，从而使元昊停止对宋战争，辽廷随即派枢密副使杜防使夏调解，此即《辽史》所载："重熙九年，夏人侵宋。宋遣郭稹来告，请与夏和，上命防使夏解之。"③ 十二月，辽廷又遣杜防使宋，"报郭稹也"④。可见杜防从西夏返回后又去了北宋报聘。虽然《辽史·杜防传》称宋、夏"如约罢兵"⑤，但事实上宋、夏并未停战。

　　1042 年（辽重熙十一年）三月，辽兴宗趁宋夏酣战之际，向宋提出归还关南十县的要求，并斥责宋朝伐夏前并未通报："兼李元昊于北朝久已称藩，累曾尚主，克保君臣之道，实为甥舅之亲，设罪合加诛，亦宜垂报。"⑥ 而在其后宋辽关南争地的增币谈判中，富弼也抓住时机把契丹能否调停宋夏战争作为重要条件："若契丹能令夏国复纳款，则岁增金帛二十万，否则十万"，并在"二十万誓书盖明著令夏国纳款事"，此举令辽兴宗"不悦"，欲令富弼改之，"弼不可，敌亦卒不肯报其事于誓书，但于国书中叙述耳"⑦。可见宋朝希望停战之迫切，并把停战的希望完全寄托于辽朝。经过反复交涉，当年闰九月，宋辽双方最终议定增币二十万、岁币称"贡"。至此，辽朝已经凌驾于宋朝之上，一厢情愿地成为宋朝的宗主国，辽朝自认为有义务解决宋夏两个藩属国之间的争端，故重熙十二年（1043）春正月，辽兴宗再次"遣同知析津府事耶律敌烈、枢密院都承旨王惟吉谕夏国与宋和"⑧。上一次派遣杜防使夏，是"议与宋解和"⑨，"议"，商议也；这次则是"谕"夏国与宋和，"谕"，告也，指

　　① （宋）李焘：《续资治通鉴长编》卷 150，仁宗庆历四年六月，第 3626 页。

　　② （宋）李焘：《续资治通鉴长编》卷 142，仁宗庆历三年七月，第 3409 页。

　　③ （元）脱脱等：《辽史》卷 86《杜防传》，第 1325 页。

　　④ （宋）李焘：《续资治通鉴长编》卷 129，仁宗康定元年，第 3059 页。

　　⑤ （元）脱脱等：《辽史》卷 86《杜防传》，第 1325 页。

　　⑥ （宋）李焘：《续资治通鉴长编》卷 135，仁宗庆历二年三月，第 3229—3230 页。

　　⑦ （宋）李焘：《续资治通鉴长编》卷 137，仁宗庆历二年八月，第 3292—3293 页。

　　⑧ （元）脱脱等：《辽史》卷 19《兴宗纪二》，第 228 页。

　　⑨ （清）戴锡章编撰，罗矛昆校点：《西夏纪》卷 7，宁夏人民出版社 1988 年版，第 192 页。

示、命令意味十足。

辽兴宗的这次调解收到了一定效果，二月甲寅，"耶律敌烈等使夏国还，奏元昊罢兵，即遣使报宋"①。虽说宋、夏停战的原因是复杂的，如韩琦、范仲淹认为，元昊卑词厚礼请和，乃"阴谋"也，"实因累年用兵，蕃界劳扰，交锋之下，伤折亦多，……今元昊知众之疲，闻下之怨，乃求息肩养锐，以逞凶志，非心服中国而来也"②。但"宗主国"辽朝在宋、夏之间的斡旋，辽朝对元昊施加的压力，不能不说也起了重要作用。正如宋集贤校理余靖所言："元昊遣人求和，皆出契丹之意"③；且"昨梁适使契丹之时，国主面对行人，遣使西迈，意气自若，自言指呼之间，便令元昊依旧称臣"④。辽兴宗言辞间对元昊的威权赫然在目。而富弼也云："兼闻西使之来，盖因契丹所谕"，元昊"禀畏契丹"⑤等。

辽兴宗积极调停宋夏战争之目的，恐怕正如一些宋朝大臣所言，仍然是为了"独尊"。如富弼认为，契丹约和宋夏，元昊臣于辽朝而不臣于宋朝，则辽朝"以为独尊矣"⑥，或者"为无敌于天下"⑦。正是因为看清了辽朝积极斡旋背后所反映的"独尊"思想，担心辽朝会对宋朝有更过分的要求，故宋朝一些大臣坚决反对假用辽朝之威令夏停战。如庆历三年（1043）正月，余靖说道：北宋与西夏交战五年，"三经大战，军覆将死，财用空虚，天下嗷嗷，困于供给"，今因契丹一使者而解之，"我之和好，权在敌国，中国之威于是尽矣"。况且，"契丹邀功，势不可抑"，"无厌之求，终难应副"⑧。七月，韩琦则阐述了他的"三患"之忧：一患契丹"别索名分"，二患契丹"缘此生事"，三患契丹"过自尊大"⑨。由于宋

---

① （元）脱脱等：《辽史》卷19《兴宗纪二》，第228页。

② （宋）李焘：《续资治通鉴长编》卷139，庆历三年二月，第3348—3349页。另外，西夏停战原因，可参见李蔚《试论北宋仁宗年间宋夏陕西之战的几个问题》，《宁夏社会科学》1987年第4期。

③ （宋）李焘：《续资治通鉴长编》卷150，仁宗庆历四年六月，第3625页。

④ （宋）李焘：《续资治通鉴长编》卷139，仁宗庆历三年二月，第3354页。

⑤ （宋）李焘：《续资治通鉴长编》卷140，仁宗庆历三年四月，第3361页。

⑥ 同上书，第3362页。

⑦ （元）脱脱等：《宋史》卷313《富弼传》，中华书局1977年版，第10253页。

⑧ （宋）李焘：《续资治通鉴长编》卷139，仁宗庆历三年春正月，第3354—3355页。

⑨ （宋）李焘：《续资治通鉴长编》卷142，仁宗庆历三年秋七月，第3408—3409页。

朝最高统治者急于与西夏结束战事，也就对富弼、韩琦等大臣的警示置若罔闻。

总之，在宋夏冲突频发之时，辽朝自视为宋、夏两国的宗主国，负有调解双方矛盾、保护受侵扰方利益的责任和义务，派遣"泛使"斡旋于两国，积极充当调停人角色，在宋夏交往中发号施令。

三　"亲邻协力，务平定以永绥"：辽兴宗时期的谕宋绝夏

辽朝高姿态谕夏和宋后不久，辽夏交恶。重熙十三年（宋仁宗庆历四年，1044 年）九月，辽朝开始西征夏国，在这之前，辽兴宗致书宋仁宗，通谕宋朝断绝与西夏的交好，在辽朝看来，宋朝有义务协同辽朝一起荡平西夏，所谓"亲邻协力，务平定以永绥"①。

辽夏交恶的原因，张国庆先生已分别从西夏、辽朝方面进行过详细探讨，②其中最重要的原因便是辽夏双方互相不满与不信任：一方面，辽朝统治者为了限制西夏发展而采取的种种措施引起了元昊的不满与反感；另一方面，西夏的日益强大及元昊的狂傲不羁引起了辽朝统治者的不满和不安。如据《儒林公议》载：

> 富弼使契丹报聘，再立盟约。时吕夷简方在相位，命弼讽契丹谕元昊，使纳款。宗真当其言，谓可指麾立定。遂遣使诣元昊，谕以朝廷之意，元昊但依随而已。及杨守素至延州，道元昊语曰："朝廷果欲议和，但当下谕本国，何烦转求。"契丹界夹山部落呆家等族离叛，多附元昊。契丹以词责问，元昊辞，不报，自称西朝，谓契丹为

---

①　（宋）李焘：《续资治通鉴长编》卷 509，哲宗元符二年夏四月，第 12114—12115 页。

②　如张国庆先生认为，辽夏交恶，从西夏方面来说有两个原因，一是辽帝诏禁西夏使者在辽境沿途贸易，引起元昊大为不满；二是辽宋关系的某些变化，引起了李元昊对辽的强烈不满。而从辽方来说则有三个原因：一是西夏的日益强大及李元昊的狂傲不羁引起了辽朝统治者的不满和不安；二是兴平公主的早亡，引起辽帝的怀疑和不满；第三个原因，也就是辽夏关系由恶化转入交战的直接原因，是元昊诱纳辽朝西部边境的岱尔族和党项羌人事件。见张国庆《略论辽夏"和亲"与辽夏关系的变化》，《史学月刊》1988 年第 5 期。

北边。又言请戢所管部落，所贵不失两朝欢好。宗真既以强盛夸于中国，深耻之，乃举众西伐，聚兵于云州西约五百里夹山之侧，国内扰动，粮馈相继。①

据此，宋朝请辽朝谕夏"纳款"，辽兴宗表示"可指麾立定"，可见他对自己天下"共主"威权的信心之足。但元昊不但不认可辽朝的宗主地位，甚至"自称西朝，谓契丹为北边"，要求与辽朝平起平坐，他对辽朝"共主"身份的挑战，势必触怒辽兴宗，兴宗"深耻之"，辽朝要保证其在国际关系中的威权，就必须应对这种威胁，辽兴宗对西夏的三次战争故而爆发。

辽夏即将开战，在当时的国际局势中，北宋的态度尤其关键，西夏如与宋联合起来反辽，辽朝将身处险境。为了阻止这种局面发生，在辽夏交战前五个月，即宋仁宗庆历四年（1044）四月，闻"契丹筑二城于西北，南接代郡，西交元昊，广袤数百里，尽徙缘边生户及丰州、麟州被虏人口居之，使绝归汉之路"②。除了筑城阻隔夏宋接触外，两个月后，即六月，以将伐夏，辽兴宗"遣延昌宫使耶律高家奴告宋"③。辽朝此次"告宋"实际是通谕宋朝"协力荡平"西夏。此即《续资治通鉴长编》卷509所载：

> （哲宗元符二年夏四月）惟昔兴宗致书仁祖，谕协力荡平之意，深同休外御之情。……兼详庆历四年，兴宗皇帝致书仁宗皇帝云："蠢尔元昊，早负贵朝。叠遣林牙赍诏问罪，尚不悛心。近诱去边民三二百户，今议定秋末亲领师徒，直临贼境。"又云："恐因北军深入，却附贵朝，或再乞称臣，或依常作贡，缅惟英晤，勿赐允从。"又庆历五年书云："元昊纵其凶党，扰我亲邻，属友爱之攸深，在荡平之亦可。"又云："藩服乱常，敢贡修之不谨；亲邻协力，务平定以永绥。"④

---

① （宋）田况：《儒林公议》，文渊阁《四库全书》影印本，第1036册，第298页。

② （宋）李焘：《续资治通鉴长编》卷148，仁宗庆历四年四月，第3574页。

③ （元）脱脱等：《辽史》卷19《兴宗纪二》，第230页。

④ （宋）李焘：《续资治通鉴长编》卷509，哲宗元符二年夏四月，第12114—12115页。

　　自此，辽兴宗先是斥责元昊对宋朝的背负，以博取宋朝好感，接着通谕宋朝不得接受元昊的通和来附，而是要协同辽朝讨平元昊，即"亲邻协力，务平定以永绥"。兴宗所言元昊"早负贵朝"，或者说"元昊负中国当诛"，听起来似乎辽朝在给宋朝讨公道，其实此不过是"托中国为名也"的邀功之举①，其最终目的不过是"逼迫"宋朝绝元昊纳款。

　　九月，辽兴宗开始了第一次伐夏战争，两月后契丹班师。辽夏战争的过程无须赘述，②笔者关注的是辽朝在与西夏交战过程中，辽朝谕令宋朝与西夏绝好的背后所蕴藏的深层思想内涵。

　　前文已述，在辽朝的反复斡旋下，宋夏两国已于重熙十二年（1043）二月停战。五月，双方开始正式和谈，"元昊自号夏国主，始遣使称臣"③。宋夏双方虽然并未正式签订合约，但1044年辽夏交战时，宋夏两国仍在就和议事宜反复谈判。而辽朝此时通谕宋朝绝夏之交，对宋朝而言，实为"无名而拒"，自然是强人所难。《续资治通鉴长编》卷151便记载了范仲淹提出的"五难"之诉④，既有对辽朝霸道行径的愤慨，更有对宋夏绝好后辽朝愈加一枝独秀的担忧，毕竟，西夏的向背关系着辽宋的势力对比。在与辽朝的角逐中，宋朝已处于下风，如果再自绝于西夏，等于把西夏拱手让给辽朝，则宋朝以后再难与辽朝比肩，正如种谔所言："若西夏果为契丹所并，则异日必为大患于中国，故今此事系朝廷为与不为，决与不决耳。所谓楚得之则楚胜，汉得之则汉胜。今西夏疆场若归中国，则契丹孤绝，彼势既孤，则徐为我图矣。"⑤所以，宋朝方面拒绝了辽朝的无理要求，继续与夏和谈事宜，这对已与辽朝关系恶化的西夏来说是无异于雪中送炭。当年（仁宗庆历四年，1044年）八月，"朝廷听元昊称夏国主，岁赐绢茶银彩合二十五万五千，元昊迺献誓表。十月，赐诏答

　　① （宋）李焘：《续资治通鉴长编》卷151，仁宗庆历四年秋七月，第3668—3669页。
　　② 辽夏战争的过程可参阅王天顺《西夏战史》第四章第六节，宁夏人民出版社1993年版，第159—166页。
　　③ （宋）江少虞撰：《宋朝事实类苑》卷75《安边御寇·西夏》，上海古籍出版社1981年版，第988页。
　　④ （宋）李焘：《续资治通鉴长编》卷151，仁宗庆历四年秋七月，第3668—3669页。
　　⑤ （宋）李焘：《续资治通鉴长编》卷302，神宗元丰四年四月，第7568页。

之。十二月，册命元昊为夏国主，更名曩霄"①。而辽朝虽然自视为天下"共主"，但正陷于对夏战争的泥潭，除了能在口头上威胁宋朝外，实际无力干涉宋夏的交好。

与宋和谈的同时，李元昊并不敢长期与辽朝交恶，故十月丁酉，李元昊便上表谢罪，"臣中国"的同时"犹倚契丹为援"②。十一月，辽军班师，第一次辽夏战争告一段落。辽朝对西夏的战事并不顺利，《辽史》称"兴宗败于李元昊也，单骑突出，几不得脱"③。而辽廷却特意炮制了一份"元昊归款榜"公示于幽州，以让宋朝知晓辽朝的"威力"，辽廷此"藏弊"④ 之举实际上是对其天下"共主"地位和尊严的维护。

辽朝首次征李元昊战争结束后五年，即重熙十八年（1049）秋七月，辽兴宗再次亲征伐夏，以"雪前耻"。⑤ 这场战争持续进行了五年多，至重熙二十二年（1053）九月壬辰，"夏国李谅祚遣使进降表"⑥ 方告结束。在辽夏交战期间，辽兴宗仍然遣使以伐夏告宋，并致"再报西征"书与"报西征回"书描述了再征西夏的原因及情形，其中，"报西征回"书云：

> "爰自首秋，亲临戎境，先驱战舰，直济洪河。寻建浮梁，泊成戍垒，六军蓄锐，千里鼓行。"又云："专提骑旅，径趋巢穴，群物货财，戈甲印绶，庐帐仓廪，驼橐之属，焚烧殆尽，螫毒寻挫，噍类无遗。非苟审残旅，全除必矣。"又云："兼于恃险之津，已得行军之路，时加攻扰，日蹙困危，虽悔可追，不亡何待？载想同休之契，颇协外御之情。"⑦

---

① （宋）江少虞撰：《宋朝事实类苑》卷75《安边御寇·西夏》，上海古籍出版社1981年版，第988页。

② （清）吴广成撰，龚世俊等校证：《西夏书事校证》卷18，甘肃文化出版社1995年版，第208页。

③ （元）脱脱等：《辽史》卷109《罗衣轻传》，第1479页。

④ （宋）田况：《儒林公议》，文渊阁《四库全书》影印本，第1036册，第298—299页。

⑤ （清）吴广成撰，龚世俊等校证：《西夏书事校证》卷18，甘肃文化出版社1995年版，第208页。

⑥ （元）脱脱等：《辽史》卷20《兴宗纪三》，第246页。

⑦ （宋）李焘：《续资治通鉴长编》卷509，哲宗元符二年夏四月，第12115页。

据此书，辽朝对西夏的打击是毁灭性的，"径趋枭巢""焚烧殆尽""噍类无遗"等词，均表示了辽兴宗一雪前耻的决绝，而在文末，兴宗依然强调辽宋协力讨除夏贼之情。当然，辽兴宗把"全除"西夏的情形告知宋朝，其目的不过是杀鸡骇猴，以再次确认辽朝为天下"共主"的身份和尊严，毕竟，在辽兴宗君臣的眼里，宋朝乃辽朝的"大敌"，"今虽连和，难保他日"[①]，不可不虑也。

纵观上文所述辽兴宗对宋的三大外交事件，无一不是在向宋宣示自己的宗主地位与威权。正如杨浣先生所言，澶渊之盟的意义不仅仅在于树立辽夏之间的和平，也确立了以辽宋为中心的"天下"两极化格局，在这个政治框架内，辽宋关系既有联合的一面，也有斗争的一面。联合的一面是双方会共同抵制其他政权对两极化格局的挑战，斗争的一面则表现为辽宋都没有放弃过进取对方，最终成为天下唯一帝国的企图。[②] 关南争地集中反映了辽兴宗企图把宋朝排挤出"两极"，从而实现辽朝"一枝独秀"的大国思想，而宋朝廷对岁币称"贡"的无奈承认，实际上也等同于被动承认辽朝的"天下共主"身份；"谕夏和宋"，则是辽兴宗在国际外交中斡旋并施展"共主"威权的具体体现；但当辽夏战争爆发之际，辽兴宗"谕宋绝夏"，则遭宋拒绝。宋夏双方在辽朝的反对下依然达成庆历和议，这实际是宋夏二国对辽朝自视为天下"共主"的抵制与挑战。

---

① （元）脱脱等：《辽史》卷103《萧韩家奴传》，第1447页。

② 杨浣：《辽夏关系史》，人民出版社2010年版，第280—281页。

辽圣宗第一次征伐高丽探赜

——从《高丽史·徐熙传》说起

陶　莎[*]

摘要：出于南征战略以及树立"中国"形象的需要，辽圣宗对高丽发起了旨在建立双方宗藩关系的第一次征伐。战与和的经过，《高丽史·徐熙传》中有较为翔实的记载，分析可知辽朝以宗主国的姿态出兵高丽，最主要的目的就是割断宋朝与高丽的联系并取而代之，为此甚至愿意做出一定的妥协。徐熙窥破并利用了辽朝的迫切心态，以奉正朔为筹码换取了鸭绿江东数百里土地，高丽臣服北族王朝的历史由是开启。

关键词：辽朝　高丽　《徐熙传》

统和四年（986）辽朝成功挫败宋朝发起的雍熙北伐，随后奋大胜之威对宋发起一系列的进攻，继雍熙北伐后又一次给宋朝造成重创，宋"缘边创痍之卒，不满万计，皆无复斗志"[①]。直至统和七年（989）"契丹攻威虏军，为宋尹继伦、李继隆败于唐、徐河间"[②]，辽朝才暂时改变对宋正面进攻的策略，转而唆使李继迁不断侵宋以坐收渔翁之利，辽朝则趁此机会重拾被迫中断的经略东北事宜。统和九年（991）辽于鸭绿江下游"建威寇、振化、来远三城，屯戍卒"[③]，女真与宋连通之路宣告中断，此后女真一部分归降辽朝，另一部分投靠高丽。这种现象在这一地区已经不是首次出现，渤海灭亡后亦有大量渤海遗民流入高丽。由此可以看出高

＊ 陶莎，中山大学国际关系学院。

① 《续资治通鉴长编》卷28，太宗雍熙四年条，中华书局1995年版，第631页。

② （宋）叶隆礼：《契丹国志》卷7《圣宗天辅皇帝》，中华书局2014年版，第73页。

③ 《辽史》卷13《圣宗本纪四》，中华书局1974年版，第141页。

丽确是辽朝东侧潜在的威胁，辽朝若要巩固在东北亚的地位，则必须改变这一状态。

一　将欲取之，必先予之——《高丽史·徐熙传》中释放的信息

对宋作战暂时中断后，辽朝重又谋划东征。统和十年（高丽成宗十一年，992）"以东京留守萧恒德等伐高丽"①。由于雍熙北伐前，辽朝屡次打着征高丽的旗号去扫荡东北诸部，加之统和四年（986）"契丹遣厥烈来请和"②，令高丽错误地认为辽朝不会轻易发兵。因此萧恒德大军初时未曾遭遇有力抵抗，面对辽朝八十万大军，高丽君臣或言割地，或主乞降，莫衷一是。显然辽朝大举进攻令高丽上下极为震动，甚至不惜割地以求息兵。

关于此战，《高丽史·徐熙传》有过较为详细记录，对辽丽双方的博弈描写得十分细致，通过分析可以得出几点结论。

第一，辽朝师出有名。萧恒德在与李蒙戬及徐熙的会谈中均提到兴兵的理由，这两次所提理由虽然不同，但若将二者合一则正是辽朝此次征伐高丽理由之全部。回复李蒙戬的理由是"汝国不恤民事，是用恭行天罚，若欲求和，宜速来降"。此语看似没有根据，只是官样文章，但辽朝俨然已经以宗主国自居，恭行天罚以讨无道，由此可见辽朝欲变辽丽间平等关系为宗藩关系的决心。回复徐熙的则更为具体：一是高丽不断侵吞高句丽旧疆，二是无视辽朝越海事宋。唐玄宗于开元二十三年（735）"赐浿江（今大同江）以南地境"与新罗，新罗圣德王上表陈谢："臣生居海裔，沐化圣朝，……锡臣土境，广臣邑居，遂使垦辟有期，农桑得所"③，可知新罗之前领土从未达到过大同江。高丽乃是在统一新罗的残垣上建立起来的新政权，乃是新罗的后身国家，其不断向北推进自然就触动了辽朝的利益。辽朝早在太祖天显元年（926）就已经灭亡渤海，其土地、人口就都已经为辽所有，高丽趁辽朝无暇东顾之机侵吞辽朝边境疆土，必然会引

①　《辽史》卷13《圣宗本纪四》，中华书局1974年版，第143页。
②　《高丽史》卷3《成宗世家》，韩国亚细亚文化社1972年版影印本上册，第70页。
③　《三国史记》卷8《新罗本纪第八》，吉林文史出版社2003年版，第11页。

起辽朝的抗议。越海事宋则更不能为辽所容。首先，宋丽间若是达成协议共同伐辽，则辽朝顿时会陷入南北夹击的被动局面，于辽内政外交皆不利。其次，高丽毗邻辽朝却越海事宋，这种无视辽朝的做法显然挑战了辽朝的权威，不利于辽东北亚地区霸主地位的树立以及辽对自己"中国"身份的确立。

第二，萧恒德大军并未有深入朝鲜半岛之意，其意旨在和谈。萧恒德大军此来为的是降服高丽，使其臣服于辽朝，并未做破国之算，这一点从战争的第一回合即可看出。萧恒德在攻破蓬山郡（今龟城）之后并未立即引兵南下，而是遗书高丽王声言"大朝统一四方，其未归附"，直接点明兴兵之意——要求高丽顺应时势称臣纳贡。战争的第二回合，"逊宁以蒙戬既还，久无回报，遂攻安戎镇"，是在和谈没有进展的情况下，为给高丽君臣压力以加快和谈的步伐，萧恒德再一次发动攻势，虽然为高丽人所败，但是八十万大军威势仍壮。此战之后，萧恒德再次督促高丽尽早归降，更是印证辽朝此次征伐高丽不为开疆拓土，只为征服高丽使其臣服。

第三，力成宗藩。《辽史》记载，统和十一年（993）"高丽王治遣朴良柔奉表请罪，诏取女直鸭渌江东数百里地赐之"①。辽丽间战事以高丽的奉表请罪暂时画上了句号，但是辽朝也付出了鸭绿江东数百里土地的代价。《辽史·萧恒德传》对于此事亦有记载："王治惧，上表请降。"② 虽然同《圣宗纪》中记载之结果相同，但有一点小小的不同是值得商榷的，王民信先生曾经指出"请罪"与"请降"有很大差异，盖高丽未被打败，"请降"似乎不实。③ 若如此说，则徐熙同萧恒德谈判时种种"慷慨言辞"，又何曾有愧疚之意？按此逻辑推论，则"请罪"又似不实。反观《高丽史》记载，从始至终皆记为"请和"，这其中固然有《高丽史》为历史所做的粉饰，但多少也能够看出高丽对于辽朝宗主国地位的不认同。前引《徐熙传》中有萧恒德之语"若欲求和，宜速来降"，而后高丽权衡利弊上表"请和"，可见"请降"乃是求和的前提。王民信先生以安戎镇

---

　　① 《辽史》卷13《圣宗本纪四》，中华书局1974年版，第143页。关于时间的问题，《辽史》记录与《高丽史》存在出入，此处以《高丽史》为准，故文中所述"统和十一"年应为统和十三年（994）。

　　② 《辽史》卷88《萧恒德传》，中华书局1974年版，第1342页。

　　③ 王民信：《王民信高丽史研究论文集》，台大出版中心2010年版，第98页。

之战辽军不利为由判断高丽未败，然若萧恒德大军全力进攻，则高丽未必不败，故笔者认为"请降"之记载亦有道理。

徐熙同萧恒德之谈判，极尽狡辩之能事，将早已灭国二百余年的高句丽强辩为高丽前身，试图为高丽的北进作合理解释。然而事实上高句丽本为汉朝臣民，这一点即便朝鲜史家金富轼也不能否认，《三国史记》曾载："高句丽始居中国北地"①，虽然日后高句丽为唐罗联军所灭，但是在整个统一新罗时期（676—935），新罗北部边界长期保持在大同江以南一线，这主要是因为新罗原本就不期望"统一三国全部领土和居民"，它要统一的只是半岛旧有的三韩（辰韩＝新罗、弁韩＝伽耶、马韩＝百济）故地。② 高丽太祖遗训中亦提到"朕赖三韩山川阴佑以成大业"③，足见高丽实乃承继新罗之基业而与高句丽并无关联。有关这一点，萧恒德也明确指出，但是却未作出有力反驳，反而徐熙步步紧逼，甚至有"若论地界，上国之东京，皆在我境"之语。随后徐熙又言："鸭绿江内外，亦我境内，今女真盗据期间，顽黠变诈，道途梗塞，甚于涉海。朝聘之不通，女真之故也。若令逐女真，还我旧地，筑城堡，修道路，则敢不修聘？"这显然就是公开对辽朝的称贡要求进行要价。而徐熙之所以敢发如此之声，是因为他从萧恒德进军以来的表现中看出辽朝此次发兵的目的并不在于土地及掳掠人口，而是旨在断绝高丽与宋朝的关系，并取宋朝之位而代之。确如徐熙所判，辽军此来其实真正必须要达成的目的唯此一个，萧恒德对于高丽北进的斥责亦是为此目的服务，故而当高丽亮出底牌且萧恒德感觉徐熙态度坚决不易扭转时，便只能据实以报朝廷，随后辽朝即以高丽既然同意称贡便罢兵还师，且将鸭绿江东数百里之地赐予高丽。至于认为这是徐熙利用萧恒德对历史的无知而迫使辽朝让步④，则似乎有待商榷。萧恒德曾有"汝国兴新罗地，高句丽之地我所有也"之语，显然其对于历史并非无知。并且萧恒德无权做出还师、赐地等决定，这一切的背后必定是由决策层来把控。

---

① 《三国史记》卷37《地理志四》，吉林文史出版社2003年版，第443页。
② 王小甫：《新罗北届与唐朝辽东》，《史学集刊》2005年第3期。
③ 《高丽史》卷2《太祖世家二》，韩国亚细亚文化社1972年版影印本上册，第55页。
④ 曹中屏：《高丽与辽王朝的领土争端与三十年战争》，《韩国研究》（第十辑），国际文化出版公司2010年版。

将赐地、退兵等责任放诸萧恒德一身似有不妥。

"高丽既请和，宜罢兵"，此句背后实则大有深意，不仅是前文所述辽朝进攻唯求臣服高丽，还当有其他值得探讨的地方。辽朝在接到萧恒德关于高丽索价的奏报之时有何反应，现已不得而知，但从《高丽史》轻描淡写的一句看来，辽朝的反馈当是相当迅速。且合约签订之后不久，萧恒德便致书高丽成宗："从安北府至鸭绿江东，计二百八十里，踏行稳便田地，酌量地里远近，并令筑城，发遣役夫，同时下手。其合筑城，早与回报，所贵交通车马，长开贡觐之途。"① 可以看出，辽朝对于高丽称贡的要求十分紧迫。从决断时间短、称贡要求急这两方面着手，则可以大胆推测，辽朝在伐高丽之初，甚至是在出兵之前就已经判断出高丽必然不会轻易驯服，也必定会提出一定的要求，而为了确保高丽可以称贡且与宋断绝往来，辽朝早就做好了要付出一定代价的准备。

二　现实与理想的驱动

辽朝与高丽间由平等政权到宗藩关系的转变是辽朝积极筹谋并努力争取的结果，是辽朝整体战略部署中非常重要的一环。为了达成宗藩关系，辽朝在此期间对高丽实行了恩威并施的政策，既有大兵压境的武力威胁，也有让与领土的利益诱惑，所有这些努力，无非是为了成就并保障辽丽间的宗藩关系。而辽朝之所以一定要使高丽臣服，并与宋朝断绝往来，则应该从现实的战略与立国的理想两方面进行讨论。

1. 重张掎角，再图中原

辽朝在澶渊之盟缔结之前，南下中原一直是其根本国策之一。这一点从辽太祖"若与我大河之北，吾不复南侵矣"② 的政治目标迅速发展为辽太宗"坐制南邦，混一天下"③ 的政治理想，中间虽经历过"草原本位主义"的保守阶段，但在辽穆宗去世后南下中原的政治主张又重新被提上辽朝的日程。与此同时，逐步统一中原地区的宋朝，亦对燕云地区耿耿于怀，屡次兴兵欲夺此地。辽朝在成功抵御宋朝北伐的同时，也多次趁势进

---

① 《高丽史》卷3《成宗世家》，韩国亚细亚文化社1972年影印本上册，第78—79页。

② 《资治通鉴》卷275《后唐纪四》，中华书局1956年版，第8989页。

③ 《辽史》卷75《耶律羽之传》，中华书局1974年版，第1238页。

行反击，但同样未能顺利南驻。有鉴于此，辽朝遂转变正面对宋进攻的策略，转而去瓦解宋朝所主导的反辽同盟。

鉴于此时西方已经有西夏对宋朝进行牵制，且西夏此时已经与辽朝结成宗藩关系并结为姻亲，需要重点解决的自然就只有位于辽朝东方，素来亲宋的高丽。这一点颇为类似太祖时期"所谓两事，一事已毕"① 时的情形，所不同的是当时太祖东征对象为渤海，而此次辽圣宗东征的对象则变为高丽。

宋建国伊始，高丽便主动同宋朝建立交聘关系，高丽"旧慕唐风，文物礼乐，悉遵其制"②，与宋朝同属于汉字文化圈，都奉行儒家传统道德，自然很容易就产生亲近感。因此宋朝积极笼络高丽，试图夹击辽朝，统和三年（宋太宗雍熙二年，高丽成宗四年，985 年）七月，宋太宗遣使韩国华赐诏高丽国王，请其出兵襄助攻辽。尽管当时高丽由于种种原因并未出兵助宋，但是历代高丽王对于西北面边防的注意是不争的事实，正如李丙焘所言，高丽于北面一系列城塞的修建"不外是防强大契丹侵入"③，因此对于辽朝来说，实力不俗又一贯亲宋的高丽隐患一日不解决便有如骨鲠在喉，唯有彻底解决高丽问题，使其不再联结宋朝于东方制衡辽朝力量，辽朝才可以全力谋求南征。

征服高丽后，辽朝在东方的隐患暂时消除，兼之西夏早已结成同盟，女真等部族亦不足为虑，宋朝构建的反辽同盟宣告瓦解。与此同时，辽朝对宋朝的掎角之势也已经张开，虽然高丽并不会给宋朝构成直接威胁，但是高丽承诺断绝与宋朝的交往就已经为辽朝南征解决了东部边防上的压力，同时也断绝了宋朝寻求外援的可能性。

通过对辽朝征服高丽后所进行的一系列活动进行分析，亦可以证明辽朝此时必须要解决高丽问题的一个重要目的便是南征中原，现将统和十一年（993）年辽丽宗藩关系确立之后辽朝为南征所做的相关努力列表如下：

---

① 《辽史》卷 2《太祖本纪下》，中华书局 1974 年版，第 21 页。

② 《高丽史》卷 2《太祖世家二》，韩国亚细亚文化社 1972 年版影印本上册，第 55 页。

③ ［韩］李丙焘：《韩国史大观》，正中书局 1961 年版，第 157 页。

辽朝南伐相关事件（993—1001）

时间	事件	史源
统和十二年	三月，复置南京统军都监；八月，宋遣使求和，不许；九月，宋复遣使求和，不许。	《辽史》十三《圣宗纪四》
统和十三年	七月，兀惹乌昭度、渤海燕颇等侵铁骊，遣奚王和朔奴等讨之；诏蔚、朔等州龙卫、威胜军更戍。	《辽史》十三《圣宗纪四》
统和十四年	十月，命刘遂教南京神武军士剑法，赐袍带锦币。	《辽史》十三《圣宗纪四》
统和十五年	九月，罢东边戍卒。	《辽史》十三《圣宗纪四》
统和十六年	五月，祠木叶山，告来岁南伐。	《辽史》十四《圣宗纪五》
统和十七年	七月，以伐宋诏谕诸道；九月，南伐。	《辽史》十四《圣宗纪五》
统和十八年	正月，还次南京，赏有功将士，罚不用命者。	《辽史》十四《圣宗纪五》
统和十九年	九月，幸南京；十月，南伐。	《辽史》十四《圣宗纪五》

　　注：此表根据《辽史·圣宗纪》统计，截止统和十九年（1001）是因为此后辽朝与宋朝之间战事不断，直至澶渊之盟缔结。

　　上表可以看出，在与高丽确立宗藩关系后，辽朝除在统和十三年（995）发兵东征兀惹之外，便再未引兵东向，非但如此在兀惹亦臣服之后，辽朝甚至于统和十五年（997）下令"罢东边戍卒"。可见辽朝此时对于东部地区的掌控力度已经相当高，以至于可以不再保留戍守的军队，可以将更多的力量投入南征的事业中去。而统和十二年（994），辽朝两拒宋朝求和的事件则更能够说明此时辽朝南征之意已决，并不愿同宋朝议和。此事正发生在高丽臣服于辽之后的第二年，更说明在解决了高丽问题之后，辽朝根本无意于同宋朝保持和平，而是积极备战谋划南征。

　　2. 臣"小中华"，以正"中国"

　　辽朝自太祖建国便以"炎黄子孙"自居，都兴智先生根据辽太祖阿保机自称刘氏，辽朝初年宗室耶律氏以漆水为郡望封爵等资料，指出"辽代契丹族炎黄子孙的文化心理认同""早在辽初就已经形成了"。① 且辽人在五代时期就已按历史上称南北并立政权为"南北朝"的习惯自称"北朝"，称中原政权为"南朝"。例如，辽太宗会同十年（947），后晋灭亡后，太宗曾对刘知远说："汝不事南朝，又不事北朝，意欲何所俟

---

　　① 都兴智：《契丹族与黄帝》，参见韩世明《辽金史论集》（第10辑），中国社会科学出版社 2007 年版，第 4 页。

邪?"① 宋朝建立之后，辽人仍旧称其为"南朝"，辽穆宗应历十一年（宋太祖建隆二年，961），辽涿州刺史耶律琮致信宋知雄州孙全兴云："切思南北两地，古今所同"，"今兹两朝，本无纤隙"，② 书信中虽未明确称宋辽为"南朝"和"北朝"，但文中先称"南北"后称"两朝"，亦寓有"南朝""北朝"之义。③ 赵永春在此基础上，结合石刻资料通过与文献记载的对照分析，主张"契丹人在建国之初就开始以'中国'自诩"④。

这种在"中国"上的心理认同也随着辽朝汉化程度而日益加深，疆域领土的不断扩大而越发深入。待到辽圣宗时期，国内诸般经济、政治改革渐次进行，有效地提升国力，对于本国"中国"方面的形象塑造以及国际认同愈显迫切。统和四年（986）李继迁叛宋降辽，辽朝给予其非常优厚的待遇，不断加官晋爵，统和八年（990）又升其为夏国王，并与之和亲，其目的不仅在于"契丹与中国为难，虑继迁感中国之恩，断右臂之势，设王爵以羁縻之，置戎使以镇之。王爵至则刺史之命轻矣，戎使至，则动静皆伺知"⑤，同样也有彰显大辽威仪，臣服诸邦的考虑。然而，尽管西夏的臣服给宋朝带来很大的影响，极大地牵制宋朝西部的边防力量，但是对辽朝"中国"地位的国际认同上所起到的作用实际上并不大。因西夏是由同是游牧民族的党项人所建，并不属于传统的农耕民族，臣服西夏并不能够充分证明此时辽朝俨然已是"中国"。

高丽则大为不同，朝鲜半岛上的政权历来热衷于汲取、传播中华文化，积极推动半岛的"儒化"进程。《三国史记》记载："（新罗）以至诚事中国，梯航朝聘之使，相续不绝。常遣子弟，造朝而宿卫，入学而讲习，于以袭圣贤之风化，革洪荒之俗，为礼仪之邦。"⑥ 高丽太祖王建也

---

① 《资治通鉴》卷286《后汉纪一》，中华书局1956年版，第9336页。

② 《宋会要辑稿·蕃夷一》之一，中华书局1957年版，第7673页。

③ 赵永春：《"中国多元一体"与辽金史研究》，《中央民族大学学报》（哲学社会科学版）2011年第3期。

④ 赵永春：《试论辽人的"中国"观》，《文史哲》2010年第3期。

⑤ 《宋朝诸臣奏议》卷130《张齐贤：上真宗论陕西事宜》，上海古籍出版社1999年版，第1438页。

⑥ 《三国史记》卷12《新罗本纪第十二》，吉林文史出版社2003年版，第171页。

强调："惟我东方，旧慕唐风。文物礼乐，悉遵其制。"① 宋朝人更是赞其为"久慕华风，素怀明略，效忠纯之节，抚礼义之邦"②。由于对中原文化的歆慕，高丽素来积极同中原王朝建立朝贡关系，而对于由契丹民族所建立的辽王朝则以"禽兽之国"相称，甚至连正常的交聘往来都不愿维持。这种情况下，若是辽朝可以同高丽建立宗藩关系，则可以看作向来只视中原王朝为正统，只臣服于"有礼仪之教，刑罚之诛"③，代表先进文化的"中国"的高丽从此对辽朝也产生了文化认同，承认辽朝"中国"的身份。而且随着辽丽宗藩关系的形成，确立于唐朝与新罗时代，以中韩宗藩关系为核心的东亚华夷秩序的中心自然也由宋朝变为辽朝。④ 故而，出于有效树立"中国"形象以及日后强调正统观念的目的，辽丽间的宗藩关系是必须要建立的，唯其如此，方能内强信心，外平物议。

总而言之，这是辽朝与高丽第一次真正的短兵相接，辽朝为了谋求内外双重的突破必须要改变与高丽之间平等的局面，萧恒德引八十万大军威压高丽北境将辽朝试图毕其功于一役的决心显露无遗。但是以当时的形势来看，仅靠武功即便能够使高丽臣服，但同样也有可能变成一场旷日持久、大耗国力的战争，这与辽朝的整体规划不符。因此为了更顺利地达成目的，辽朝不惜将鸭绿江东数百里之地让与高丽，这并不等于认同了高丽对此地有历史上的继承权，只是辽朝出于多方面权衡，考虑到当时辽宋关系依旧紧张，若此时高丽可以改变"越海事宋"的两面政策，则在领土方面辽朝可以做出适当的让步。这便是辽圣宗第一次征伐高丽所采取的策略——先大兵压境以威慑之，再许其土地以利诱之，行此策略乃是为了保证高丽称臣纳贡成就辽朝与高丽的藩属关系，同时切断高丽与宋朝的联系。

辽丽宗藩关系虽然是在武力威胁的前提下确立的，但是从高丽的角度来看，虽然向"禽兽之国"臣服有违太祖遗训，却可以在辽朝的谅解之

---

① 《高丽史》卷2《太祖世家一》，韩国亚细亚文化社1972年版影印本上册，第55页。
② 《宋史》卷487《高丽传》，中华书局1977年版，第14038页。
③ 《汉书》卷94下《匈奴传》，中华书局1962年版，第3804页。
④ 魏志江、潘清：《十至十四世纪的中韩关系形态与东亚世界——兼评费正清的"华夷秩序"论》，《南京社会科学》2015年第2期。

下，逐步达成其进出鸭绿江之夙愿。① 而辽朝虽然如愿令高丽臣服，却是以让出鸭绿江东数百里土地为代价的，在双方议和之后，徐熙便时常引兵于北界攻打女真部落，积极经营这片新得来的土地，先后筑造了长兴（今泰川郡东面）、归化（不详）及郭州（今郭山）、龟州（今龟城）、安义（今安州）、兴化（今义州东）、宣化（今宣川）等城镇。鸭绿江东土地的给予以及高丽动静颇大的经营为日后辽丽双方的矛盾埋下了隐患，这当是辽朝此次经略高丽的遗祸之一。

---

① ［韩］李炳焘：《韩国史大观》，正中书局 1961 年版，第 172 页。

王寂所记辽金人物及其价值
——以《辽东行部志》《鸭江行部志》
为主的探讨

吴凤霞　　边　昊[*]

王寂（约1127—1193），字元老，号拙轩，金代中后期有著述传世的文官。《大金国志》称其为天德三年进士，"兴陵朝，以文章政事显"①。兴陵为金世宗陵。也就是说，王寂在金世宗朝就以文章、为政闻名于世。《金史》记载他在金世宗大定末年任户部侍郎②，章宗明昌三年为中都路转运使。③ 根据现代学者对其诗、文及相关文献的考证，王寂一生的经历和著述情况可以明晰，《辽东行部志》《鸭江行部志》为其晚年64岁、65岁时（明昌元年、明昌二年）出按部封所作。④ 这两部书篇幅虽短却是难得的有关东北史地和辽金史的重要文献，近世以来更为文献学家、辽金史和东北史学者所关注，关于其所记内容的注释、历史地理、佛教和史事方面多有考辨成果⑤，本文试就其所记辽金人物及其所体现的史料、思想等

---

　　* 吴凤霞，渤海大学历史文化学院；边昊，辽宁大学历史文化学院。

　　① 宇文懋昭撰，崔文印校正：《大金国志校正》卷28《文学翰苑传上》，中华书局1986年版，第402页。

　　② 《金史》卷8《世宗纪下》，中华书局1975年版，第194页。

　　③ 《金史》卷45《刑志》，第1022页。

　　④ 王庆生：《金代文学家年谱》，凤凰出版社2005年版，第149—166页。

　　⑤ 王寂撰、张博泉先生注释的《〈辽东行部志〉注释》（黑龙江人民出版社1984年版）、王寂、罗继祖、张博泉先生注释的《〈鸭江行部志〉注释》（黑龙江人民出版社1984年版）、朱希祖的《〈鸭江行部志〉地理考》（原载《地学杂志》第二十一年第一期，被金毓黻先生收入《辽海丛书》，称为《鸭江行部志节本》）、智喜君的《〈鸭江行部志〉所识点滴》（《鞍山师专学报》1992年第2期）、佟宝山的《金人王寂〈辽东行部志〉中的阜新》（《辽宁工程技术大学学报》1999年第4期）、刘俊勇的《〈鸭江行部志〉沿途纪事杂考》（《北方文物》2003年第3期）、陈钟远、李刚所撰《千山正观堂遗址考》（辽宁省博物馆、辽宁省辽金契丹女真史研究会编《辽金历史与考古》第五辑，辽宁教育出版社2014年版）、刘达科的《王寂二行部志中佛教史料举隅》（《江苏大学学报》2014年第6期）、王峤的《〈辽东行部志〉史料价值研究》（《绥化学院学报》2015年第9期）、许鹤的《王寂边疆行纪文史价值探析》（《阜阳师范学院学报》2017年第3期），等等。

价值略作分析。

一　王寂所记辽金人物的类别

《辽东行部志》是王寂自明昌元年（1190）春二月十二日（丙申）开始至四月初七（庚寅）为止 54 天（本应 55 天，缺四月五日）辽东之行的见闻实录，而《鸭江行部志》是王寂自明昌二年（1191）二月初十至三月十二共计 32 天鸭江之行的见闻记录。在前后 86 天的巡按部封过程中，王寂见过很多人，他耳闻目睹了一些人的事迹或一些人留下的文字、物品。他们大多是当代人，也有前代人，前代人以辽代人为多，大致说来，王寂在两部《行部志》中所记辽金人物可分为以下四类。

（一）僧人、道士

王寂两次巡按部封多住在僧寺或道观，因此他一路上与僧、道人士接触较多，僧、道人物及事迹多见诸其笔端。其中，《辽东行部志》前后记载的僧人、道士有：海山大师郎思孝、僧人渊唯识、义州同昌县僧寺主僧智坦、懿州返照菴介殊、僧上首性润、老衲悟公、溥公、松山尹皮袋、尹皮袋门人娄先生、咸平集真观刘道士、市民郭氏。① 此外，《辽东行部志》没有提及姓名的僧人还有闾阳新县僧寺的"主僧"、宜民县福严院出示十六罗汉像的"寺僧"、柳河县澄心菴主僧。② 《鸭江行部志》所记辽金僧人、道士有：道人孙公、金世宗之母太后大师、辽季东京副留守高其姓者、李子安妹妹女尼智相。③《鸭江行部志》没有提及姓名的僧人、道士，还有龙泉谷泉上"残僧三四"、休粮谷的"僧"、汤池县护国寺寺僧、龙门山云峰院主僧。④

---

① 王寂撰，张博泉注释：《〈辽东行部志〉注释》，第 18、21、24、31、34、38—39、91—92 页。

② 同上书，第 21、28、58 页。

③ 王寂撰，罗继祖和张博泉注释：《〈鸭江行部志〉注释》，第 1、5、9、16 页。

④ 同上书，第 8、20、31 页。

（二）皇帝、官吏、士人

《辽东行部志》提及的辽金两朝皇帝、官吏、士人有：金显宗完颜允恭、辽世宗兀律和其父突欲（耶律倍）、辽兴宗和辽相杜令公及刘侍中、辽闽门张世英、辽承天皇太后和辽景宗、辽圣宗女晋国公主粘米、金临洮总管肖卞之祖父、辽圣宗女燕国长公主初古和国舅肖孝惠、金代张乐之（张通古）、刘彦谦、李愿良、辽待诏田承制、宇文叔通、刘宏、侍御史范文济、蔡正甫。① 此外，《辽东行部志》没有提及姓名的官吏还有明昌元年春二月十有二日丙申送别他出发的"僚吏"、广宁府接待他的"驿吏"、致奠广宁神祠时的"赞者"、自辽阳来的"老兵"、咸平府的"故吏"、清安县的"驿卒"。②

《鸭江行部志》提及的皇帝有金睿宗（金世宗父宗辅，尊谥为睿宗）和金世宗。③ 所记官吏与士人有王栖云、孔遵度、郦元与、高特夫、完颜信之（完颜守贞）、左君锡、雷西仲、李子美、魏元道、李子安、坡阳邑人（李致道）、武元直、蔡正甫、王元仲父子、玉照老人刘鹏南、平章公张仲泽（张汝霖）、御史大夫张寿甫（张景仁）、侍讲学士郑景纯（郑子聘）、礼部尚书李致美、张仲宣、申君与、纥石烈明远、施明望（施宜生）、冯可、固哥相公、张仲文。④ 此外，《鸭江行部志》也提到一些官吏，但没有点名道姓，如，为王寂鸭绿江之行出饯于望海门的"僚属"、跟随出行的"从吏"、治花圃的老吏。⑤

（三）亲戚、朋友

《辽东行部志》中，王寂也记述或提及了自己的一些亲友，比如，故人王继昌及其子王伋、故人王平仲、季弟元微、友人高无忌、儿子钦哉、友人葛次仲、乡人王生、李氏园李氏子、旧识王本、学生吕阳和衙作尹、

---

① 王寂撰，张博泉注释：《〈辽东行部志〉注释》，第6、18、20、24、29、34、39、94、102页。

② 同上书，第4、10、12、62、91、97页。

③ 王寂撰，罗继祖和张博泉注释：《〈鸭江行部志〉注释》，第5页。

④ 同上书，第4、10、12、20、24、28、30、32、37、46页。

⑤ 同上书，第1、20、42页。

咸平先友杨、王、李三秀才、咸平旧僚转运副使郭重元、慕客赵斌和赵荦。①

　　王寂在《鸭江行部志》提及的亲友有：李子安之子李翊、李子安之父、李子安、先君（王寂之父）、胡奉歌、李狗儿、高当得、先大父（王寂的祖父）、故友玉林散人申君与之子。②

（四）所经之地见到的百姓

　　《辽东行部志》提及所见的人还有不相识的百姓，比如，宜民县熟食节上冢的往来如织的山林间居民、术勃荤、渤海高氏、叩畏千户营溪上挑菜女三四辈、鼻里合土千户营所住人家的主人、咸平府路人、咸平庙学诸生等。③

　　《鸭江行部志》也提及一些百姓，析木县父老、熊岳县土人、自永康县至顺化营所访的"野老"、新市投宿的民家、龙岩寺附近的路人等。④

　　综上所述，王寂两部《行程录》所记辽金人物有姓名者近百人，其中，官吏、士人中有故旧、朋友，所以这两类是有交叉的，且官吏中以文臣为多。王寂作为有佛教信仰的人，所交往者以宗教人士、文臣居多，而较少涉及武将和其他职业之人。他所记述的人物无论用墨多少，在辽金时期与东北地区有千丝万缕的联系，对于后人了解辽金社会、认识东北区域史是大有裨益的。

二　两部《行部志》所记辽金人物的史料价值

　　王寂的两部《行部志》所记辽金人物为历史研究和文学研究均提供了十分宝贵的史料。

---

　　①　王寂撰，张博泉注释：《〈辽东行部志〉注释》，第15、41、55—56、62、85、87、91、101页。
　　②　王寂撰，罗继祖和张博泉注释：《〈鸭江行部志〉注释》，第13、18、24页。
　　③　王寂撰，张博泉注释：《〈辽东行部志〉注释》，第26、68、73、75、78、83、101页。
　　④　王寂撰，罗继祖和张博泉注释：《〈鸭江行部志〉注释》，第17、30、48、52、54页。

（一）或可补《辽史》《金史》之缺，或可与其他史料相互印证

王寂的两部《行部志》撰写于金章宗明昌初年，早于元末编纂完成《辽史》《金史》约一个半世纪。尽管他并没有采用传统记事的史学体裁而是以行记的形式承载见闻，属于调查采访性质的记述。应该说他所到之处、所经历之事、所记述之人都是真实的，是具有史学价值的文学作品。众所周知，元人编纂《辽史》《金史》所搜罗的史料比较有限，因此二书体量较小，人、地、事多缺略，王寂两部《行部志》补史的价值得以凸显。下面仅以其所记辽金人物为例略作分析。

王寂在《辽东行部志》中关于辽海山大师的记述完全可以补史之缺。辽海山大师是辽代有影响的高僧，但《辽史》却没有任何记载，沙门即满的《妙行大师行状碑》仅提及妙行大师曾在海山守司空辅国大师"赴阙"时得以"参觐"，因蒙其训教而"深厌尘俗"①。目前关于海山大师郎思孝的事迹以王寂所记最详细。从其内容看，既言及他姓郎，名思孝，又述及他早年举进士第，"更历郡县"，还记述了他出家后由于"行业超绝，名动天下"，也记载了他在辽兴宗朝得到极高的荣宠，被赐大师号：崇禄大夫守司空辅国大师，且"凡上章表，名而不臣"。更为值得重视的是，王寂还饶有兴趣地记载了海山大师与辽兴宗之间的诗词与书信往来。②

王寂在《鸭江行部志》中所记的辽金人物近四十位，其中记述较详的有辽末东京副留守高姓者、道人孙公、武弁王栖云、金世宗之母太后大师和金世宗、李子安一家、李致道、曷苏馆节度使纥石烈明远、王寂一家三代人。

关于辽末东京副留守高姓者，王寂主要记述了他归隐灵岩的情形及其为僧后的生活态度。其文为：

> 辽季东京副留守高其姓者，一夕徒步经隐于灵岩，剪去须发，衲衣草履，遇夜，窃取僧行之败履，亲为补缀，其用心济物如此。一日，妻孥并至，哀鸣罗拜，恳请以归。师默然坐，恬然视之，如陌路也。儿辈知其终不可回，号泣而去。后栖隐于休粮谷，躬负薪水，日一斋

---

① 即满：《妙行大师行状碑》，载向南等编《辽代石刻文编》，河北教育出版社1995年版，第584页。

② 王寂撰，张博泉注释：《〈辽东行部志〉注释》，第18—19页。

食，阅二纪间，未尝少懈。寿八十而终。阇维之日，得舍利若干。①

　　贾敬颜先生认为这里提到的东京副留守可能就是高清臣。②《辽史》仅
有一处提到高清臣，即《辽史》卷48《百官志四》"五京留守司兼府尹职
名总目"条记载有："某京副留守。天祚天庆六年见东京副留守高清臣"③，
《契丹国志》有两处记载，所记内容与辽天祚帝天庆六年（1116）渤海人高
永昌叛乱一事有关，言及当时为东京副留守高清臣参与组织奚、汉兵平乱，
后败退出奔"行阙"。④ 王寂所记辽末的东京副留守隐于灵岩为僧不仅《辽
史》无记载，也未见其他历史文献，无疑他所记之事可补史之阙。

　　至于道人孙公，王寂先是对白鹤观鹤鸣轩的匾额感兴趣，认为它
"殆非世俗书"，才问询观主而知晓道人孙公事迹。王寂所记孙公事有传
闻也有事实，"孙本市民，业染以为生。年三十余，自厌尘缘，舍俗为道
士"当为事实。对于孙公"因梦羽师见教"，由不识字而篆、隶、行、草
无所不通，他引用韩愈所谓"神仙之说何渺茫"，大概他也觉得很难以常
理解释清楚其中的神奇；对于孙公出身、书写的匾额和赐紫衣师号及主持
大天长观之事实⑤，王寂的记述可视为有关金代道教史的一个补充。

　　王栖云是王寂在游览千山寺院建筑时见到东檐下其题诗因而提及他，
仅用短短几句将王栖云名琢、武弁出身、"驰马击剑外，尤喜作诗"的爱
好，以及他与孔遵度、郦元与、高特夫为莫逆之交都讲清楚了，特别强调
了他好与朋友一道游历山川佳处，所谓"至于故宫废苑，饱赏烂游，更
唱迭和，雅有文字之乐。比岁，自汴之燕，又尝携双侍女，溪山佳处，把
酒赋诗，辄留数日，时人望之以为神仙"⑥。《金史》对于这个武弁出身却
"雅有文字之乐"的王栖云没有记载，金士巨擘赵秉文在其所作《遗安先
生言行碣》中仅提及其为名士⑦，是王逸宾交游的诸名士之一。

　　① 王寂撰，罗继祖和张博泉注释：《〈鸭江行部志〉注释》，第9页。
　　② 贾敬颜、王寂：《鸭江行部志》疏证稿，《五代宋金元人边疆行记十三种疏证稿》，中华书
局2004年版，第176页。
　　③ 《辽史》卷48《百官志四》，中华书局1974年版，第803页。
　　④ 《契丹国志》卷10《天祚皇帝上》，上海古籍出版社1985年版，第107—108页。
　　⑤ 王寂撰，罗继祖和张博泉注释：《〈鸭江行部志〉注释》，第1页。
　　⑥ 同上书，第4页。
　　⑦ 同上书，第4页注〔7〕。

　　王寂因登千山至金世宗母亲太后大师的故居——正观堂，于是记述了
她落发为比丘尼先居于辽阳储庆寺（《金史·睿宗贞懿皇后传》为垂庆
寺）后幽隐于灵岩正观堂的经历。王寂也提及太后大师年寿——"六阅
周星"①，当然依辽阳市发现的《通慧圆明大师塔铭》，王寂的这个记载有
误。② 值得重视的是，王寂还言及金世宗任东京留守期间因其母在佛寺而
常常前往，有时甚至"留信宿"，寺中也有他"饭余茶罢，散策经行"之
佳处。王寂不仅描绘了金世宗尚居潜邸期间休闲的去处，而且也发挥他的
想象力为金世宗逗留之处设计了富有历史人文内涵的景观——"蛰龙亭"
"御爱松"。③ 他认为那样就会成为灵岩一段佳话，王寂对金世宗生母隐于
正观堂的记载可补《金史》的不足，他关于金世宗在灵岩佛寺的活动则
是得之于实地寻访，生动而鲜活，也是《金史·世宗本纪》所忽略的内
容，同样具有补史的意义。

　　李子安一家与王寂父子半个世纪的交情，王寂用一大段文字以文以诗两
种形式表达了两家的情谊。王寂父亲王础在皇统元年（1141）任析木令时结
识了李子安的父亲，因意气相投，成为朋友，李子安也受其父之命从王础学
习，李子安与王寂"同砚席"再岁，诗所谓"差肩诵诗礼，交手同笔砚。相
从草三绿，出处风雨散"。两人相处很融洽，也结下了深厚的友谊。王寂认为
李子安是"长才困州县"，且"平生耻趋谒"。王寂也谈及他与李子安分别后
难得的相遇，对前一年他来辽东未能一见深深自责。同时，王寂所记也反映
出李家有良好的家教，李子安子李翊"应对进退颇有典型"④。李子安妹妹女
尼智相也是有文化之人，早年学道，后来学佛，也懂诗。她送王寂的小壶也
很有特色，显示出她超凡的审美情趣。罗继祖、张博泉先生认为"李子安父
子，除见本书外，他不详"。⑤ 今天看来，王寂对李家三代人为人和文化追求
的记述也为东北地方史的研究提供了可资参考的资料。

　　王寂因路过李致道的别墅而探寻其经历、事迹，他对李致道的记述也
得之于陪同他的从吏。依据从吏所言，李致道的经历是：

---

① 王寂撰，罗继祖和张博泉注释：《〈鸭江行部志〉注释》，第5页。
② 参见张博泉《辽阳市发现金代〈通慧圆明大师塔铭〉补正》，《考古》1987年第1期。
③ 王寂撰，罗继祖和张博泉注释：《〈鸭江行部志〉注释》，第6页。
④ 同上书，第13页。
⑤ 同上书，第14页注〔2〕。

　　李君名致道，字表民。初，以从军补官，累资转兖州幕。一日，谓同僚曰："大丈夫逢时遇合，万户侯何足道哉！今行年六十，犹纸尾署名，其头颇可知矣。"乃投牒以归。既而莳花种柳，殖果移莲，叠石以为山，引泉以为池，日与宾客把酒赋诗，徜徉乎其间，凡十有七年而终焉。①

　　王寂用简短的几句话讲明李致道归隐田园的原因、其别墅的景观，以及其晚年与宾客把酒赋诗的闲适生活。李致道的事迹也不见于其他书。②《鸭江行部志》有三段文字都与纥石烈明远有关。从王寂的记载来看，纥石烈明远任曷苏馆节度使至少三年，也就是壬辰年、癸巳年、甲午年，即大定十二年（1172）、大定十三年（1173）、大定十四年（1174），他题写在龙门山云峰院附近北岩石壁上的三首寄情于景的诗，反映了他在曷苏馆节度使任上不同年份的心情变化。后面王寂也提到纥石烈明远与友人之间交往。王寂也言明纥石烈明远不仅会作诗，而且是一位善书者，他所题写的府署题牓"公明"二字刚正遒健，他书于素屏上的诗、跋文也为王寂发现，王寂也赞赏他善与人交，且断案果断公正、嫉恶如仇，是一位令人敬畏的地方官。③ 在王寂笔下，纥石烈明远是一位有相当文化素养的官吏。关于纥石烈明远，此书之外并无记载④，也可补《金史》之阙。

　　《鸭江行部志》中王寂也讲了其祖父、父亲的一些经历。王寂经过析木县城南的鸡山，曾忆起其父当年经过时的情形："先君以幼岁尝随侍先大父过此，驻马徘徊，作诗以道其事，意甚凄苦。"说明王寂的祖父也曾到过辽东。王寂的父亲曾任职于析木县更是确定不疑的，他讲：

　　析木，盖先君之旧治。父老郊迎，欢呼塞路；及入城市，观者如堵，里巷为之一空。中有扶杖年高指予而言曰："此吾明府君之子也。明府君清正仁恕，宜其有后乎？"叹仰不足，或有以手加额者。既而询及故旧，得三人焉，乃胡奉歌、李狗儿、高当得，皆当

----

① 王寂撰，罗继祖和张博泉注释：《〈鸭江行部志〉注释》，第 21 页。
② 同上书，第 22 页注〔7〕。
③ 同上书，第 31—35 页。
④ 同上书，第 33 页注〔5〕。

时与予游戏者；自余墓木皆已拱矣；或得其子或得其孙焉。呜呼！吾先君去此凡四十九年矣。当时一门满三百指，今之存者，惟予一老奴。①

可见，王寂父亲为析木县令在皇统初年，当时王寂一家三十口也居于析木，所以他也有小时候在析木的玩伴令他不能忘怀。证之以王寂所写的《先君行状》，王寂之父王础为海州析木令约一年，在那里他依法办事，还能移风易俗，所谓："既至，则不以穷乡僻陋，鄙夷其民，而百事裁以绳墨，数月告治。旧俗多畜蛊毒杀人以祈富，先君为出秘方转相传付，所活不可胜计。"② 王寂对辽金人物的记述最详细的当属他自己，从他年少到年老都有涉及，他年少随父亲居析木，他的旧友、他的同学，他的前次及此次出巡的经历、见闻，他的诗、他对其他人物及作品的评论，他的心情等。王寂所记可以说是其家家史的一部分，也是金朝历史的组成部分，有关他们一家与辽东缘分的记述是东北地方史的典型资料。

王寂在两部《行部志》中提及的辽金时期的人物还有几十位用墨较少者，但对他们的点滴记录也可与其他文献相互参证，于史料而言，也是弥足珍贵的。

（二）为研究辽金文学史和艺术史提供一定的参考资料

王寂是一个奉命出巡"辽东""鸭江"之地的官员，也是一个喜欢作诗的文人，依清人英和的说法，王寂为"大定、明昌文苑之冠"。③ 两部《行部志》所记辽金人物除了上述关乎人物人生经历的内容，更多地关乎文化、关乎个人感受，记述了大量的诗作和书画作品。两书载诗近百首，大部分是王寂本人所作，抒发的是王寂对沿途见闻的感触，显示了他的才情，也使两部《行部志》的记述充满诗情画意。比如对于金世宗在千山正观堂的逸事，王寂是以诗的形式作了评论："几经天步蹑危峰，为爱孤高压万松。不顾苍髯缘底事，大夫曾是辱秦封。"④ 王寂更是以一首长诗记述了其

① 王寂撰，罗继祖和张博泉注释：《〈鸭江行部志〉注释》，第17—18页。
② 同上书，"附录：王寂《先君形状》"，第60页。
③ 张金吾编纂：《金文最》"英和序"，中华书局1990年版，第2页。
④ 王寂撰，罗继祖和张博泉注释：《〈鸭江行部志〉注释》，第6页。

家与李子安家的交情始末，也以一首诗答谢李子安妹赠壶。王寂经过坡阳邑人李致道的别墅时，马上赋诗言明坡阳先生的经历与归林泉的潇洒，也透露出自己不得归隐的可怜与无奈。王寂看《龙门招隐图》也写有一首悼念诗以纪念画作的绘画者武元直、作记者蔡正甫、书记者左君锡等人。这些诗作一定程度上反映了金代中期的诗风。总的说来，若将王寂所记人物事迹与相关人物的作品联系起来，加上他的评论或诗作，可以发现，他关于辽金人物的记述颇具文学和艺术内涵，王寂所记大部分诗、书法作品并不载于他书①，更是后人了解和研究金代文学和艺术主要依凭的资料。就诗作的作者而言，王寂的八十余首诗贯穿于两部《行部志》之中，同时，他也转录了所记述辽金人物的诗作，比如王寂在广宁府偶得《海山文集》，他转述了海山大师与辽兴宗之间的唱和诗文，《海山文集》没有流传下来，他的转述为后人研读辽诗提供了素材。王寂写纥石烈明远也是从他留题在龙门山北岩石壁上的三首诗说起的，纥石烈明远的诗篇因其记述而得以流传至今。王寂在析木思念父亲，忆起其父所作诗一首，其父之诗也因此为后人所知晓。诸如此类都是构建金代文学史的珍贵材料。尤其值得重视的是，王寂两部《行部志》的写法在文学史上也有其独特性，许鹤认为："王寂在提点辽东路刑狱期间，完成的《辽东行部志》和《鸭江行部志》这两部重要的作品，进一步巩固了其在金代文学史上的地位。在这两部行记中，他将工作日志、沿途见闻、诗歌创作恰当地融汇于一体，显得自由而又自如，是在古代文体创新方面的成功尝试。无论是在他之前产生的《大唐西域记》《来南录》《于役志》，还是与他同时而异地的《揽辔录》《吴船录》《入蜀记》，均未在行记中融入过诗歌创作。"② 可见，从行记的风格看，王寂的两部《行部志》为金代文学史上增添了光彩。

王寂对于书法、绘画也有一定的鉴赏能力。他述及的辽金人物亦涉及书画作品，比如道人孙公在书法方面的非凡成就，王寂不仅亲眼看到鹤鸣轩题榜"醉墨淋漓，龙蛇飞动"，而且也提到传闻称孙公篆、隶、行、草

---

① 任万平研究认为王寂《辽东行部志》和《鸭江行部志》记录的诗文，"既不被《中州集》所收录，又未辑入《拙轩集》，所以更显出其价值"。见任万平《王寂及其著述》，程尼娜、傅百臣主编《辽金史论丛——纪念张博泉教授逝世三周年论文集》，吉林人民出版社 2003 年版，第 408 页。

② 许鹤：《王寂边疆行记文史价值探析》，《阜阳师范学院学报》2017 年第 3 期。

无所不通。① 其实，王寂在记辽金人物时所提及的他们的书法或画作也透露了当时人的一些艺术成就，如，完颜信之（完颜守贞）手书"有宓斋"，左君锡、雷西仲、李子美、魏元道、李子安留题明秀亭榜，武元直画有《龙门招隐图》，等等。这方面的内容充实了辽金艺术史，近年来也引起一些从事艺术史研究的学者的重视。②

三　两部《行部志》所记辽金人物的思想价值

由上述可知，王寂所记辽金人物或是宗教人士，或是皇帝和官吏，或是文人，或是亲故。王寂之所以记述他们，主要是他两次外出访问或驻留于这些人的故居、修行所在的寺庙、道观，或欣赏了他们的遗墨、诗词，或是有幸听闻了他们故事，见到了他们的亲人等。表面上看，王寂如实记录了他一路上所见所闻的人物，实际上，他记述的人物并不是他见闻的全部，他还是有所选择的，他重点记述的人或出于敬意，或出于亲近，他处理政务所涉及的人事往往略而不书。可以说，他较详细记述的人物几乎都是在他看来品行高尚或达到一定人生境界的人，其中，被辽兴宗推慕的海山大师、割弃荣华虔心求佛的辽末东京副留守高其姓者和金世宗母亲太后大师都是他敬仰的佛教高僧，因绘画、诗作、书法等卓有成就而为其所记述的有辽待制田承制、道人孙公、武弁王栖云、曷苏馆节度使纥石烈明远，由于为人有品而被记述的还有李子安一家、父亲王础、归隐田园的李致道等。王寂为一些辽金人物所作的评论也反映了他的思想倾向。比如，王寂对辽末东京副留守所作"计其解印，方艾服官政之年，割弃浮荣，如脱敝屣，与夫龙钟蹒跚，眷恋微禄，推挤不去者，岂可同日而语哉"③的议论，就反映了他对归隐求佛者的敬意和对贪恋权利者的鄙视。王寂赞扬金世宗的母亲太后大师"厌弃荣华""焚修精进，始终惟一"的求佛精神，并推究其原因是"夙植善根，道心坚固"。④ 王寂崇信佛教，在其记述的文字中自觉不自觉地弘扬着佛教文化。在他笔下，僧人显然是一个重

---

① 王寂撰，罗继祖和张博泉注释：《〈鸭江行部志〉注释》，第 1 页。

② 张帆：《王寂所著行部志中辽金美术史料举隅》，《北方文物》2007 年第 4 期。

③ 王寂撰，罗继祖和张博泉注释：《〈鸭江行部志〉注释》，第 9 页。

④ 同上书，第 5 页。

要的社会群体。可能由于王寂鸭江之行时已 65 岁①，身体虚弱，更由于经历了由地官而出守蔡州的仕途坎坷之后②，归隐田园的心理逐渐滋长，因此，他写李致道字里行间流露出自己对归隐田园生活的向往，马上所赋诗更道出了他对李致道果断"脱帻掉臂归林泉"生活的羡慕，他有着与李致道同样的心理，却未能像李致道那样选择弃官归田，其中的原因王寂在诗中有所表露："嗟予潦倒直可怜，欲去未决良非贤。附郭安得二顷田，有田不归吾欺天"，讲他在李致道的别墅"解鞍少驻，徘徊周览"和"但不得少休为恨，遂复南去，举鞭回望，茫然自失"，都表明了他的态度。③ 王寂重视历史文化遗产的保护和传承，比如，他在澄州（今辽宁海城）饭罢经行时徘徊于有宓斋，在墙角尘土中发现有二板覆地，掀起后发现"乃左君锡、雷西仲、李子美、魏元道、李子安留题明秀亭榜，即命复置于亭上"。他为此以质问的语句写道："何后政弗嗣，以至荒废如此?"④ 王寂自觉地将所到之地所见的诗、文、墨迹记下来，他珍视这些文化，他景仰好学能文之人，他欣赏道人孙公的书法，他赞扬武弁王栖云为"东坡所谓龙邱居士"⑤，他明确表示对纥石烈明远"敬其人，爱其字"⑥。王寂有相当高的文化素养，他把唐宋文豪的言论作为评判人物的标准或表达意境的依据，就是他对历史文化认同的体现。仅《鸭江行部志》短短一卷书，提及韩愈言论 2 处⑦、李白诗 1 处⑧、苏东坡言论与诗

---

① 王庆生认为，明昌二年王寂 65 岁。见王庆生《金代文学家年谱》，第 163 页。

② 王寂的《与文伯起书》写道："某自地官出守蔡州，终日兀然如坐井底，闭门却扫，谢绝交亲，分为冻蛰枯枒，无复飞荣之望。"见张金吾编纂《金文最》卷 54，第 778 页。

③ 王寂撰，罗继祖和张博泉注释：《〈鸭江行部志〉注释》，第 21 页。

④ 同上书，第 12 页。

⑤ 同上书，第 4 页。

⑥ 同上书，第 35 页。

⑦ 王寂写道人孙公"因梦羽师见教"之事，称："韩文公所谓'神仙之说何渺茫'者，岂是乎?"王寂观赏唐僧怀素和亚栖书法，认为："二僧书，纵横倜傥，下笔如神，退至所谓'快剑斫断生蛟鼋'者，信有之。"见王寂撰，罗继祖和张博泉注释《〈鸭江行部志〉注释》，第 1、25 页。

⑧ 王寂游览龙门山北岩，见纥石烈明远留题诗篇，称："予尝观李太白《望庐山瀑布》诗云'日照香炉生紫烟'，意谓雄才健笔，能润色如此，以今日验之，乃知诗人题品物象，必有所以然。"见王寂撰、罗继祖和张博泉注释《〈鸭江行部志〉注释》，第 32 页。

赋4处①、陈莹中言论1处。②

　　总之，王寂两部《行部志》所记辽金人物其价值是多方面的，他虽不是史官、史家，但他所作的记载具有重要的史料价值，许多人物的事迹可补史之阙略，而其文化素养也使其记述饱含文学、艺术、思想的价值。

---

　　①　王寂写王栖云好与友人游历览胜，把酒赋诗，称："东坡所谓龙邱居士者，抑斯人之徒欤？"第4页；王寂走行复州（今瓦房店西北的复州）道中，风沙很大，他说道："昔东坡先生赋飓风，亦谓南海有之。"见王寂撰，罗继祖和张博泉注释《〈鸭江行部志〉注释》，第43页；王寂看到冰溪鱼叟张仲文题于僧屋壁间的诗评论说："予观冰溪后来所作律诗，本以酒旧题《梦中》一绝句已为人扫去，乃引用坡公'恐烦侍者扫黄泥'故事……"见王寂撰，罗继祖和张博泉注释《〈鸭江行部志〉注释》，第47页；王寂在龙岩山间行，北望大山，连延不绝，……诗兴甚浓，他言称："忽忆坡公'前山正可数，后骑且勿驱'之句，岂特为我设，况马上看山之意，尽于此矣。"见王寂撰，罗继祖和张博泉注释《〈鸭江行部志〉注释》，第55页。

　　②　王寂认为曷苏馆节度使纥石烈明远的字"刚正遒健，似其为人"，并称："昔陈莹中《跋朱表臣所藏欧阳文忠公帖》云：'敬其人，爱其字'，吾于明远亦云。"见王寂撰、罗继祖和张博泉注释《〈鸭江行部志〉注释》，第35页。

龙化州地望考

李　鹏[*]

公元 916 年，契丹部落联盟首领耶律阿保机，在龙化州东"金铃岗"称帝建国，龙化州成为契丹（辽）政权的"龙兴之地"。文献记载契丹始祖奇首可汗，曾在此建"龙庭"，龙化州所在地也被认为是契丹的起源地。关于龙化州地望问题，长期以来引起学界多方探求。目前学界关于龙化州地望主要观点有以下几种：其一，通辽市奈曼旗八仙筒说：1982 年出版的《中国历史地图集》，将龙化州标注在通辽市奈曼旗八仙筒镇附近。[①] 其二，通辽市库伦旗酒局子古城说：1994 年，冯永谦在《辽代部分州县今地考》一文中，将位于通辽市库伦旗扣河子镇酒局子村西北的古城址，考订为龙化州。[②] 其三，通辽市奈曼旗西孟家段村古城说：1990 年，张柏忠在《科尔沁沙地历史变迁及其原因的初步研究》一文中，认为位于奈曼旗西孟家段村附近的"古城址"，是龙化州州城。[③] 其四，赤峰市敖汉旗下洼镇围子村古城说：2013 年，杨妹发表了《敖汉旗区域契丹族族源论——契丹遥辇氏的发祥地、世里氏的重要历史活动舞台》一文，提出龙化州遗址应该在敖汉旗下洼镇围子村。[④]

本文通过对文献的全面梳理，在对前人观点进行整体平议的基础上，结合最新考古发掘、勘探和调查成果，对龙化州的地望加以考证，以求证

---

[*] 李鹏，内蒙古民族大学西辽河流域历史文化研究中心。

① 谭其骧：《中国历史地图集》（第六分册），中国地图出版社 1982 年版，第 7 页。

② 冯永谦：《辽代部分州县今地考》，《北方文物》1994 年第 4 期。

③ 张柏忠：《科尔沁沙地历史变迁及其原因的初步研究》，内蒙古东部地区考古学术研讨会《内蒙古东部区考古学文化研究文集》，1990 年 10 月；《辽代的西辽河水道与木叶山、永、龙化、降圣州考》，《历史地理》（第 12 辑），上海人民出版社 1995 年版。

④ 杨妹：《敖汉旗区域契丹族族源论——契丹遥辇氏的发祥地、世里氏的重要历史活动舞台》，《前沿》2013 年第 23 期。

于学界先达。

一 龙化州地望相关史料及分析

有关龙化州地望的史料，散见于《辽史》《金史》《册府元龟》等文献，以及出土墓志和宋人使辽语录中，辑相关如下：

《辽史·太祖纪》载："明年（902）秋七月，以兵四十万伐河东代北，攻下九郡，获生口九万五千，驼马牛羊不可胜纪。九月，城龙化州于潢河之南，始建开教寺"①；在《辽史·地理志》又有"龙化州，兴国军，下，节度。本汉北安平县地。契丹始祖奇首可汗居此，称龙庭"② 的记载；同时，《辽史·营卫志》："契丹之先，曰奇首可汗，生八子。其后族属渐盛，分为八部，居松漠之间。今永州木叶山有契丹始祖庙，奇首可汗、可敦并八子像在焉。潢河之西，土河之北，奇首可汗故壤也"。③ 上述史料指明了龙化州与"潢河""土河"的方位关系。也就是902年，阿保机"城龙化州于潢河之南"，由于龙化州"契丹始祖奇首可汗居此，称龙庭"，又因"潢河之西，土河之北，奇首可汗故壤也"。故龙化州应当位于"潢河之南""潢河之西，土河之北"。

"天祐元年（904），增修东城，制度颇壮丽"④；"明年（904）岁甲子，三月，广龙化州之东城"⑤；"三年（909）夏四月乙卯，诏左仆射韩知古建碑龙化州大广寺以纪功德"⑥。"神册元年（916）春二月丙戌朔，上在龙化州，迭烈部夷离堇耶律曷鲁等率百僚请上尊号，三表乃允。丙申，群臣及诸属国筑坛州东，上尊号曰大圣大明天皇帝，后曰应天大明地皇后。大赦，建元神册。初，阙地为坛，得金铃，因名其地曰金铃冈，坛侧满林曰册圣林"⑦。以上史料描述出龙化州城市形制特征。即904年，

---

① （元）脱脱等：《辽史》卷1《太祖上》，中华书局1974年版，第2页。
② （元）脱脱等：《辽史》卷37《地理志一》，中华书局1974年版，第447页。
③ （元）脱脱等：《辽史》卷32《营卫志中》，中华书局1974年版，第378页。
④ （元）脱脱等：《辽史》卷37《地理志一》，中华书局1974年版，第447页。
⑤ （元）脱脱等：《辽史》卷1《太祖上》，中华书局1974年版，第2页。
⑥ 同上书，第4页。
⑦ 同上书，第8页。

阿保机"增修东城""广龙化州之东城",说明龙化州属"内外双城式结构"或"由东、西两城组成",且规模宏大、壮丽。城市建有"开教寺"和"大广寺",城东筑有金玲冈。

"明年(902)秋七月,以兵四十万伐河东代北,攻下九郡,获生口九万五千,驼马牛羊不可胜纪。"① "唐天复二年(902),太祖为迭烈部夷离堇,破代北,迁其民,建城居之。明年,伐女直,俘数百户实焉……太祖东伐女直,南掠燕、蓟,所俘建城置邑。户一千。"② 龙化州所辖地域及特征:902年"秋七月,(阿保机)以兵四十万伐河东代北,攻下九郡,获生口九万五千,驼马牛羊不可胜纪";"明年,伐女直,俘数百户实焉"。可知龙化州的人口主要来自代北,多达数万,且农业人口居多。故城市周边应当存在大量的小城镇、农业聚落及墓葬遗址。

《辽史·国语解》:"辽有四楼。在上京者曰西楼;木叶山曰南楼;龙化州曰东楼;唐州曰北楼。岁时游猎,常在四楼间。"③《册府元龟》载:后唐"天成元年(926)九月,幽州赵德均奏,先羌军将陈继威使契丹部内,今使还得状称:今年七月二十日至渤海界扶馀府,……其月二十七日阿保机身死。八月三日随阿保机灵柩发离扶馀城,十三日至乌州,契丹主妻始受却当府所持书信。二十七日至龙州,……继威来时见处分候到西楼日,即并放归"。④《贾师训墓志铭》(1097):"徙同知永州军州事。既上,日夜经画民事利病。奏减其部,并邻道龙化、降圣等州。岁供行在役调,计民功三十馀万,奏课天下第一。"⑤ 《秦晋国大长公主墓志铭》(1046):"乙酉岁秋七月,爰止中京。……驰驿以闻,诏赴行阙。……其年冬十一月十七日薨于龙化州西南坐冬之行帐,享年七十有六。"⑥ 龙化州与其他州县的方位关系:根据《贾师训墓志铭》《册府元龟》《辽史·天祚帝纪》《金史·太祖纪》等史料,可确定龙化州与中会川、永州、降圣州和乌州相邻近,应当位于巴林左旗(西楼)和农安县(扶馀城)、辽

① (元)脱脱等:《辽史》卷1《太祖上》,中华书局1974年版,第2页。

② (元)脱脱等:《辽史》卷37《地理志一》,中华书局1974年版,第447页。

③ (元)脱脱等:《辽史》卷116《国语解》,中华书局1974年版,第1535页。

④ (宋)王钦若等:《册府元龟》卷980,中华书局1989年版,第11519页。

⑤ 向南:《辽代石刻文编》,河北教育出版社1995年版,第477—479页。

⑥ 同上书,第2494页。

阳（东京）之间。

北宋治平四年（1067）出使契丹的陈襄所著《神宗皇帝即位使辽语录》记载：（五月）二十三日，过摘星岭，臣襄问："此松结实否？"（杨）规中言："惟东楼接女真、高丽者有之。宿柳河馆"。……（六月）十日，过黄河（西拉木伦河）。好古云："黄河上源出于龙化州界"①。宋人《使辽语录》中契丹人所言"龙化州"及"东楼"位置，相互矛盾，应当慎用。

二 目前学界关于龙化州地望主要观点的平议

前辈学者所做的大量考证工作，颇有建树，然某些论据和结论，值得商榷。

奈曼旗八仙筒说。根据全国第二次和第三次文物普查资料，在今奈曼旗八仙筒镇附近及周边，均未发现古代城市遗址，故此说目前不能成立。

通辽市库伦旗酒局子古城说。该说依据如下：第一，酒局子城址在今西喇（拉）木伦河之南，合于《辽史》所说"城龙化州于潢水（河）之南"的地理方位；第二，《地理志》谓："天佑元年，增修东城，制度颇壮丽"，而《辽史·太祖本纪上》亦载：天佑元年"三月，广龙化州之东城"，这是考证龙化州很重要的一个条件。城址应是由两个城组成，既有西城又有东城。现今的考古调查发现，在相应地区完全符合这种情况的，只有酒局子城址，它有西城，其周长1600米，而东城却更较其为大，至今城址内仍保存有建筑台基址，符合"制度颇壮丽"。这样颇具特点的城址，并且作东西两城并列的古城，在今哲里木盟西喇（拉）木伦河以南各旗中，再无如此规模的第二座城址。该说难以成立，理由如下：第一，该城址与潢河、土河之间的方位关系不成立。酒局子城址北距西拉木伦河（潢河）直线距离约115公里，中间隔有老哈河、教来河、孟可河、养畜牧河等诸多河流。将其认定为"城龙化州于潢河之南"，显然过于牵强。第二，认为"酒局子城址由东、西两城组成"，缺乏考古依据。经调查，酒局子城址属"内外双城加单瓮城式结构"，显然是经过统一规划、一次

---

① 赵永春编注：《奉使辽金行程录》，吉林文史出版社1995年版，第50页。

筑成，与龙化州的形制不符。

通辽市奈曼旗西孟家段村古城说，该说依据如下：1975 年，哲盟文物普查时了解到，1937 年老哈河发生洪水，河道向东南滚，在距离老哈河与西拉木伦河汇合处仅数里之遥的老哈河右岸伸出一段"花墙"。此"花墙"正是一段转角处，由东西向折而向北。其后又在"花墙"东半里多地的地方冲出一个砖筑拱门，南向。门道宽 15—16 米，用一米多长的大青砖砌成。1970 年西孟家段村修水利工程时，在距青砖拱形城门东四五里的东甸子挖出一段水道，用边长二尺的正方形大青砖筑成。两侧各立一块，上盖一块，内侧积有黑泥质水锈，下为坚硬的黑土，水道呈东西走向。这些迹象表明，这里当有一座辽代的古城。古城为砖筑城门，非常雄伟高大，作者认为此城就是辽代的龙化州。此说亦难以成立，理由如下：第一，目前为止，在西孟家段村附近，并未发现古代城市遗址。第二，"城门之说"不成立，2011 年 7—10 月，中国社会科学院考古研究所内蒙古二队和内蒙古文物考古研究所对辽上京城皇城西门乾德门遗址，进行了首次大规模考古发掘，并获重要发现。乾德门遗址由城门和瓮城组成。城门遗址由单门道、路面和南北两侧的夯土墩台等组成。乾德门第一次营建门道基础建筑做法，是在石柱础上置木地栿，上插排叉柱。这与汉长安城城门做法相似；而第二次营建门道基础建筑做法，是在规整的石地栿上面置木地栿，木地栿上开卯口，上插排叉柱。[①] 这与辽祖陵黑龙门门道形制一致。而文中所说砖砌拱形城门，显然不是辽代城门的营建方式，因此，即便有城，也并非辽代。第三，与潢河、土河之间的方位关系不成立。按此观点，辽代老哈河（土河）与西拉木伦河（潢河）合流于今阿鲁科尔沁旗东南。东南距西孟家段村古城直线距离约 50 公里，中间有老哈河（土河）阻隔，与潢河、土河之间的方位关系不成立。

围子村古城说。该说依据《大元一统志》，认为龙化州遗址应该在敖汉旗下洼镇围子村，此处有一辽代大遗址，当地称"南城子""北城子"，东西向尚有一大段城墙可辨，城之东南尚有一残高三米许夯土圆堆，城址东西两侧均有漫岗，地上遗存较为丰富，相传契丹始祖奇首可汗在此建

---

① 董新林等：《辽上京城遗址首次大规模考古发掘乾德门遗址》，《中国文物报》2012 年 1 月 20 日。

"龙庭"。其所用史料均属于间接材料，不足为证。

三　福巨城址与龙化州

福巨城址位于通辽市科尔沁区莫力庙苏木福巨村北约 2.5 公里处，地处一沙质台地上。地理坐标：北纬 43.657°，东经 121.898°，最高点海拔高度 210 米。城址南距西辽河（土河）约 19 公里，北距新开河（潢河）约 35 公里。笔者认为福巨城址应当是龙化州，依据如下。

（一）符合与潢河、土河之间的方位关系

辽代将老哈河与西辽河统称为"土河"；西拉木伦河与新开河并称为"潢河"，并认为土河与潢河在"东段合流点"合流。即今天的新开河与西辽河交会点，地点在通辽市科尔沁左翼中旗小瓦房村东南[①]。由此推断，龙化州应当位于今新开河（潢河）以南，西辽河（土河）以北，即今通辽市的开鲁县、科尔沁区和科左中旗境内。这里是唯一符合"潢河之南""潢河之西""土河之北"的区域，龙化州应当位于该区域内。

（二）符合龙化州形制和规模的记载

根据 2018 年 8 月 20 日的《内蒙古通辽市科尔沁区福巨辽代城址考古勘探及周边调查报告》，该城址为内外双城式结构，内城居东。

其中，内城大体呈东西走向的长方形，北宽南窄，东宽西窄，不太方正，总周长 1007.5 米，总面积约为 62800 平方米；开东、南两门，各有瓮城；东北、东南、西南角各有角楼。外城墙残段位于内城南墙外侧，呈"L"形，总长约 600 米。其中，南北走向一段位于南墙的东南角楼与马面之间，东距角楼约 35 米，总长约 110 米；东西走向墙体位于南北走向墙体南端，并与南城墙呈平行走势向西延伸，总长约 490 米。勘探结论如下：（1）基于地表调查、钻探及钻探所携带的遗留陶瓷器残片推断，该城址始建于辽代。（2）该城址属于内外双城式结构，内城居东，东门瓮

---

① 李鹏：《辽代永州、王子城、龙化州与木叶山通考》，《内蒙古民族大学学报》（社会科学版）2016 年第 6 期。

城明显大于南门瓮城，城内主干道沿东城门展开，表明该城址以东西走向轴线布局，故应当属于辽代早期城址（见图一）。

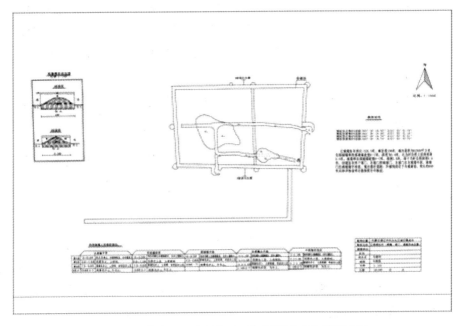

图一　内蒙古通辽市科尔沁区福巨城址考古勘探平面

　　勘探报告刚好契合了龙化州筑城时间与城市形制的记载，与耶律阿保机唐天复二年（902）九月，"城龙化州于潢河之南"的筑城时间相吻合。城市的外城位于主内城的东南部，与天祐元年（904），在西北主城的基础上，"增修东城"的记载相符合。福巨城址，是西辽河平原地区目前已发现的唯一符合龙化州形制和规模的辽代城址。

　　经地表调查，新发现大型建筑基址一处、寺庙遗址两处、窑址两座、房址十座。在福巨城址周边近十平方公里的范围内，地表遗物呈连续分布的态势，构成了庞大的城市附属功能区体系。其中，两座辽代寺庙遗址的发现，尤显重要。

　　1号寺庙遗址，位于城址西南约1300米处。表层被风积沙土覆盖，遗址大体呈长方形，南北长约50米，东西长约40米，残高约3米。地表遗物包括筒形瓦、板瓦、莲花纹饰瓦当、残留有阴雕石刻文的经幢碑残块五件、柱础石以及石雕残块等遗物。经辨别，六块残存文字分别是"……布十个……""……张氏牛一……""……王……""……生死苦……一切地狱……不念……" "……佛……" 等内容，第六块文字不详。结合地表遗物推断，该遗址属于辽代大型寺庙遗址。2 号寺庙遗址，位于城址东约 500 米处。表层被风积沙土覆盖，呈圆形，直径约 15 米、残高约 2.5 米，由于早年间被当地村民围在牲口圈内，损毁严重。地表遗物包括筒形瓦、板瓦和彩绘墙皮残块等。初步推断，该遗址很可能属于又一座辽代寺庙遗址。

辽代寺庙遗址的发现与辽代龙化州有"开教寺"和"大广寺"的记载相吻合。

（三）符合开鲁县金宝屯辽墓墨书题字中，关于龙化州方位和距离的记载

2016 年 8 月，内蒙古考古队在开鲁县东风镇金宝屯村附近，发掘两座被盗的辽墓时，发现了墨字题书百余字，其中可见"葬于龙化州西□二里"等文字①。墓主人"蒲骨"为"耶律蒲古"，即辽太祖耶律阿保机五弟苏的四世孙。从整体内容分析，应为当年墓葬的地点。这表明，龙化州应当位于该墓葬的东部，且距此不远。福巨城址，刚好位于七家子辽墓正东约 24 公里处，是目前此区域内已发现的距离墓葬最近，并且在形制和规模上与龙化州相符的唯一一座大型辽代城市遗址。

（四）符合龙化州周边城镇与农业聚落的分布特征

通过多年的实地调查，在福巨城址周边 100 平方公里的范围内，发现辽代小型城镇和聚落遗址多达数十处。这些遗址均以福巨城址为中心，呈团状分布，构成了西辽河平原地区最大的辽代城乡聚落体系，这与龙化州早期的人口数量相符合。

（五）符合与邻近州县、山、川与河流之间的方位与距离关系，可相互佐证

在笔者的《辽上京道历史地理新考》一书中，重新考证了辽上京道

---

① 连吉林、常海：《内蒙古通辽市开鲁县发现琉璃砖皇族墓葬》，http://mp.weixin.qq.com，2016 年 9 月 20 日。

的两条河流，即土河与潢河；四座山，即木叶山、高淀山、乌丸山和都庵山等；两条川，即乌丸川和中会川等；四个州，即龙化州、永州、乌州和降圣州等；五个县，即龙化县、永安县、长宁县、义丰县和慈仁县等。总计十七处地理坐标。所揭示的山、河、川与辽代遗址，构建了与学界主流观点不同的新框架。在这个体系中，福巨城址（龙化州）与它们彼此关联、相互支撑和佐证，进而形成了辽代遗址、历史文献与自然地理的高度吻合。① （见图二）

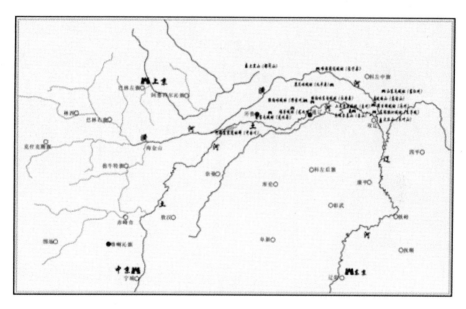

图二　龙化州临近州县、山川河流区位

基于目前考古发掘、钻探、地表调查以及史料分析的结果，将福巨城址认定为龙化州，相对于其他观点，更加具有历史学与考古学上的依据。

四　契丹辽"龙兴之地"与"契丹起源地"再认识

龙化州作为契丹辽政权的"龙兴之地"，仅维持了两年多时间。918年二月，阿保机以礼部尚书康默记充版筑使，在今赤峰市巴林左旗境内修筑新京。"百日完工，名曰皇都"，政治中心开始西移。

---

① 李鹏：《辽上京道历史地理新考》，吉林大学出版社 2018 年版。

　　《辽史·太祖纪》载："奇首生都菴山，徙潢河之滨。"① 在笔者的《"松漠"考——兼论契丹起源地》一文中，通过对大黑山与哈黑尔河之间的方位与距离关系，以及大型人面岩画与周边辽代遗址和遗迹的分布形态，进行综合分析后认为，位于今通辽市扎鲁特旗境内的大黑山应当是都菴山。奇首可汗所迁徙至的"潢河之滨"，并不指今西拉木伦河，而是指新开河。② 据此，契丹见于史料的首个活动地域，应当是今通辽市的新开河以南、西辽河以北的西辽河平原地区。

① （元）脱脱等：《辽史》卷2《太祖下》，中华书局1974年版，第24页。
② 李鹏：《"松漠"考——兼论契丹起源地》，《北方文物》2017年第1期。

内蒙古开鲁县辽墓发现的墨书题记与辽之龙化州

连吉林*

2016 年 5 月，位于内蒙古通辽市开鲁县东风镇金宝屯东南的两座大型辽代墓葬遭盗掘。同年 6—9 月，内蒙古自治区文物考古研究所与开鲁县博物馆联合对金宝屯遭盗掘的这两座古墓葬进行了抢救性发掘，墓葬编号为金宝屯一号和二号墓。墓葬内出土及公安局追缴的随葬品有金腰带、金耳坠、鎏金马具构件、铜器、陶瓷器、玉器等。金宝屯一号墓为砖砌多室墓，由墓道、甬道、墓门、东西耳室和主室组成，主室平面呈方形，墙体及墓室顶部均用绿釉琉璃砖砌制。

在金宝屯一号墓甬道中发现了类似墓志的墨书题记。题记内容虽然残缺不全，但仍然透露出许多有价值的信息，特别是其中提到了龙化州，为我们研究和探讨辽代龙化州地理位置提供了间接的佐证。

一　墨书题记的发现与初步研究

墨书题记原题写在金宝屯一号墓甬道的白灰墙壁上，用两种文字写成，分别为汉字和契丹大字。由于该墓已多次被盗，古墓葬遭到严重破坏，随葬品所剩较少，墨书题字几乎从墙壁上脱落殆尽，变成碎片。经过初步研究，能识别出来的有百余字，其他均已残缺，难以辨识。汉字能识别出来的有"蒲骨""夷离""惕隐""削铭志""为生""四女""男""女""六""聟（音 xù，同婿）""小二人""一人早（亡）""缵启""妻生""人小若""长而""罹难""龙化州西""囗里""葬""扵""萨""照""笃""为""辰""姓""扵""北""列""亦""立""斯"

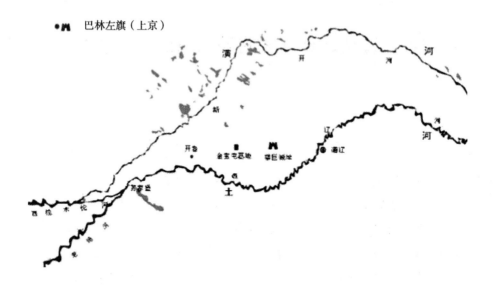

"三""至""家""姑""殁""□酉日"等。2018 年 8 月，第十四届辽
金契丹女真史学术研讨会在通辽市科尔沁区举行。借参会之机，由韩世明
教授、都兴智教授及笔者三人对墨书题记残片又进行了认真拼对，并请中
国社会科学院民族研究所契丹文字专家刘风翥对墨书碎片中契丹大字进行
了识辨。拼对和识辨的结果在许多地方有所突破，获得了许多有价值的信
息。目前能解读出来的契丹大字有"孩子"（出现三次）、"之祗侯""龙
（辰）""夫（府）""之""大""女""二十"等。

根据辨认出的金宝屯一号墓墨书题记文字推测，墓主人的妻子可能先
后生了六个儿女，为四女二男，其中一男早亡。墨书题记的汉字和契丹字
中均有"辰（龙）"字，当是叙述天干地支龙年的。"□酉日"可能是
墓主人下葬的日子。契丹字中三次出现"孩子"字样，无疑也是叙述墓
主人子女的情况。

二　关于一号墓墓主人

根据金宝屯一号墓墨书题记中"蒲骨""夷离""惕隐""削铭志"
等文字记载和墓葬的形制规模及出土的随葬品（包括公安机关从盗墓者

手中追缴的），初步推测金宝屯一号墓主人就是《辽史》所记载的耶律蒲古。"耶律蒲古，字提隐，太祖弟苏四世孙，以勇武著称。"蒲古曾先后担任涿州刺史、上京内客省副使、广德军（乾州）节度使、东京统军使等职。"（圣宗太平）九年，大延琳叛，以书结保州。夏行美执其人送蒲古，蒲古入据保州，延琳气沮。以功拜惕隐。十一年，为其子铁骊所弑。"①

通过进一步对墨书题记碎片的拼对和识辨，我们认为金宝屯一号墓墓主人即耶律蒲古的依据主要有以下几点：

第一，墨书题记中有"蒲骨"二字，应该是墓主人的契丹名。"蒲骨"，与《辽史》所记的"蒲古"为同一契丹语的不同汉字异译，"古"与"骨"是同音字。

第二，金宝屯一号墓和二号墓都是规模很大的贵族墓，两墓葬左右排列，相距十多米，墓主人很可能是兄弟关系。墓室内壁均绘有精美的彩色壁画，特别是一号墓，墓室内门楣上绘有飞龙形象。还有从墓葬中出土的精美的金银、玉器等随葬品来看，墓主人也应该是皇族子孙。耶律苏是辽太祖耶律阿保机的同父异母弟，耶律蒲古是耶律苏的四世孙，是名符其实的皇族成员，一号墓的墓主人与耶律蒲古的身份完全相符。

第三，金宝屯一号墓墨书题记中三处见"夷离"二字，后续字残，有"夷离堇""夷离毕"几种可能。从墨书题记叙述的墓主人身份家世看，当为"夷离堇"这一官名。"夷离堇"是契丹部族联盟时期军事长官之名，耶律蒲古仕宦活动主要是在圣宗时期，他不可能担任此职。题记中三次出现此官名，应是叙述其先祖的职务。但题记中出现"惕隐"这一官名，则与《辽史》本传所记蒲古的最后任职完全相同。蒲古是在平定了大延琳之乱后以功晋惕隐之职。惕隐，又称大内惕隐，是辽代管理皇族的最高长官，相当于后代的大宗正府的宗正。此官必须由皇族成员充任，而且一般是由功劳卓著、辈分较高的皇族成员出任。蒲古为耶律苏四世孙，且为末支人，按皇族世系排，他辈分很高，加之平叛有功，故得授此职。题记中"惕隐"当是叙述墓主人所任的官名。

第四，金宝屯一号墓的墓室是用琉璃砖砌成。辽代贵族包括许多高级

① 《辽史》卷 87《耶律蒲古传》，中华书局 1974 年版。

的契丹和汉族贵族墓葬罕见有使用琉璃砖的。迄今为止，墓葬使用琉璃砖砌成者只有辽耶律羽之墓，此为已发现辽代契丹贵族墓之第二例，说明此墓主人无疑应属于皇族成员，其身份与耶律蒲古的身份亦相符合。耶律羽之是太祖的再从侄，也是皇族子弟。

第五，从墓室内壁画的绘画特点、风格及随葬品的特征来看，金宝屯一号墓的下葬时间应在辽代中期。《辽史》本传明确记载，耶律蒲古死于圣宗太平十一年（1031 年），时间亦基本相符。

第六，墨书题记中有"罹难""殁"字样。罹难，即遭遇不幸，殁，死亡。这三个字出现在题记中，就是委婉地叙述墓主人遭遇不幸而死，这与《辽史》所记耶律蒲古的人生结局又完全吻合。用罹难而殁不过是书写题记者的曲笔而已。

根据我们对金宝屯辽墓一号、二号墓附近的调查和勘探证明，在已经发掘的两座墓葬周围，还有数座规模相类似的大型辽墓。所以我们推测，这里应该是耶律苏的家族墓地。进而推断，今开鲁县东风镇金宝屯附近之地应该是皇族耶律苏的领地。

三　关于龙化州的地望问题

金宝屯一号墓墨书题记汉字中，最有价值的就是出现了"龙化州"字样。关于辽之龙化州建立的时间和方位，《辽史》上有明确记载：唐天复二年（902）"九月，（辽太祖）城龙化州于潢河之南，始建开教寺"[1]；"明年（唐天佑元年，904 年）岁甲子，三月，广龙化州之东城"[2]；"龙化州，兴国军，下，节度。本汉北安平县地。契丹始祖奇首可汗居此，称龙庭。天佑元年，增修东城，制度颇壮丽"[3]；"潢水之南，土河之北，奇首可汗故壤也"[4]；奇首可汗是契丹耶律宗室传说中的先祖，其名见诸耶律羽之墓志。研究者已经早就指出，关于龙化州"本汉北安平县地"的记载是《辽史·地理志》作者的误记。大体上说，龙化州始建于公元 902

---

① 《辽史》卷 1《太祖纪》，中华书局 1974 年版。
② 同上。
③ 《辽史》卷 37《地理志一》，中华书局 1974 年版。
④ 《辽史》卷 32《营卫志中》，中华书局 1974 年版。

年，904 年又对东城进行了扩建，即龙化州是由东西两城组成。其地望应位于今西拉木伦河（包括今之新开河）之南、老哈河以北之地。

关于龙化州的地理定位，是一个长期以来困扰学术界的疑难问题。研究者对这一问题一直争议较大，可谓众说纷纭，莫衷一是。或曰在今内蒙古奈曼旗八仙筒子镇的孟家段古城①；或曰在今库伦旗扣河镇的酒局子古城②；或曰在今敖汉旗的南城子古城。③ 但以上所比定的方位和地点都在老哈河以南，与史料上有关龙化州的记载不符，因而遭到学术界的质疑。内蒙古民族大学的李鹏教授近年来对西拉木伦河与老哈河两河流域的辽代古城址进行了实地踏查和研究，提出了今通辽市科尔沁区莫力庙镇福巨古城为辽代龙化州的新说法，引起了学术界的广泛关注。④ 福巨古城位于西拉木伦河与老哈河之间，其方位与文献记载基本相符。金宝屯辽墓墨书题记发现有关龙化州的字样，为福巨古城为辽的龙化州说提供了又一个有力的佐证。

金宝屯一号墓墨书题记中的关于龙化州汉字经初步整理的资料公布后，⑤ 有学者曾对此表示质疑。⑥ 经过我们对墨书碎片的进一步拼对，现在已经可以准确地排列为"葬拎□□龙化州西"。其中的□□是空白。我们认为，"葬拎"与"龙化州"三字之间所以空两字格，就是书写常识中的所谓留白，即书写墨书者表示对龙化州这一地名的敬畏。龙化州是契丹先祖奇首可汗旧壤，称为"龙庭"。龙化州又是太祖耶律阿保机神册元年（916）登极做皇帝的地方，契丹人视其为圣地，故临书留白以示尊崇。辽代墓志中"龙庭"即龙化州前面留白的情况耶律羽之曾孙耶律道清墓志也曾出现，耶律道清墓志在"龙庭""先皇帝""皇上"之前均有留白。⑦

---

① 张修桂等：《辽史地理志汇释》，《地理志一·龙化州》，安徽教育出版社 2001 年版，第45 页。

② 冯永谦：《辽代部分州县今地考》，《北方文物》1994 年第 4 期。

③ 杨妹：《敖汉旗区域契丹族源论——契丹遥辇氏的发祥地、世里氏的重要历史活动舞台》，《前沿》2013 年第 23 期。

④ 李鹏：《松漠访古——辽上京道历史地理新考》，吉林大学出版社 2018 年版，第 30 页。

⑤ 连吉林：《内蒙古开鲁发现辽代琉璃砖皇族墓葬》，《中国文物报》2016 年 9 月 28 日。

⑥ 宋立恒、迟浩然：《辽代龙化州琐议》，《2018 年第十四届辽金契丹女真史学术研讨会文集》，未刊稿。

⑦ 盖之庸：《内蒙古辽代石刻文研究》，内蒙古大学出版社 2002 年版，第 27 页。

另外，墨书题记残片中的"□里"字，与"龙化州西"四字字体风格、大小一致，当为金宝屯辽墓与龙化州的距离之"□里"，"里"前一字今尚存二或三横笔，"□"字似为"二"或"三"字。

"葬扵□□龙化州西"，毋庸置疑地说明龙化州在今金宝屯辽墓的东方。今通辽市科尔沁区的福巨古城在金宝屯辽墓正东约 25 公里，经过详细实地考察，二者之间再无大型辽代城址，故金宝屯一号墓墨书题记把龙化州作为金宝屯辽墓之东的最明显的地理坐标。金宝屯辽墓墨书题记是福巨古城为辽之龙化州说证据链上最有力的证据。福巨古城近日经钻探，证明是由两个城组成。其外城的东墙起自东城的南墙，向南延伸 100 余米后折而向西，延伸约 500 米。这与太祖 904 年"广龙化州之东城"的文献记载是完全吻合的。

在福巨古城外的东面和西南面不远处，近期各发现一处寺庙遗址。古城东面的寺庙遗址地表发现有辽代板瓦、莲花纹瓦当、彩绘墙皮残块等；西南面的一处遗址经小范围清理出土有板瓦、筒瓦和莲花纹瓦当等辽代典

型的建筑构件，带"佛"字的石刻、经幢残块，以及篦点纹陶片等。两处遗址均应是辽代的佛寺建筑，这与文献记载辽的龙化州先后建有"开教寺"和"大广寺"相一致。根据金宝屯一号墓葬出土的墨书题记、福巨古城的调查钻探成果、新发现的两处佛寺遗址并结合古文献记载，我们推测通辽市科尔沁区的福巨古城即辽代的龙化州。

　　　附记：本文写作过程中，承蒙中国民族史学会契丹女真史分会会长韩世明教授、顾问都兴智教授亲自参与出土文字残片的拼对，并对论文提出了修改意见，中国社会科学院民族研究所契丹文字专家刘风翥先生对墨书碎片中契丹大字进行了辨识，在此一并谨致谢忱。

辽初龙化州琐议

宋立恒　迟浩然[*]

引　言

龙化州作为辽太祖耶律阿保机所建的私城，为《辽史·地理志》所记上京道辖下的十二府州之一，因辽太祖耶律阿保机曾在此"上尊号""大赦""建元"，故研究辽史者无不知其重要，但限于文献不足，专门论述的文章却相对较少，目前所见冠以龙化州之名的学术文章仅三篇，且均为通辽学者所写，讨论的问题皆为龙化州地望的考证，虽然分歧很大，但都认为龙化州在通辽，其中，两篇言：龙化州是通辽市奈曼旗的孟家段古城；一篇言：龙化州是通辽市科尔沁区的福巨古城。[①] 笔者作为通辽人和辽史爱好者，受这三篇文章的影响，也很想为开掘家乡的历史文化做点工作，于是萌生了写篇文章参与研讨的想法。不过，由于对考古不为专长，又少有实地勘测，很难再就龙化州的地望问题取得创获，所以只好从传统的文献方法入手，探讨一些与龙化州相关的一般性问题，以期对人们认识龙化州有所帮助。

一　龙化州的营建和命名

关于龙化州的营建经过，《辽史》中的《地理志》和《太祖纪》均有记载，其中，《地理志》龙化州条载："唐天复二年（902），太祖为迭

---

　*　宋立恒，内蒙古民族大学政法与历史学院；迟浩然，内蒙古民族大学政法与历史学院。

　①　张柏忠：《辽代西辽河水道与木叶山、永州、龙化州、降圣州考》，《历史地理》1995年第12期，上海人民出版社1995年版，第41页。郝维彬：《辽代龙化州调查记》，《内蒙古文物考古》1991年第1期。李鹏：《辽代永州、王子城、龙化州与木叶山通考》，《内蒙古民族大学学报》2016年第6期。

烈部夷离堇，破代北，迁其民，建城居之。""天祐元年（904），增修东城，制度颇壮丽。"① 根据这一记载可知，龙化州的营建经过两次，且有东西两个城池，规制巍然大观。相对于《地理志》，《太祖纪》的记载更为详细，提供的信息也更有价值。《太祖纪》载：阿保机"明年（天复二年，902 年），秋七月，以兵四十万伐河东代北，攻下九郡，获生口九万五千，驼、马、牛、羊不可胜纪。九月，城龙化州于潢河之南，始建开教寺"②。又"明年（天复三年，903 年），岁甲子，三月，广龙化州之东城"③。"夏四月己卯，诏左仆射韩知古建碑龙化州大广寺，以记功德"④。这些记载价值在于：（1）由于有"九万五千人"的人口数量，可知第一次"建城居之"的龙化州城郭规模肯定不会太小，尽管九万五千人不可能都居住在城里，但州城毕竟是这些人口的主要集中地。（2）由于有"城龙化州潢河之南"的明确方位，可知龙化州的城址一定是在潢河的南岸。（3）由于有"广龙化州之东城"的"广"字，恰与《地理志》"增修东城"的"增修"相印合，可知东城应是在旧城基础上扩建或增修而成的。（4）由于有"始建开教寺"和建碑大广寺，可知龙化州当时就有了大型建筑。正因为有了这些信息，龙化州营建的具体情况便可一目了然了。为此，研究龙化州的营建问题应当高度重视《太祖纪》的相关记载。

　　关于龙化州的命名缘由，《辽史·地理志》对其他各州的命名多有说明，仅以上京道为例，如：永州，"东潢河，南土河，二水合流，故号永州"⑤。降圣州"辽太宗所生地，故命名为降圣州"⑥。饶州"本唐饶乐府地"⑦，所以称饶州。仪坤州，"生应天皇述律氏"，"以所生之地置州"⑧，名为仪坤州。乌州为乌丸之地，故名乌州。⑨ 祖州因高祖、曾祖、祖、父

① （元）脱脱：《辽史·地理志》卷三十七，中华书局 1974 年版，第 447 页。

② （元）脱脱：《辽史·太祖本纪》卷一，中华书局 1974 年版，第 2 页。

③ 《地理志》记为天祐元年，公元 903 年，相差一年，不知孰对孰错。

④ （元）脱脱：《辽史·太祖本纪》卷一，中华书局 1974 年版，第 4 页。

⑤ （元）脱脱：《辽史·地理志》卷三十七，中华书局 1974 年版，第 445 页。

⑥ 同上书，第 447 页。

⑦ 同上书，第 448 页。

⑧ 同上书，第 446 页。

⑨ 同上书，第 445 页。

"所生之地，故名"①。对龙化州的命名缘由却没有明言，而是以太祖"天
显元年，崩于东楼"② 一句附之，如果把东楼与龙化州作为一地来理解，
极易因此得出龙化州是因辽太祖死于此而得名的结论，即辽太祖为龙，死
则为化，所以才名为龙化州。倘若如此，其错大矣，因为《地理志》的
这一记载本身是错误的，从《太祖纪》所记：太祖"次扶余府，上不豫。
是夕，大星陨于幄前。……有紫黑气蔽天，逾日乃散，是日，上崩，年五
十五"③ 来看，太祖是死在扶余府的，而且过程记录得非常详细，远比死
在东楼更可信据。其实，《地理志》东京道龙州条所记："龙州，黄龙府。
本渤海扶余府。太祖平渤海还，至此崩，有黄龙见，更名。"④ 同样可以
佐证这一事实。对于太祖驾崩之地被命名为"龙"的州是扶余府，而不
是龙化州，前人早有共识，清末钱大昕的《廿二史考异》云："太祖所崩
行宫，在扶余城西南两河之间……云崩于东楼，误矣。"今人李慎儒的
《辽史地理志考》、陈述的《辽史索引》、冯家昇的《辽史初校》，均承此
说，已成定论。⑤ 可见，龙化州绝不应是因太祖崩于此而得名。那么，龙
化州的命名由何而来呢，笔者推断有两种可能：或许与奇首可汗在此建龙
庭有关，龙化州就是"龙庭"龙文化的承袭。或许与太祖在此登基有关，
既然当上了真正的皇帝就是化身为龙，所以名此地为龙化州亦极合情理。
当然历史不能假设，这个问题还有待于考证。至于《册府元龟》所记，
后唐天成元年，陈继威使辽返回后称："其月（七月）二十七日阿保机
死，八月三日随阿保机灵柩发离扶余城，十三日至乌州，……二十七日至
龙州……"⑥ 的龙州，因"发离扶余城"已是龙州，且"二十七日至龙
州"的"龙州"又地处乌州之西，肯定是上京道的龙化州脱一"化"字
无疑，因此与龙化州命名原由没有关系，可不必据之为论。

---

① （元）脱脱：《辽史·地理志》卷三十七，中华书局 1974 年版，第 442 页。

② 同上书，第 447 页。

③ （元）脱脱：《辽史·太祖本纪》卷二，中华书局 1974 年版，第 23 页。

④ （元）脱脱：《辽史·地理志》卷三十八，中华书局 1974 年版，第 470 页。《册府元龟》
《旧五代史·契丹传》亦有记载。

⑤ 杨家骆、赵振绩：《辽史长笺》，新文丰出版公司 2006 年版，第 2360 页。

⑥ （宋）王钦若：《册府元龟》卷九八〇，中华书局 1989 年版，第 11519 页。

二 龙化州在辽初的政治地位

龙化州在辽初具有很重要的政治地位，主要体现在两个方面：一方面是阿保机在此完成了从部落联盟到国家的转型；另一方面是对后来的"投下"和"斡鲁朵"制度产生的影响。

根据《辽史·太祖纪》记载："神册元年（916）春二月丙戌朔，上在龙化州，迭烈部夷离堇耶律曷鲁等率百僚请上尊号，三表乃允。丙申，群臣及诸属国筑坛州东，上尊号曰大圣大明天皇帝，后曰应天大明地皇后。大赦，建元神册。"① 《辽史·地理志》龙化州条对此事也有记载："十三年②，太祖于城东金铃冈受尊号曰大圣大明皇帝，建元神册。"③ 上尊号、大赦、建元是开国大典的三项必不可少的礼制，这与此前太祖"元年④，春正月庚寅，命有司设坛于如迁集会埚，燔柴告天，即皇帝位，……上尊号曰天皇帝，后曰地皇后"⑤ 存在本质差别，那次"即皇帝位"，所上尊号仅仅是简单的"天皇帝"和"地皇后"，虽称"元年"，却没有"建元"，更无"大赦"之举。所以，如迁集会埚的即皇帝位不能称为严格意义上的皇帝。李锡厚先生甚至认为"只是他（阿保机）即汗位之年，称帝则是后来的事情"⑥。可以肯定地说，龙化州城的"上尊号""大赦""建元"，是在经过了与旧传统势力剌葛诸弟斗争的胜利后，真正意义上的即皇帝位，标志着契丹民族从部落联盟到国家转型的完成，即契丹辽的开国历史的正式开始。

龙化州是阿保机为了安置自己掠夺的人口而建立的州城，所有权属于他个人的私产。这种私产性质的州城，在此前仅见遥辇时期的"于越王述鲁西伐党项、土浑，俘其民放牧于此，因建城"⑦ 的越王城，但在那个

---

① （元）脱脱：《辽史·太祖本纪》卷一，中华书局 1974 年版，第 10 页。

② 吴政权沿用的唐的年号，亦公元 916 年。

③ （元）脱脱：《辽史·地理志》卷三十七，中华书局 1974 年版，第 447 页。

④ "元年"，即公元 907 年，阿保机如迁集会埚的即皇帝位之年。

⑤ （元）脱脱：《辽史·太祖本纪》卷二，中华书局 1974 年版，第 3 页。

⑥ 李锡厚：《中国历史·辽史》，人民出版社 2006 年版，第 35 页。

⑦ （元）脱脱：《辽史·地理志》卷三十七，中华书局 1974 年版，第 443 页。

时代的越王城造成的影响不会很大，效仿者亦不见他人。阿保机继承伯父的做法所建的龙化州则不然，不仅规模前所未有，更重要的是，由于阿保机后来皇帝的特殊身份，这一行为对契丹辽社会产生重大影响。笔者认为，既然阿保机所建的龙化州是个人私产，后来阿保机又当上了皇帝，上行下效是自然的事情，于是贵族开始建立这种私产州城，或许出于平衡上层集团利益的一种考量，朝廷给予认可，竟成了有辽一代的制度，名之曰"投下"。同时，皇帝也将这种私产州城进一步扩大，把几个州城据为己有，也成了有辽一代的制度，名之曰"斡鲁朵"。这便是最具辽代特色的投下制和斡鲁朵制。如果此论成立，对研究契丹辽的"投下"和"斡鲁朵"制度不无启发意义。关于"投下"和"斡鲁朵"制度，属于辽史研究的专门问题，学者多有探讨，成果很多，无须赘述。

与龙化州相比，西楼当时虽然地位也很重要，如阿保机如迁集会埚"即皇帝位"的第二年，在西楼"春正月癸酉朔，御正殿受百官及诸国使朝"①。"冬十月己亥朔，建明王楼。"② 又于六年，"是岁，以兵讨两冶，以所获僧崇文等五十人归西楼，建天雄寺以居之"③，七年三月，刺葛谋叛，"其党神速姑复劫西楼，焚明王楼"④。平叛后，当年"秋八月己卯，幸龙眉宫，辗逆党二十九人"，"九月壬戌，上发自西楼"⑤。"八年，冬十月甲子朔，建开皇殿于明王楼基"⑥ 等，虽然如此，但毕竟没有举行"开国大典"，所以并不影响龙化州的特殊政治地位。况且，西楼是"神册三年城之，名曰皇都"，要比龙化州建城晚 16 年，如果从都城的角度来评价，那也是后来的事情。龙化州非西楼可比还在于，此地除了曾是奇首可汗的"龙庭"和太祖所建"东楼"所在地外，最重要的是此地更是阿保机的"私产"，他在此经营了十余年，是他政治军事的"根据地"，这些特殊的优势西楼何以能及。

---

① （元）脱脱：《辽史·太祖本纪》卷一，中华书局 1974 年版，第 3 页。
② 同上。
③ 同上书，第 6 页。
④ 同上书，第 7 页。
⑤ 同上书，第 8 页。
⑥ 同上书，第 10 页。

三 龙化州在辽初的经济地位

龙化州不仅政治地位重要，经济地位同样重要，首先，龙化州是辽代上京地区所建的最早州城，如果从草原城市建设的发展史来看，堪称北方东部地区的第一个草原城市。其依据是：《辽史·地理志》上京道所载的12 个州府，大多都有所建时间的明确记载，如临潢府"神册三年城之"①，祖州"天显中，太宗建"②，怀州"世宗置州以奉（大宗怀陵）焉"③，庆州"穆宗建城"④，长春州"兴宗重熙八年置"⑤，永州"承天皇太后所建"⑥，仪坤州"应天皇后建州"⑦，降圣州"穆宗建州"⑧。至于其他四个州，泰州仅写"建城居之"⑨，乌州仅写"建城"⑩，时间皆无从可考；饶州则写"太祖完葺故叠"⑪，当为旧城，谈不上新建。所有这些城都晚于"天复二年，建城居之"⑫ 的龙化州建城时间。此足以说明龙化州是辽代所建的具有规模的最早州城，甚至可以说是北方东部草原的第一个州城，堪称北方东部草原城市建设史上的一个里程碑。龙化州所以建城最早，恐怕是与当地原"本汉北平安县地"⑬ 有关，也就是说，具备一定的城市建设的基础。

龙化州还是辽代最早的农业开发区。辽代西辽河流域的农业开发早已引起学界关注，韩茂莉先生曾有专著《辽金农业地理》⑭ 论述，不过，该

---

① （元）脱脱：《辽史·地理志》卷三十七，中华书局 1974 年版，第 438 页。

② 同上书，第 443 页。

③ 同上。

④ 同上书，第 444 页。

⑤ 同上书，第 445 页。

⑥ 同上。

⑦ 同上书，第 446 页。

⑧ 同上书，第 447 页。

⑨ 同上书，第 444 页。

⑩ 同上书，第 445 页。

⑪ 同上书，第 448 页。

⑫ 同上书，第 447 页。

⑬ 同上。

⑭ 韩茂莉：《辽金农业地理》，中国社会科学出版社 1999 年版。

专著并没有对该地区在辽代农业开发的开始时间，以及开发的核心区域做出明确阐述。根据我们前面所引《辽史·太祖纪》的记载，太祖攻伐代北九郡"获生口九万五千"，全部安置在龙化州的情况看，以及所辖龙化县又有"伐女直，南掠燕、蓟，建城置邑。户一千"①，移入当地的人口已经十万，这些移民都来自汉地，其经济生产方式肯定是农业，在这地广人稀、牲畜充足的地方，如果按唐均田制规定：中男和丁男，每人受口分田八十亩，永业田二十亩计，一定会有惊人的开垦数量，规模之大不难想象。可以肯定地说，龙化州在辽代初期当属北方草原东部地区农业开发的最大区域。从出土的《贾师训墓志铭》"徙同知永州军州事。既上，日夜经画民事利病，奏减其部，并邻道龙化、降圣等州。岁供行在役调，计民功三十余万，奏课天下第一"② 来看，到了道宗时，龙化州的经济实力仍然十分惊人。

　　龙化州经济地位的形成，与所处的自然环境与农耕历史基础有关。从自然环境而论，不管龙化州的具体地点在哪里，都肯定在西辽河流域，西辽河处于连接中国南北的交通要冲，其流域主要河流包括西辽河干流及老哈河、西拉木伦河、新开河、乌力吉木仁河和教来河，虽然处在半干旱地区，但河水资源十分丰富，广袤的西辽河平原区土质肥沃，时下有"北方粮仓"之称，是我国重要的粮食产地。从农耕基础而论，西辽河流域有着悠久的农耕历史，原始时代的红山文化、夏家店下层文化展现了早期先民的发达农耕业，后来北方民族入主其地，变成了牧业经济，但到了西汉，这里又成了"本汉北安平县地"③，说明农业经济又再度恢复起来，变成了农业区。东汉时期，生活在这里的虽然是游牧民族的乌桓和鲜卑，但从文献记载所见，至少乌桓的经济构成中就有相当比重的农业经济，如《后汉书·乌桓传》所载乌桓"地宜穄、东墙"④ 就是证明。可以说，正是西辽河流域优越的自然环境和悠久的农业基础造就了龙化州的经济辉煌。

---

① （元）脱脱：《辽史·地理志》卷三十七，中华书局 1974 年版，第 447 页。
② 向南：《辽代石刻文编》，河北教育出版社 1993 年版，第 447 页。
③ （元）脱脱：《辽史·地理志》卷三十七，中华书局 1974 年版，第 447 页。
④ 宋立恒：《汉魏文献记载中的"东墙"实为今之荞麦考》，《农业考古》2012 年第 6 期。

四 龙化州之地的"龙庭"及"东楼"解读

《辽史·地理志》龙化州条载:"契丹始祖奇首可汗居此,称龙庭。"① 这句话的解读,关系到如何认识契丹民族族源地的问题,因为奇首可汗是契丹民族族源的人格化,他在哪里,就很容易被认为契丹民族的源地就在哪里,既然"奇首可汗居此,称龙庭",龙化州就自然成了契丹族源地。事实恐非如此,《辽史·地理志》永州条有两处记载:一云:"相传有神人乘白马,自马盂山浮土河而东,有天女驾青牛车由平地松林泛潢河而下。至木叶山,二水合流,相遇为配偶,生八子。其后族属渐盛,分为八部。"② 一云:"东潢河,南土河,二水合流,故号永州。……有木叶山,上建契丹始祖庙,奇首可汗在南庙,可敦在北庙,绘塑二圣并八子神像。"③ 从这两处记载来看,契丹民族的族源地在永州当无可疑议。那么,在龙化州之地奇首可汗所建的龙庭又当怎样理解呢,笔者认为,这个"龙庭"只是契丹民族某一时期的一个活动中心,具体说,就是契丹民族建立部落联盟之初的一个活动中心。在此之前这样的活动中心可能还有多处,只是由于那个时代历史过于久远,未能尽知而已。这一点,用中原民族的祖先黄帝亦可佐证,黄帝作为汉民族的一个标志性符号,在黄帝的"五百岁"中就移动过多个活动中心,不然也不会有好几个黄帝陵。④ 由此可见,这种"活动中心"的变迁在一个民族的早期是极其常见的事情。另外,《辽史·营卫志》所记"奇首可汗故壤"在"潢河之西"⑤,也与前文提到《太祖纪》所记"城龙化州潢河之南"不合,显然是两个地方,所以龙化州虽为"龙庭"之地,却不可作"奇首可汗故壤"而论。如果退一步说,龙化州是"契丹故壤"则无问题,理由是:《兵卫志》有

---

① (元)脱脱:《辽史·地理志》卷三十七,中华书局 1974 年版,第 447 页。
② 同上书,第 445—446 页。
③ 同上书,第 445 页。
④ 宋立恒:《关于皇帝的几个问题》,《内蒙古民族大学学报》2015 年第 3 期。
⑤ (元)脱脱:《辽史·营卫志》卷三十一,中华书局 1974 年版,第 378 页。

"临潢，契丹故壤"① 之说，临潢府之地在汉代是北安平县②地区，龙化州也属汉代北安平县，同在一个区域内，因此，把龙化州看成"契丹故壤"，是完全可以说得通的。"奇首可汗故壤"和"契丹故壤"性质有别，"契丹故壤"泛指契丹早期活动的区域，概念宽泛，与族源地是不同的，不可同日而语。至于"龙庭"何以曰"龙"，这与北方民族传统的龙文化有关，匈奴"五月，大会龙城"，东部鲜卑改柳城为"龙城"等，都有龙文化的存在。奇首可汗把部落联盟的这个"活动中心""称龙庭"，当是这种文化的传承。

《辽史·地理志》龙化州条又载"太祖于此建东楼"③，这句话的解读，则关系到如何认识契丹民族的传统游牧文化"捺钵"与中原农耕文化"城市"的差别。东楼是阿保机在游牧地所建的"四楼"之一，因其地点在东，故称东楼，此外还有所谓"西楼""南楼""北楼"。④ 傅乐焕先生认为"楼即捺钵"⑤，按《辽史·营卫志》云："有辽始大，设制尤密：居有宫卫，谓之斡鲁杂，出有行营，谓之捺钵"⑥，"捺钵"就是行营，即汉语的"行宫""行在""行辕"。关于"四楼"的研究，任爱君先生有多篇论文系统论述⑦，笔者不再多谈。在此仅就"楼"的辖区范围大小，"楼"本身是否为多层的大型建筑，"楼"与季节的关系三个方面，比较一下与龙化州的不同。关于"楼"辖区范围，宋朝英宗死，神宗即位时，陈襄为皇帝登宝位告北朝皇太后、皇帝国信使使辽，辽朝的接伴使太常少卿杨规中，在五月二十三日，过摘星岭时，陈襄问他："此松结实否?"规中回答："惟东楼接女真、高丽者有之。"⑧ 这条材料十分珍贵，说明"楼"的辖区范围很大，不然不能造成生物的差异性。另外，《地理

---

① （元）脱脱：《辽史·兵卫志》卷三十六，中华书局1974年版，第417页。

② （元）脱脱：《辽史·地理志》卷三十七，中华书局1974年版，第438、447页。

③ 同上书，第447页。

④ （元）脱脱：《辽史·国语解》卷一一六，中华书局1974年版，第1535页。

⑤ 傅采焕：《辽史丛考》，中华书局1984年版，第89页。

⑥ （元）脱脱：《辽史·营卫志》卷三十一，中华书局1974年版，第361页。

⑦ 刘浦江编：《二十世纪辽金史论著目录》，上海辞书出版社2003年版。

⑧ （宋）陈襄《神宗皇帝即位使辽语录》，赵永春编注《奉使辽金行程录》，吉林文史出版社1995年版，第62页。

志》降圣州条载："本大部落东楼之地。太祖春月行帐多驻此。"① 结合《地理志》龙化州条的"于此建东楼"记载，亦可见东楼的"楼"的地域范围至少包括降圣州和龙化州。相比之下，无论龙化州辖区多大，其范围都小于东楼之地。关于"楼"有无大型建筑，史料未见记载，笔者认为，"楼"虽然建在龙化州，但这个"建"是建立的意思，未必真正有汉语意义上的多层大型建筑物，因为前文提到的西楼是于"神册三年城之，名曰皇都"，说明"楼"是没有城的。没有城，何谈有多层大型建筑。况且，作为游牧"捺钵"之用，迁徙无常处，即便有一标志性的构建物，如蒙古的敖包，也没必要建筑大型的楼宇，这个"楼"或是汉语词的借用，抑或是民族语言的音读，也有可能是某种特殊毡帐。龙化州城则是一种有建筑物的州城，是有大型建筑的。关于"楼"与季节的关系，"楼"是应四时游牧而建，仅为某一季节所用，与季节的关系密切，属于游牧生活方式的产物。如前所引《地理志》降圣州"本大部落东楼之地。太祖春月行帐多驻此"就是证明。龙化州则不具有这种游牧民族传统文化的功能，常年为用，与四时季节更没有任何关系。总之，东楼虽然建在龙化州之地，但二者却有着本质差别，绝不可等同对待。认识到这种差别，对于深入理解契丹民族的"汉化"嬗变是很有意义的。

结语：龙化州城址考证的四点建议

龙化州城古城遗址的判定，必须依赖各种"相关材料信息"进行综合分析才能做出的科学结论，其中，最好的办法当是用考古的手段来解决，尤其是深度挖掘。2016 年夏秋之际，内蒙古考古所对开鲁县东风镇金宝屯村（实际与牧场村最近）辽墓进行抢救发掘，发现有散落在地的一些墓道泥壁上的黑墨文字，经初步整理排列，有"葬□龙化州西□二里"② 几字，这种关于龙化州方位与距离的重要信息，无疑对辽代龙化州城址的确定具有重大意义，可惜的是"□"究竟是什么字无法复原，而

---

① （元）脱脱：《辽史·地理志》卷三十七，中华书局 1974 年版，第 447 页。
② 内蒙古考古队的长海、连吉林带队发掘并发现，文字泥块现藏开鲁博物馆。

这个字又至为关键，不管是方位词还是数量词，都直接关系到龙化州地址的判断。鉴于目前没有文字资料直接证明的情况下，笔者认为考证龙化州城址更需注意以下几个问题。

1. 注意考古与文献描述的吻合度

文献描述的龙化州城有西、东城两城，且有开教寺和大广寺等大型建筑，"制度颇壮丽"。不仅如此，龙化州地貌还有金铃岗，特别是龙化州是为安置俘户而建，当时俘户近 10 万人，即便大量居住城外，该州城也应该具有不小的规模。尽管有历史久远、风雨剥蚀、人为破坏等原因，遗迹与文献描述会有很大出入，但绝不能荡然无存，毫无痕迹，必须尽可能多地查找出这些"痕迹"，如果现有城址提供的材料与这些文献的描述可比性太小，就容易引起人们的质疑。

2. 注意设定的地标参照点的稳妥性

在龙化州地望的考证中，学者都在利用其他一些遗址作为地理坐标，从方位、距离的对应关系角度对龙化州进行论证，方法无疑是正确的，但是，这之中不乏一种现象，就是有时会把一些还在考证中的地点作为一个确定的坐标点，来对龙化州的地望进行判定。这种做法一定要慎重使用，因为利用一个还在考证中的地点来证明其他地点，虽能形成互相支撑的坐标体系，却极容易造成连锁性错误。

3. 注意文献记述中出现的重要差异

文献记载出现某些差异本属很正常的事情，不过有些差异必须引起高度重视，如陈襄《神宗皇帝即位使辽语录》所记，当时辽朝的另一接伴使萧好古曾对陈襄说："黄（潢）河上源出于龙化州界。"[1] 萧好古作为辽朝人自然不会说错自己国家的地理关系，而这却与《太祖纪》"城龙化州潢河之南"的记载颇为相悖。考证龙化州的地理方位，一定要对此作出合理解释。

4. 注意仪坤州应天太后陵寝的发现

《辽史》明确记载应天太后的"陵寝在龙化州东一百里"[2]，这是《辽史》中唯一能够证明龙化州方位、距离的证据材料，一旦找到应天太

---

① 赵永春编注：《奉使辽金行程录》，吉林文史出版社 1995 年版，第 63 页。

② （元）脱脱：《辽史·营卫志》卷三十一，中华书局 1974 年版，第 365 页。

后的陵寝，龙化州城址便有了准确的地理坐标点了。当然，这是一个美好愿望，何时实现只能待以时日了。不过，也有一种可能，如果应天太后葬在她的"斡鲁朵"仪坤州，也就是说陵寝就在仪坤州，假使发现了仪坤州，这个期盼还是能够成为现实的。

铁岭市境内辽塔及辽代塔基的调查与研究

周向永　　刘文革*

辽金两朝皆以佛教为国教，在统域范围内营造了大批佛塔，一时间，处处梵声经诵，葛麻芒屦，黄卷青灯，蔚成风气。铁岭所处，辽时即为辽东富裕之地，州县相望，人口密集，经济发达，佛事自然兴盛，历经千载至今，竟留有不下十余座的佛塔。这十几座佛塔的构筑年代过去在一些资料中或以有辽冠之，或以金修定论，更多则是概言金所遗，而无明确始建年代。为确实弄清铁岭境内现存古塔和塔基的年代，2013 年春季我们结合各种已经掌握的资料和线索，以及对这些资料线索的分析，对境内几座我们认为是辽或始建于辽的古塔或塔基进行了一次田野调查，希望通过这批材料的发表，铁岭境内的这批遗存能够引起学界的注意和重视，进而得到相应的讨论，以为今后进一步的深入研究奠定基础。

一　崇寿寺塔

崇寿寺塔，位于开原老城西南隅原崇寿寺院内，为八角十三级密檐式实心砖塔，高 45.82 米，塔身八面各有半圆形倚柱，每面正中砌拱形佛龛，龛内砖雕仰覆莲须弥座，座上雕佛一尊。龛上嵌佛名题额，题额上有垂幔式宝盖，左右有飞天。各角木檐悬有铜铎，整个塔身呈弧度很大的锥形，塔刹定珠，形制规整，塔身各层挂有铜镜。

崇寿寺塔建筑年代向有四说。

1. 唐代说

明正统十二年黄瓒撰《开原重修石塔寺碑记》谓："及载自唐乾元年

---

* 周向永，辽宁省铁岭市博物馆；刘文革，辽宁省铁岭市博物馆。

有洪理大师始建之，遗址宽宏，大定三年入灭，因建石塔为大师……"① 唐乾元至金大定相隔几百年，洪理大师断无如此长寿之理，其说显然有误。明代大学士陈循对此不问原委，沿袭陈说，亦谓"堂堂古刹，肇唐乾元，在辽之左，雄峙开原"②，认为塔建于唐。

2. 金代说

清末光绪初，开原地震从塔顶震落铜版一块，上有铭文载："现塔顶内有铜板，刊注前代金源氏之有国也。开原为咸平军，旧有崇寿石塔，乃宣徽洪理大师所葬之处。父长者王君，母刘氏，梦吞珠生师；年十二，超俗果成，现祥瑞，因缘俱载前版。寿六十八岁示寂。正隆元年二月朔旦，葬于塔中。"③ 依据这一记载，由李文信先生主编的《辽宁史迹资料》在介绍这座塔时，即认为该塔为金代建筑。④ 辽宁省文物保护中心陈术石先生近年发表文章，以八个根据论证崇寿寺塔当为金代建筑。⑤

3. 辽代说

最早以辽塔立说的，当属姜念思先生。他在考论中第一次提出前人所谓唐乾元的记载，有可能是辽乾统之误。并认为所谓塔建于金正隆年的说法，是将作为金代洪理大师的石制墓塔与洪理大师在辽时兴建的崇寿寺砖塔搞混了。⑥ 冯永谦先生也曾撰文阐明了同样的观点，认为开原崇寿寺塔应为辽塔而非金塔，文章依据光绪年间掉落的铜版中关于大师年寿，大致推定塔建于辽代乾统年间（1101—1110）。⑦ 周向永、许超在其著作中也依从此说。⑧

4. 辽建金续说

这是一种最新的观点，是说为新浪网博客一名为"辽塔"的博主提

---

① 民国六年《开原县志·艺文志》。

② （明）陈循：《明开原重修石塔寺碑铭》，《奉天通志·金石志》。

③ 欧德广：《重修崇寿寺石塔记》，《奉天通志·金石志》。

④ 辽宁省博物馆编：《辽宁史迹资料》，内部资料，1962 年。

⑤ 陈术石：《开原崇寿寺塔年代再考》，《辽金考古与历史》第 4 辑，辽宁教育出版社 2012 年版。

⑥ 姜念思：《开原崇寿寺塔建于辽代考》，《辽海文物学刊》1991 年第 2 期。

⑦ 冯永谦：《建国以来辽代考古的重要发现》，《辽金史论集》第 1 辑，上海古籍出版社 1987 年版。

⑧ 周向永、许超：《铁岭的考古与历史》，辽海出版社 2010 年版。

出。博主认为辽末开原崇寿寺塔没有建完，有可能只建了第一层塔身，佛像还都没来得及雕，但第一层塔身主体是辽代的，塔身以上的十三层密檐为金代续修，简言之，就是辽建金续。可以为这一说法再做补证的，是铁岭市博物馆藏的开原崇寿寺塔维修档案资料上的有关记载。档案载：崇寿寺塔塔座原为须弥式，早已残破，20世纪80年代初对该塔进行维修时，将该塔座改成八角形平素砖台，失去了古塔原貌。而须弥式基座，则是辽塔构筑的一个重要特点。①

　　崇寿寺塔的构筑年代，可以依据以下几项理由加以推断。

　　其一，经实地勘查，开原崇寿寺塔周围可见零星的沟纹砖，这些沟纹砖块，应该是在历次维修古塔时丢弃的残砖。塔砖是断定一座塔建于何时的重要依据，典型的辽代用砖，大多是压划有粗大沟纹的青砖。有明确记年的辽塔，如北镇崇兴寺双塔、阜新塔营子塔、朝阳东平房塔等，都是用典型的辽代沟纹砖砌成的。②笔者曾在内蒙古巴林左旗辽上京博物馆中看到，金代也使用沟纹砖，与辽代沟纹砖的区别在于：辽沟纹砖沟纹有5—6道，沟纹较粗，沟内或有压纹；金代沟纹砖的沟纹较细，沟纹较多，有十几道沟纹。开原崇寿寺塔在维修时，发现在塔檐上存在少量的辽代沟纹砖，更多是素面砖。维修时未触及第一层塔身，估计第一层塔身上的砖也应该是辽代沟纹砖。塔檐虽为金代所砌，但用了部分辽代的沟纹砖。

　　其二，第一层塔身较高，在佛龛周围有足够的地方用以镶嵌浮雕，这是辽代风格，但塔身上砖雕佛像的辽代风格却比较弱，而且砖雕镶嵌方式与辽代风格也截然不同。典型辽塔均是将砖雕直接砌入，嵌在塔体中。崇寿寺塔的塔身券门两侧的胁侍现已脱落，可以看出胁侍部位的砖与周边的砖有些不同，比较小而薄，当是后世补入的，也许是当初筑塔时预先留出了空位，用以镶嵌雕刻的胁侍，由于辽末战乱，胁侍尚未镶嵌，建塔工程就停工了，于是后世采取了用木梁把胁侍挂在上面的方式。

　　其三，崇寿寺塔十三层塔檐的收分过大，使整塔造型如同锥形，整塔形状与河南登封嵩岳寺塔极似，显然受到中原汉地筑塔风格影响。大檐下的砖木混合斗拱也与辽塔有明显不同，完全是金代风格。

①　罗哲文：《中国古塔》，中国青年出版社1985年版。
②　马鹏飞：《辽宁辽塔营造技术研究》，硕士学位论文，沈阳建筑大学，2012年。

综合关于崇寿寺塔始建年代的四种说法，我们认为该塔为辽建金续的说法是比较切合实际的。辽代中晚期，建塔业已成为一种制度，正如姜念思所说，从现在发现的辽代城址看，凡州城内外或其附近大都有塔。[①] 然而，这个看似强大的北方佛国短时间即亡于金军，由于辽末战乱，不排除原辽朝辖域内若干未完工辽塔的存在，作为辽咸州州塔的开原崇寿寺塔极有可能就属于未完工的辽塔之一，佛像还都没有来得及砌入便已停工，金代建国若干年后又将此塔续建完成，于是建成后的佛塔便把辽代和金代两种不同的风格集于一塔之身了。与之类似的情况绝非开原崇寿寺塔，阜新大巴半截塔即属此例。从建筑用料和建筑形制上看，崇寿寺塔即有辽代的元素，也有金代的风格，但就其始建年代论，该塔应属辽代所建。

二　灵应寺塔（今驻跸塔）

铁岭龙首山南端有一座驻跸塔，塔身站立的地方在清代以前名"水口山"[②]，盖以此地为龙首山南低洼处，因时常山水下泄，冲成水口。因该塔处明代铁岭城南，因之也叫城南小塔。该塔为六角九级实心密檐式砖塔，高 19 米。以前一直认为此塔为清朝修筑，因康熙在此驻跸得名。2000 年 5 月铁岭市政府投资对此塔进行修复，在拆除顶端砖瓦时，从塔顶南侧背靠塔刹处发现一砖砌碑龛，碑龛中放有 2 块铜板和 2 块石碑。铜板上阴刻《重修灵应寺塔记》，对塔的维修情况做了详细记载：

> 灵应寺塔不知起自何年人氏，创于嚣州城南四里古城东山之巅。景泰六年僧人段无碍修一次；嘉靖二十二年信士殷朝罗愿同僧人邓满寿修一次，迄今四十九年，四野风高，倾颓日甚。镇守总兵宁远伯李公成梁北伐道经寺下，见此塔不堪，遂自出资材粮石，命工师卢兵李应时、僧长陶法明、刘法显率众，残缺者补之，原无者增之，粉饰修治，是以铃镜齐整、颜色改观，同圆通、秀峰两塔并美也。冈因玩感盛德，谨将发心功果助缘信善，勒碑以为后碑记。

① 姜念思：《开原崇寿寺塔建于辽代考》，《辽海文物学刊》1991 年第 2 期。
② 《全辽志·山川志》铁岭卫条。

万历十九年七月吉旦银库廪膳生 高冈 顿首拜书。

从铭文中得知，此塔原为灵应寺塔，明朝时就曾三次维修。最早一次维修在景泰六年，可见，在景泰年间这座塔就已经存在并有所颓废了。明代人维修时说不知"起自何年人氏"，知此塔必建于明代以前。灵应寺塔用青砖砌面，每面均有佛龛，内塑佛像。莲花、飞天浮雕以及塔檐构筑方式都具辽塔一般特征。辽塔多实心密檐式，第一层塔身较高，塔身雕刻八面佛像、莲花和飞天等，雕工精细、比例匀称，这些特点在驻跸塔上均有体现。驻跸塔为六角九级，只有六面佛，辽塔六角者，如绥中妙峰寺双塔中的辽代小塔，即为六角五级，知铁岭驻跸塔与之类似。曾有人说灵应寺塔于2000年落架大修等于重建，今塔形状已非本原面目，这其实是个误解。当年的落架大修，是在对原塔进行各项严格记录后的落架大修，重建时也按本原面目进行恢复重建。关此，《铁岭日报》记者邱景山、郑长江两人曾在当年做了详细的采访，以新闻的形式向社会做了介绍和相关解释：

因施工过程中发现此塔无塔基，无塔基就无法加固，照原文字方案进行修复只能维持其30年的"寿命"。于是，重新请求辽宁省文物管理办公室批准，更改设计方案，采用古建筑修复的另一种方法：落架大修，并在修复时新建一个塔基，以保证修复后的驻跸塔能经受百年风雨。现在大家还可以看到一点塔基，所以觉得与原来的塔不一样。工程全部完成后，新建的塔基将埋入地下，外观与原塔不会有任何区别。为了保持古塔原貌，施工前进行了公开招标，确定资质和信誉较好的大连古建园林设计室和沈阳古苑园林古代建筑工程公司为设计和施工单位，施工前双方联合对驻跸塔进行了全面、细致的测绘。并逐层拍照，拆下的瓦件逐层逐块登记造册，以便修复时复位。由于塔身外侧的浮雕、佛像和瓦件大多都已严重破损，所以在拆下后需送到专业厂家倒模、复制，然后依照复原后的模型逐块烧制，而这个过程很费时间。因为修复时要逐块复位，所以有时瓦件没有烧制好，就只能停工待料，并非是触犯什么蛇仙。拆塔时发现的石碑、铜板和瓷钵也要在修复时放回原位。①

据悉，铁岭驻跸塔即灵应寺塔在重修的整个过程中，完全是按照省文物行政主管部门要求，在具有古建维修资质的施工单位的管理下，严格按原有面貌进行修复的。古塔维修保持了原有的形制面貌，一些拆下来的原塔构件，在复原修复时又重新送回原位，做到了修旧如旧。也就是说，我们现在看到的驻跸塔的面貌，依然是原来的面貌，或许也是它最初的面貌。因此，从建筑形制上看灵应寺塔应为辽塔。

另外，灵应寺塔既以寺得名，寺塔亦当为同期建筑。灵应寺建筑址位处塔东约 150 米处的山谷中，地形有如簸箕，向南开口，谷底平坦，平地南缘有山水流淌形成的溪谷。建筑址面积不大，东西稍窄约 30 米，南北略宽在 50 米许，地面上散布有沟纹砖残块和大量灰色布纹瓦片以及带有支烧纹的粗白釉瓷器残底标本。这种带有支烧痕的粗白釉瓷器，在辽代墓葬中是常见之物，如阜新关山辽墓 M8：1 白瓷盘、2 粗白瓷碟等器，即均为内底有三个支烧痕，其形制特点，与灵应寺建址所见相同。② 沟纹砖厚 0.8 厘米，有六道沟纹，沟纹较粗，每条沟纹径近 1 厘米，沟内并有绳纹。布纹瓦有薄厚之分，厚者 0.25 厘米，泥质灰色，凹面有布纹；薄者 0.18 厘米，亦为灰色，凹面亦有布纹。这些沟纹砖和较厚的布纹瓦都有辽砖和辽瓦特征，应即辽代遗物。

三　慈觉寺塔塔基遗址

《辽东志·山川志》："（铁岭）汎河东山，去城五里，上有古塔，下有仙洞。"汎河，也称"范河""泛河"，今写作"凡河"。"去城五里"之"城"为明代汎河千户所城，位于今铁岭新城区如意湖处。其东山正是今东北物流城之东山。所谓"上有古塔"，即慈觉寺塔；"下有仙洞"即凡河洞，也称"栖云洞"。《辽东志》成书于明嘉靖十六年（1537），书中即言"上有古塔"，当建在明代以前。关于此塔构筑年代，清人魏燮

---

① 邱景山、郑长江：《龙山驻跸塔新姿有望十月再现》，《铁岭日报》2000 年 9 月 2 日。

② 辽宁省文物考古研究所：《关山辽墓》，文物出版社 2011 年版。

均《范河洞重修慈觉寺碑记》曾有所提及：

> 范河站之东二里许，其山绵亘，自东北来，名曰三塔山。山之巅有浮图，建于大辽天佑二年，本朝道光辛卯圮于雨。山势南下，伏为平冈，石辟为洞，深不可测，名曰"栖云"。平冈之下，沃壤连阡，而范水左来，横流于右，其南则群峰叠嶂，列如屏风，洵天造之幽区，地辟之佳境也。洞上有古刹，旧名为千佛寺，碑碣无存，不详始于何代。考县志为辽常安县故壤，西为双城，东为鼻垒之地，皆咸平府所属。而塔建于辽，寺或为辽代所遗也。迄今数百年，兵燹迭遭，人民非故，而兹寺独存无恙，安知非佛法护持历久不变者乎！冈之下于国初建药王神（庙）一楹，东西禅室各二楹，岁久渐形凋敝，住持僧昌顺惧其废难为举也，乃请于督会之善士者，广募而重修焉。工兴戊辰之春，竣于明年之夏，所费千余金，俱焕然而新之，金碧庄严，照耀岩谷矣。工成，乞余为记，并更其名曰"慈觉"，盖谓佛以慈悲觉寺也，于是乎书。同治己巳孟夏既望后三日，新屯、范河站、山咀子公立。[1]

塔山即凡河东山，在魏燮均的一首诗中又称此山为"三塔山"，是山上有三塔还是塔下有三峰已不得而知。但从《碑记》看，只有一座塔。这座塔在"道光辛卯"即 1831 年"圮于雨"，而魏老爷子生于 1812 年，塔圮于他 19 岁时，以时推之，他应该见过倒掉之前的慈觉寺塔。

慈觉寺塔遗址位于铁岭物流城东面的塔山顶上，与物流城隔 102 国道相望。塔山为盘龙山最南端，凡河从山下自东向西流过。塔基遗址就在塔山最高处，与地面相对高度不过百米。塔基为一高台，高 4 米许，直径约 8 米，台上见许多青砖残块，厚 8 厘米、宽 20 厘米，长度不详。砖为浅灰色，断面可见砖芯有深灰色内层，应为辽代遗物。魏燮均所言山巅之塔建于"大辽天佑二年"，不确。"天佑"为元代至正十四年即公元 1354 年元将张士诚所建周时的年号，此天佑盖为"天祐"，但也不是辽国年号，而是唐昭宗和昭宣帝使用的年号，使用年限 904—907

---

① 民国二十年《铁岭县志·艺文志》。

年。唐天祐二年即 905 年，后来成为辽太祖的耶律阿保机这时从契丹部落遥辇氏被推为夷离堇也才两三年，政治生涯才刚刚起步，辽尚未建国，因此，所谓"山之巅有浮图，建于大辽天祐二年"之说根本不足凭信。魏燮均不是史学家，时间概念不甚严格，难免搞错，也不足为怪，但他说此塔建于"大辽"，据考古调查，说的也并非全无道理。现在的慈觉寺并非建在原处，今慈觉寺南门外原有一古建筑址，毁于"文革"期间，但这处古建遗址所见均为清代砖瓦残块，根据魏氏碑记，此建筑址极可能是"冈之下于国初建药王神（庙）一楹"的药王庙。我们在现慈觉寺大殿屋后的一片空场上，找到了一处辽代建筑址，它紧贴山根，南北长约 150 米、东西宽约 60 米。空场上遍布灰色布纹瓦、辽白釉瓷片和泥质灰陶陶器残片。据调查，人们在这里还发现过大量的砖雕饰件，疑为这些饰件是寺庙建筑上的装饰。

山下有辽代建筑址，山顶有辽代残砖，清人碑文记叙塔山建于大辽之谓，是早有相传，绝非向壁空造，故而推论慈觉寺塔基应为辽代所遗。

四　庄稼窑小塔子塔基遗址

庄稼窑小塔子遗址位于昌图县三江口镇庄稼窑村小塔子屯西约 700 米处的一道漫冈上，漫冈南北横亘 2 公里余，高出地面 2—3 米，为半流动沙丘，冈上为防风松林林带，间有部分耕地。塔基处当地人称"小塔山"，高约 3 米，呈半圆状，直径十几米，地势较高，现被拦腰推开三道豁口，估计为近年盗墓人滥掘所致。2008 年全国第三次文物普查期间，铁岭博物馆工作人员曾对小塔山做过调查。当时，还能看到小塔山上散布沟纹砖残段和经过加工的残砖，这种残砖一半有棱角，另一半为抹角，呈半圆状，显然是建筑饰件。[1] 20 世纪 80 年代初全国第二次文物普查期间，时任铁岭市文物组负责人的孟庆忠曾来此进行过调查。根据调查记录，他在小塔子屯普查期间曾访问过当时已经 59 岁的当地农民刘继有，据刘继有介绍，40 多年前，这里就是一堆碎砖，塔的形状早就看不见了。他听老人讲，这里就是佛塔塔基，"小塔子"屯名即因此而得。对这处塔基的

---

① 铁岭博物馆藏昌图县三普档案。

深入调查是 1984 年的 8 月。当时辽宁省博物馆文物工作队的武家昌和昌图文化馆文物组的李矛利二人也曾到此进行过调查，并对塔基做了小规模的试掘。[①] 试掘坑布在土堆的东南，深沟下掘到 1.98 米时，发现硬的地面，是用三合土夯筑的，非常坚硬，当是塔基的基础地面。根据采集到的饰件和沟纹砖来判断，此处为塔基遗址无疑。同年 11 月，孟庆忠会同吉林大学段一平教授再次来到小塔子屯进行调查，在塔基西南约 100 米处新发现了一个范围约在 100 米×100 米的辽金遗址，地面上散落着大量粗而薄的仿定瓷片及民窑粗瓷片，并有崇宁、元祐、太平等北宋年号的铜钱，也有一些灰色砖瓦。在此处还发现一个被风吹出的地层剖面，依据地层可以看到，黄色的沙土之间夹杂着两层黑色的沙土和腐殖土的堆积层，每层厚约 20 厘米，堆积层内未见遗物，各层之间平展整齐，好似一条水平线，这种现象显然是大水冲积后留下的。在此向西 2 公里处即是东辽河，历史上多次记载辽河水泛滥成灾，这种水流沉积的地层正是过去年代里这里不断遭受水患的有力证明。该地为内蒙古科尔沁沙地南缘，风沙较大，如今，小塔山已经被风吹出几道深沟，看上去已经不能再称为“山”了。原来的塔基已经颓圮，被风沙埋入地下，但地表仍能看见残留的少量青砖残块。

考论此处塔基为辽塔的根据，除在现场调查外，还有文献方面的辅证。金代王寂《辽东行部志》：“韩州辽圣宗时并三河、榆河二州为韩州。三河本燕之三河县，辽祖掠其民于此置州，故因其旧名而改。城在辽水之侧，常苦风沙，移于白塔寨，后为辽水所侵，移于今柳河县，又以州非冲涂，即徙于旧九百奚营，即今所治是也。”根据段一平的考证，韩州的四个治所分别为：初治为内蒙古哲里木盟科左后旗浩坦乡的城五家子古城，因那里地处“辽水之侧，常苦风沙”，所以就将州治迁到了白塔寨。白塔寨的具体地点，经孟庆忠、段一平、武家昌、李矛利等人的多次工作，均认为定在今昌图县三江口的庄稼窑村小塔子屯比较合适。理由是，庄稼窑村北有“小塔子”地名，其附近也有“东大城子”“西大城子”这样的地名，并且在这里发现了历史上曾发生过水侵现象的地层堆积，从而断定

---

① 段一平、孟庆忠：《辽宁昌图古遗址和古城址调查记》，《东北辽代古城研究汇编》，哈尔滨出版社 2007 年版。

该处为韩州的第二个治所。① 段一平把昌图县三江口镇的小塔子屯定为韩州二治的白塔寨是正确的，但他却把韩州二治定在距塔基远在十几里的东大城子或西大城子。2013 年春的这次调查，我们在塔基所在的小塔山下的平地中发现一处古城城址，位于小塔子屯北约 100 米处，现仅见部分西墙和南墙，两墙相交的西南角遗迹尚可辨别，西南城角呈锐角，约 80 度。西墙残长约 130 米，南墙长约 400 米，因累年机耕作业，墙体高度已不足 1 米。西墙外为故河河道，很可能当初即以此为西墙的天然护城河；与此相接的南墙外也见有护城河的遗迹。此城距小塔子塔基 700 余米，故此城址当为王寂所云的韩州二治白塔寨，而非以往认知的东大城子或西大城子。

五　下窝棚古塔寺塔基遗址

该塔基遗址位于开原市八棵树镇下窝棚村南约 1 公里的东南向坡地上，村民将这里称作"古塔寺"，我们这次调查，也是循名而来，在以往的资料中并未见相关记载。该建筑址面南而设，视野开阔，地势宽敞，遗址所在的坡地下面，有两条小溪交汇成河。遗址已经辟为耕地，南北长约 300 米、东西宽约 100 米。建筑材料散布在地垄和水冲沟的断层中，见有青砖，厚 5 厘米、宽 17.5 厘米，长度不详。遗址中最多的建筑材料是布纹瓦，未见其他建筑构件，所见布纹瓦皆为灰色，厚度在 2.2—2.5 厘米之间，凹面有布纹，断面有白点。另外，在遗址处发现大量的泥质灰陶器残片，有甑底残片，圆孔，孔径 4 厘米；陶器残片中还有罐底，壁较薄，0.8—1 厘米。在水冲沟中发现两块盘底瓷片，白釉，有支烧痕。据此发现，可判定该处为辽代建筑址。谓此处为塔基遗址，只是根据村民对这里地块地名的称谓及现场遗址的调查做出的初步判断，更具体的材料尚需进一步挖掘整理。遗址处瓦件密集程度令人咋舌，但除此之外建塔所必需的青砖则少有发现，建筑构件只发现了一件残半的兽面纹瓦当，据这些发现，推断此地在辽代建有砖塔似有牵强。但村民对这里地名和附近"滴

---

① 段一平：《韩州四治三迁考》《〈韩州四治三迁考〉补证》，《社会科学战线》1980 年第 2 期和 1985 年第 4 期。

塔沟"屯名之称谓以及在这里发现的过于密集的瓦砾残余，又似乎在提醒我们，所谓的"古塔寺"之名可能并非空穴来风。遗址西北角处地势稍高，瓦片比其他地方亦密，若此处真有古塔，塔基或即在此处，而塔也应为辽代构筑。

六　泉头镇塔东村塔基遗址

遗址位于昌图县泉头镇泉头村塔东屯西北的山坡上，当地"塔东""塔西"屯名即因此处原有古塔得名，红山河在山坡的坡北自东向西流入红山水库。哈大高速铁路客运专线正好从塔基所在的山坡穿过，为配合修建高速铁路，2008 年春，辽宁省文物考古研究所对这处塔基进行了抢救性发掘。[①] 遗址地表散布布纹瓦及细泥灰陶器残片等辽金时期的文化遗物，遗址地层堆积比较简单，耕土层下为仅 15 厘米厚的辽代文化层，辽代文化层下即为生土。与古塔有关的遗迹是在遗址中发现一处由细碎石块与夯土混杂形成的一块正方形的建筑遗迹，正方形外围还有一个近似八面菱形的红色烧土面。经清理后发现此遗迹为一座塔基，塔基毁坏虽然严重，但却在塔基下面发现了地宫。地宫保存基本完好，是一个类似方柱体的建筑，四面均由素面青砖砌成，并以白灰勾缝，未见有宫盖。整个地宫外围宽 8.36 米、长 9.52 米、深 1.12 米。地宫中出土了五尊铜质佛像和一尊铁质佛像以及开元、皇宋、嘉祐、祥符、天圣通宝等宋代铜钱。塔基西侧有一处与塔同时的房址，应是寺院的庙宇遗迹。发现碎砖、础石、滴水、兽面瓦当、鸱尾等建筑构件以及一尊石质罗汉头像、一尊残陶质观音塑像。从此房址散布的堆积情况推断，此建筑的长宽均在 10 米左右。在这处房址倒塌的堆积中出土有碎砖块及少量建筑构件。

泉头塔基遗址出土瓦当具辽代东北地区典型特征。内蒙古赤峰林西辽饶州城遗址[②]、内蒙古巴林右旗罕山辽代祭祀遗址[③]、内蒙古呼和浩特佛

---

① 辽宁省文物考古研究所等：《辽宁昌图泉头塔基发掘报告》，《考古》2013 年第 2 期。

② 冯永谦：《辽代饶州城调查记》，《东北历史与考古》1982 年第 1 期。

③ 内蒙古自治区文物工作队等：《内蒙古巴林右旗罕山辽代祭祀遗址发掘报告》，《考古》1988 年第 11 期。

寺遗址等单位，都出土过与昌图泉头塔东塔基遗址相同或类似的瓦当。①泉头塔基在辽代时的塔名及所属寺名不见史载。《开原图说·清阳堡图说》载："开原北三十里金元时有清安县，是堡实为开原后障，白塔水口外即归仁县旧地，山险路狭，虏寇易于藏伏，我兵未易轻追。"其中提到的"白塔水口"即此，清阳堡管辖的 14 座沿边墩台中有"白塔水口台"，即为明代在辽代塔基之上建造的墩台。清安县为金时县名，地在今昌图县马仲河镇，辽代时这里为肃州，泉头辽代塔基的发现，或与辽肃州有关。

结语

判断辽塔建筑年代，是一项需要广博的佛宗教义素养，又要有精深的辽代建筑考古经验的复杂工作，非我等力所可及。综合铁岭境内辽塔建筑遗迹，结合相关史料、碑刻、地理、环境等因素与辽塔建筑的关系，除在建塔用料、古塔形制、史料碑刻、附近遗址等几项硬性要求外，我们这里想再继续充实一条，即塔所处环境。辽朝多在近水之州城或水边形胜处建有佛塔，以本文介绍的几处佛塔观之：开原崇寿寺塔南临清河、驻跸山塔即灵应寺塔地在水口山，向为山水冲泄之处；慈觉寺塔临凡河、庄稼窑小塔子近辽河、下窝棚古塔寺北为清河而坡下为两条山水汇聚处、昌图泉头塔基背倚红山河，明代称此地为白塔水口，此或与流传民间千余年的所谓"宝塔镇河妖"的理念存在渊源关联。由于年代久远，大多数佛塔没能保留下来，只留下塔基遗址，所以很难从形制上分辨其始建年代。而有些相关碑刻又多舛误，不足为据，所以对于有些塔只有通过综合分析才能得出正确结论。过去有观点认为辽代多在州城修造镇州之塔，现在看来此说也未必正确。铁岭地区，在辽代曾有兴、银、同、咸、肃、安、韩、荣、祺、通等众多州城建置，这些建置中也只有银、咸、韩（韩州—迁治）、祺四州有塔，而这四座塔中，只有祺州塔公认为辽塔，其他三座塔到底辽建金建都有争议。可见，并非每个州都有镇州之塔。如前所述，现有辽塔中，靠近水边的州城里一般都修筑佛塔，这也是我们反复强调此四塔为辽

---

① 内蒙古文物考古研究所：《呼和浩特郊区辽代佛寺发掘记》，《内蒙古文物考古》1991 年第 1 期。

代构筑或始建的原因之一。

除本文介绍的两座佛塔和四处塔基外，铁岭境内还有银州圆通寺塔、开原威远塔子山塔、铁岭下塔子四野地塔等三座塔的始建年代也很有可能是在辽代，而在金代完成。

（1）银州圆通寺塔记载为唐代，肯定是错误的，从塔的形制上看，带有金代建塔风格，应该是金塔，但不能排除辽末修筑、金代又续建的可能性。银州西有辽河，北有柴河，真正的靠水而居，没有不修塔的道理。由于此塔在明代曾进行过大修，塔座为明代维修时加大的，明代塔座里边包砌的是什么形制的塔座暂时还看不到，只是存疑待考，或许塔座为辽代所建也未可知。

（2）威远堡塔子山塔，俗称东塔，所谓东塔，是相对崇寿寺塔位处该塔之西而言。崇寿寺在金代时称西塔寺[①]，以是观之，崇寿寺塔当为西塔，从双塔并称的意义而言，东西两塔为同时修筑并非没有可能。崇寿寺塔南临清河，塔子山塔则北临寇河，完全符合辽代建塔的客观要求。

（3）下塔子四野地为一处辽金时期遗址，从其地名来看，历史上应建有佛塔。此遗址东临辽河只有几百米，辽代于此建塔也在情理之中。

---

① 参见（金）王寂撰《辽东行部志》。

金朝章宗宣宗立皇后事件探析

闫兴潘[*]

　　金代皇室的婚姻关系，是完颜皇族统治政策的重要组成部分，并对当时朝廷内外的政治有着关键性的影响。因此辽金史学界对于金代皇室——主要是皇帝的婚姻关系，有着较多的关注，相关成果从不同的角度，揭示了金代皇帝婚姻的特色及其与当时政治之间的紧密关系。[①] 而在金代诸位皇帝的婚姻中，确立皇后无疑更是其中最为核心的问题，金朝皇帝与"徒单、唐括、蒲察、拏懒、仆散、纥石烈、乌林答、乌古论诸部部长之家，世为姻婚，娶后尚主"[②]。这种为女真贵族集团所共同尊奉的"后不娶庶族"婚姻习惯法，[③] 在金朝建立前即已形成，并长期为女真贵族集团所共同尊奉，是女真传统文化的核心内容之一，且对于金朝政权的稳固具有重要的意义。而金朝中后期章宗、宣宗两位皇帝，均有破坏该婚姻习惯法的意图和行为，章宗欲立李师儿为后却遭遇举朝官员反对不果，宣宗通过赐王氏女真姓氏而立其为皇后。章宗和宣宗此种不符合女真皇室传统立后制度的举动，表面上虽然是他们的个人行为，而其实质则是金代民族文化融合与族际通婚发展对女真传统文化造成深层冲击的具体表现。对于两

---

　　[*] 闫兴潘，安阳师范学院历史与文博学院。本文为教育部人文社会科学研究项目"金代北族士人阶层的形成与政治文化认同研究"（17YJC770035）成果。

　　[①] 相关的研究成果主要有：刘浦江《渤海世家与女真皇室的联姻——兼论金代渤海人的政治地位》，《辽金史论》，辽宁大学出版社1999年版；桑秀云《金室完颜氏婚制之试释》，中华书局编辑部编《中研院历史语言研究所集刊论文类编·历史编·宋辽金元卷》，中华书局2009年版；王世莲《金代非女真族后妃刍议》，《求是学刊》1992年第2期；夏宇旭《论金代女真人与契丹人的婚姻关系》，《北方文物》2008年第2期；等等。关于金代皇室婚姻的综合研究，可参看李玉君《金代宗室研究》，科学出版社2016年版，第158—201页。

　　[②] 《金史》卷64《元妃李氏师儿》，中华书局1975年版，第1528页。

　　[③] 《金史》卷63，第1498页。

位皇帝册立皇后事件之间的内在联系及其背后重要的政治文化意义，相关成果虽有所涉及，但讨论多较简略，仍有待于进一步的研究。故笔者不揣浅陋，在已有成果的基础上，对此问题进行探讨，以求教于方家。

一

自完颜阿骨打建立金朝政权后，册立皇后成为皇权的重要组成部分。由于金朝的皇位嬗替关系较为复杂，因而新皇帝即位后，往往有追尊其生父母为帝后之举，以示孝道及权力的合法性。即使所追尊之皇后并非女真族，一般也并不被视为破坏完颜氏与几个女真贵族部落首长之间"天子娶后必于是"的婚姻制度之行为。[①] 但在当朝皇帝正式册立皇后问题上，皇族完颜氏则长期严格遵循与徒单、唐括、蒲察、拏懒、仆散、纥石烈、乌林答、乌古论、裴满诸部贵族通婚的习惯，如太祖皇后纥石烈氏、太宗皇后唐括氏[②]、熙宗皇后裴满氏[③]、海陵皇后徒单氏。[④] 金世宗在位时未立皇后，是因为念其受海陵逼迫而自杀的妻子乌林答氏"之德今无其比故也"[⑤]，而诸子中其最为青睐的继承人皇太子允恭，大定四年（1164）世宗即为他迎娶贵族徒单氏之女。[⑥] 学者的研究指出，自金朝建立后，女真皇帝和男性宗室成员婚姻的族群范围日益扩大，其妃嫔的族属日趋多样化[⑦]，以族际通婚为代表的金代民族文化融合趋势，显著地体现在皇室的婚姻关系之中。但是，天子立后必从上述数个女真显姓贵族之家选取的婚姻旧制，长期以来却并未受到这种发展趋势的影响。这突出表现在章宗以

---

　　①　《金史》卷 120《赞》，第 2629 页。

　　②　佚名：《大金集礼》卷 5《天会十三年尊奉两宫太皇太后》，影印《文渊阁四库全书》本，第 648 册，台湾商务印书馆 1988 年版，第 88 页。《金史》中虽未明言太祖、太宗册立皇后，但据《天会十三年尊奉两宫太皇太后》记载，太祖、太宗两朝应是有立后之事的。另外，《金史》记载的太祖圣穆皇后唐括氏、光懿皇后裴满氏，应是在天会十三年初被追尊皇后之号，参见《大金集礼》卷 6《圣穆光懿皇后》，第 99 页。

　　③　《金史》卷 63《熙宗悼平皇后》，第 1503 页。

　　④　《金史》卷 63《海陵后徒单氏》，第 1508 页。

　　⑤　《金史》卷 64《世宗昭德皇后》，第 1522 页。

　　⑥　《金史》卷 64《显宗孝懿皇后》，第 1524 页。

　　⑦　李玉君：《金代宗室研究》，第 161—166、179—181 页。

前的诸位完颜氏首领或皇帝，不仅严格按照这种婚姻制度娶妻和立后，且他们也均未对此传统旧制采取反对态度；即使是对宗室和女真贵族集团猜忌防范如海陵王（他在女真汉化问题上非常积极，且其妃嫔中至少有八位非女真族女子①），在位期间册立的皇后仍旧是与完颜氏"世为姻婚"的女真显姓贵族，由此可见这一女真制度传统对金朝皇帝婚姻关系的强大约束力。

金章宗完颜璟为金源郡王时，世宗于大定二十三年（1183）为其娶妻蒲察氏，但蒲察氏在大定末去世，因而未能被立为皇后。② 章宗即位后，数年未立皇后，"中宫虚位久"③。由宫籍监奴婢身份入宫的李师儿，虽然"姿色不甚丽"④，但她"性慧黠，能作字，知文义，尤善伺候颜色，迎合旨意"，因而受到爱尚文辞的章宗的宠爱，地位不断上升，并于明昌五年（1194）进封淑妃，李氏也遂由微贱的监户变为权势煊赫之家。对于空虚已久的皇后之位，"章宗意属李氏"⑤。但按照金朝制度传统，"后不娶庶族"⑥，皇后只能从徒单、唐括、蒲察、拏懒、仆散、纥石烈、乌林答、乌古论、裴满诸部部长这些女真贵族家族中选取。⑦ 因而当章宗试图立李氏为皇后时，"大臣固执不从，台谏以为言"⑧，多数朝廷官员激烈反对章宗此举。

在反对章宗立李师儿为后的朝廷臣僚中，御史台官员群体的反应最为激烈，承安四年（1199）初，监察御史"姬端修上书论之"⑨，引起章宗震怒，将其"以妄言下吏"⑩，并连引御史大夫张暐、侍御史路铎等人受杖、追官、解职等严厉惩罚。⑪ 泰和初年，监察御史张公著上书切谏：

---

① 李玉君：《金代宗室研究》，第163—164页。

② 《金史》卷64《章宗钦怀皇后》，第1526—1527页。

③ 《金史》卷64《元妃李氏师儿》，第1528页。

④ 刘祁：《归潜志》卷10，中华书局1983年版，第114页。

⑤ 《金史》卷64《元妃李氏师儿》，第1527—1528页。

⑥ 《金史》卷63，第1498页。

⑦ 《金史》卷64《元妃李氏师儿》；卷120《赞》，第1528、2629页。

⑧ 《金史》卷64《元妃李氏师儿》，第1528页。

⑨ 《金史》卷95《张万公》，第2103页。

⑩ 《金史》卷11《章宗三》，第249页。

⑪ 《金史》卷100《路铎》，第2207页。

"至有'妾上僭后，夫人失位'之语……皆君臣之间所难言者"①。而宰执大臣们的反对，则无疑让章宗受到更大的压力。章宗曾命人私下询问平章政事张万公："吾欲立后，何所不可？而台谏乃不相容，卿以为如何？"张万公次日当面上言："国朝立后，非贵种不预选择。元妃本出太府监（按实应为宫籍监）户，细微之极，岂得母天下！"②张万公所言的"贵种"，即上面提到的与金朝皇室世为婚姻的几个女真贵族显姓。而宫籍监奴婢出身的李师儿不仅身份不高——宰相张万公甚至毫不客气地称其"细微之极"，且根本不是女真人。身份既不"贵"，亦非"种人"，其与立后旧制之间存在巨大的反差，因此无论从任何方面而言，李师儿都不符合被立为皇后的标准。但是，从章宗"吾欲立后，何所不可"的激烈言论中，可以看出他在立后问题上的态度与此前诸帝已经明显不同；对立后必择女真显姓贵族这一传统旧制，他是深感不满的，并希望在此问题上能够按照其本人的意图唯己所欲，这种观念显然是章宗受到以女真汉化为主要内容的民族文化融合潮流影响的结果。

章宗最为看重的几位女真族宰执，也反对立李氏为后。平章政事徒单镒因"李氏擅宠，兄弟恣横"，遂在章宗询问天气变异的原因之际，借机上疏批评由李氏导致的朝政混乱。后章宗与大臣评论汉高祖、光武帝优劣，徒单镒上言："光武再造汉业，在位三十年，无沉湎冒色之事。高祖惑戚姬，卒至于乱。由是言之，光武优。"又借此批评章宗对"李氏隆宠过盛"③。章宗不仅未接纳徒单镒的批评，反而随后将其出为外职；同时被罢的还有尚书左丞完颜匡。④完颜匡本传中未言其被罢的原因，由于他是徒单镒的"门人"⑤，双方关系紧密，可能两人在反对章宗立李师儿为后的态度上是一致的。

---

① （金）元好问：《朝列大夫同知河间府事张公墓表》，姚奠中主编、李正民增订《元好问全集》（增订本）卷 17，山西古籍出版社 2004 年版，第 417 页。

② 元好问：《平章政事寿国张文贞公神道碑》，姚奠中主编、李正民增订《元好问全集》（增订本）卷 16，第 388 页。《金史详校》指出，张万公上言反对立李师儿为后，不在元好问所言的万公明昌初为御史中丞时。参见施国祁《金史详校》卷 8 下，《续修四库全书》本，第 293 册，上海古籍出版社 2002 年版影印本，第 284 页。

③ 《金史》卷 99《徒单镒》，第 2187—2188 页。

④ 《金史》卷 12《章宗四》，第 268 页。

⑤ 《金史》卷 99《徒单镒》，第 2189 页。

　　朝廷中多数官员极力反对立李氏为后，除了汉人李氏身份微贱，不符合立后的"国朝故事"外，另一重要原因是李师儿及其兄弟喜儿、铁哥辈借章宗之宠遇干预朝政，"势倾朝廷，风采动四方，射利竞进之徒争趋走其门"，胥持国、纥石烈执中等均由李氏而至显位。① 监察御史姬端修就曾上书章宗"以远小人为言"，章宗明知其弹劾李喜儿，却让喜儿前去质问，姬端修直言"小人止李喜儿兄弟耳！"② 章宗还曾就此事询问尚书左丞董师中："御史姬端修言小人在侧，果谁欤？"董师中也直接回答道："应谓李喜儿辈。"章宗立刻"默然"无以应。③ 章宗本人也不得不承认李氏"一家权势熏天"所造成的政治恶果。④

　　在朝廷之中，除了与李师儿相为表里的胥持国诸人外⑤，大多数臣僚是不支持章宗册立李师儿为皇后的。章宗迫于压力，最终放弃了立李氏为后的企图，而将其晋封为仅次于皇后的元妃。然而此次立后计划失败后，章宗直至去世再未有立后之议，可见章宗实际上并未改变自己的意图，因此李氏的地位遂"与皇后侔矣"⑥。

　　在上述章宗企图册立李师儿为后的整个过程中，李师儿得宠，是章宗倾向于立她为后的重要基础；而正妻早亡、后位空置则为章宗能够在立后对象上进行选择提供了条件。同时，金朝皇帝婚姻的整体发展趋势，对于章宗产生立李氏为后的意图，可能也发挥了一定的作用。学者的相关研究将女真诸帝的婚姻发展分为三个阶段，其中章宗至金亡的第三阶段，是"汉人为妃的趋势增加时期"⑦。女真皇帝与汉人这种频繁通婚、民族融合日益深入的发展趋势，对于章宗以及后来的宣宗是否愿意继续遵守皇室立后旧制，自然也会发生潜移默化的作用。如上所言，章宗"吾欲立后，何所不可"的抱怨，即是他深受这种发展趋势影响的证明。

　　章宗册立李师儿为皇后计划的失败，与李师儿本人出身监户、身份微

　　① 《金史》卷64《元妃李氏师儿》，第1527—1528页。

　　② （金）元好问编：《中州集》卷8《宗御史端修》，中华书局1959年版，第412页。

　　③ 《金史》卷95《董师中》，第2115页。

　　④ 刘祁：《归潜志》卷10，第113页。

　　⑤ 《金史》卷129《胥持国》，第2793—2794页。

　　⑥ 《金史》卷64《元妃李氏师儿》，第1528页。

　　⑦ 桑秀云：《金室完颜氏婚制之试释》，载中华书局编辑部编《中研院历史语言研究所集刊论文类编·历史编·宋辽金元卷》，第1624—1626页。

贱，以及李氏家族干预朝政，由此引起朝廷臣僚们的激烈反对直接相关。然而更为重要的是，章宗意图选择身份微贱的汉人李师儿为后，实际上破坏了完颜氏皇族与诸女真贵族显姓之家长期形成的婚姻习惯法。对于后者而言，皇帝的妃嫔出自何族、身份是否贵重，可以不必细究，① 但最为尊贵的皇后之位，则必须从这几个女真贵族之家选取，因此章宗的行为自然会引起后者的不满和反对。"立后之事，在庭之臣皆以为不可，独上以为可。"② 朝廷百官在此事件上基本站在了章宗的对立面。而大臣张万公所言的"国朝立后"的"故事"，则是朝臣反对章宗的主要武器之一。章宗在举朝反对下，最终被迫放弃立李氏为后的企图，也从反面证明了这种长久为女真贵族集团所共同遵从的"国朝故事"的强大约束力。而章宗此后直至去世不再立后，也说明了他面对这种婚姻制度的无奈以及消极反抗。

二

章宗企图立李氏为后的计划虽然以失败告终，但此事在朝廷内外引起很大的政治风波，因而这一事件早已是路人皆知。"经童（按指胥持国，经童出身）作相，监女为妃"的流言，甚至远播到南宋境内。③ 作为章宗同父异母的长兄，宣宗对于承安年间这一震动朝野的重要事件应当是比较熟悉的。

据《金史》记载，宣宗为藩王时，曾有一位正妃，其名氏已经不可考，她是宣宗长子庄献太子守忠的生母。宣宗即位后，可能曾立其为皇后，贞祐元年（1213）九月诏书曰："元妃某氏久奉侍于潜藩，已赐封于国号，可立为皇后。"④ 庄献太子本传贞祐元年闰九月册立守忠为皇太子

---

① 自金太祖以来，皇帝妃嫔的族别即已多样化，其政治身份也各不相同。参见桑秀云《金室完颜氏婚制之试释》，载中华书局编辑部编《中研院历史语言研究所集刊论文类编·历史编·宋辽金元卷》，第 1623 页。

② （金）元好问：《平章政事寿国张文贞公神道碑》，载姚奠中主编、李正民增订《元好问全集》（增订本）卷 16，第 390 页。

③ 刘祁：《归潜志》卷 10，第 113 页。

④ 《金史》卷 64《宣宗皇后王氏》，第 1532 页。

的诏书中，也称守忠"地居长嫡"①，可作为其母确为宣宗正妻的佐证。然而《宣宗纪》贞祐元年九月、闰九月中，仅提及宣宗诸皇子、皇女、皇妃以及立守忠为皇太子②，却无一言及重要的立皇后之事。可能如《金史》所言，"自王氏姊妹入宫而后（守忠生母）宠衰，寻为尼"③，再加上其他已不可知的原因，导致史料中只留下守忠生母模糊不清的信息。另外，章宗十五六岁即由世宗于大定二十三年为其婚娶，而宣宗生于大定三年（1163）④，比章宗年长五岁，其婚娶应在章宗之前。因此宣宗这位不知姓名的正妻，大约也是世宗为其指定的某位女真显姓贵族。宣宗在即位后，由于不可知的原因造成的正妻缺位、皇后空虚，这与章宗所面临的情况是比较类似的。

而宣宗正式册立的皇后王氏，也是出身卑微的中都"民家子"，宣宗即位后，她于贞祐元年九月被封为元妃。⑤ 而事实上，"宣宗后妃皆出微贱，南渡人（一云南都郡人）有云：'头巾王、过道史、白酒庞'，指三外戚家也。"⑥ 宣宗的诸位后妃，出身均不高贵，民间百姓对她们的谴称，大概是与这三家所从事的职业比较低贱有关。王氏只是一般的民家女子，其身份仅稍高于章宗元妃李师儿，而且与后者一样，王氏也并非女真人，因此从完颜皇室与诸女真显姓贵族之间的婚姻习惯法而言，王氏也同样是不符合被册立为皇后的条件的。如上面所言，宣宗对于承安年间章宗欲立李师儿为后的政治风波，应该是比较熟悉的，现在宣宗本人也面临着与其异母弟相近的立后问题，他自然明白此事所面临的巨大困难。

贞祐二年（1214）七月，宣宗刚迁都至南京开封，就将王氏"赐姓温敦氏"⑦，然后下诏正式"立元妃温敦氏为皇后"⑧。赐姓之举，在有金一代多有实施⑨，特别是在金朝初期和末期战争频繁之际，赐姓（赐完颜

---

① 《金史》卷93《庄献太子》，第2061页。

② 《金史》卷14《宣宗上》，第302页。

③ 《金史》卷64《宣宗皇后王氏》，第1532页。

④ 《金史》卷14《宣宗上》，第301页。

⑤ 《金史》卷64《宣宗皇后王氏》，第1532页。

⑥ 刘祁：《归潜志》卷7，第69—70页。

⑦ 《金史》卷64《宣宗皇后王氏》，第1532页。

⑧ 《金史》卷14《宣宗上》，第305页。

⑨ 陈述：《金史拾补五种》，科学出版社1960年版，第180—185页。

氏或其他女真姓氏）成为女真统治者笼络非女真人的重要手段，且一般多是用来奖励军功。① 但宣宗把女真姓氏温敦氏赐予将被册立为皇后的王氏，则完全与奖励军功无关，而是为了其立后目的的顺利实现所采取的一种应对措施。而宣宗采取的这种先赐女真姓氏然后册立皇后的方式，确实是相当奏效的，从相关史料看，朝廷各族官员不仅没有出现像章宗时期那样激烈反对的情况，而且在王氏被册立为皇后的次月，"百官上表称贺"②。说明当时朝廷内外的官僚，对于宣宗这种立后的方法基本上还是持不反对态度的。

宣宗立后和章宗立后两个事件有许多相似之处，如其所欲立为后者均为汉人，政治身份都很微贱，且立后的行为事实上均破坏了完颜氏与诸女真显姓贵族之间"世为姻婚，娶后尚主"的婚姻习惯法③，然而其最终的结果却大相径庭。宣宗能够顺利地册立王氏为后，除了当时蒙古军队大举南下攻金、在政变后即位的宣宗匆忙迁都南京开封，使金朝上下将主要精力应对这一政治军事剧变，政权的严重危机和朝廷初至汴京的混乱政治局面，客观上反而给宣宗减少百官对立后问题的阻碍提供了相对有利的条件；而宣宗选择在立王氏为后之前，先赐予她女真姓氏的做法，则无疑为其立后目的达成发挥了关键性的积极作用。

宣宗采取先赐姓再立后的方法，自然与他吸取了章宗立后的失败教训是密不可分的，那么这种赐姓行为为何能在其立后的过程中发挥如此重要的作用呢？如上所言，赐姓是女真统治者笼络非女真人的重要手段，而宣宗朝则是金代赐姓事例集中出现的一个时期，宣宗朝这种突出的政治现象，有助于理解他以赐姓作为立后手段的原因。蒙古的南侵使金朝政权摇摇欲坠，然而在这种严重局面下，金朝不仅兵寡将弱，而且"财力既殚，爵赏又滥，不足以系人心"④。在财政困窘、官爵泛滥的情况下，赐女真姓氏成为宣宗即位后奖励和笼络大大小小非女真族地方武装首领的重要手

---

① 周峰：《金朝赐姓考述》，鲍海春、王禹浪主编《金史研究论丛》，哈尔滨出版社 2000 年版。

② 《金史》卷 14《宣宗上》，第 305 页。

③ 《金史》卷 64《元妃李氏师儿》，第 1528 页。

④ 赵翼著，王树民校证：《廿二史札记校证》卷 28，中华书局 1984 年版，第 637 页。

段。而赐姓之所以能够有像金帛、官爵那样的"赏一时之功"作用①，是与女真人在金朝享有的特权地位直接相关的。② 非女真人获得女真姓氏，不仅仅只是姓氏的改变，乃是通过朝廷的赐姓获得一种人为虚拟的女真族群的身份，而这种族群身份承载着只有女真人才能享有的种种特权；因此赐姓不仅是受赐者获得荣耀和新的族群身份，而且还得到了非女真人不能享有的特权地位，这也是为什么宣宗时期，一些武装首领不仅积极为自己的亲属请求赐姓，而且还十分看重所赐之女真姓氏尊贵与否的原因。③ 因此，宣宗赐予王氏女真姓氏，实质上也是为其虚拟了一种新的族群身份；而且正是这种新的族群身份，使宣宗能够绕过大臣可能出现的反对意见以及完颜氏与诸女真显姓贵族之间的婚姻习惯法，将王氏顺利册立为后。同时，宣宗诸位后妃出身均微贱，而只有王氏因为立后所需，才被特地赐予女真姓氏，这也从另一方面证明了赐姓行为在宣宗立后过程中所扮演的重要角色。另外，宣宗的另一位妃子——王氏之姐、哀宗生母，可能在立王氏为后的同时也被"赐姓温敦氏"④，王氏的父亲彦昌在兴定三年（1219）也被追赐温敦氏⑤，她的兄弟七十五⑥、侄昌孙⑦，也相继获得这一女真姓氏，这可能是宣宗意图巩固王氏的这一新族群身份，以及避免王氏也出现"昔同一家，今为两族"的尴尬局面所采取的措施。⑧ 因皇后王氏的原因，她的亲属也相继获赐温敦氏，这也说明了赐女真姓氏在册立王氏为后的过程中所发挥的重要作用。

宣宗通过赐王氏女真姓氏而将其顺利立为皇后，表面上看是遵从了完颜皇族的传统婚姻习惯法，而实质上，宣宗这种曲折迂回的立后方式，也是对女真族最为核心的婚姻制度的破坏。这不仅表现在其所立之人实际上是汉人，而且还表现在王氏所获得的女真姓氏温敦氏，其实并不在金朝皇

---

① 《金史》卷 103《赞》，第 2273 页。

② 参见拙稿《论金代的"诸色人"——金代民族歧视制度化趋势及其影响》，《山西师大学报》（社会科学版）2012 年第 4 期。

③ 参见拙稿《金代赐姓问题研究》，《古代文明》2013 年第 4 期。

④ 《金史》卷 17《哀宗上》，第 373 页。

⑤ 《金史》卷 15《宣宗中》，第 343—344 页。

⑥ 王鹗：《汝南遗事》卷 1，《丛书集成初编》本，商务印书馆 1939 年版，第 11 页。

⑦ 《金史》卷 124《温敦昌孙》，第 2705 页。

⑧ 《金史》卷 103《完颜阿邻》，第 2269 页。

帝所由立后的徒单、唐括、蒲察、挐懒、仆散、纥石烈、乌林答、乌古
论、裴满诸姓范围内，即宣宗甚至从形式上也并未遵从完颜氏与这些女真
显姓贵族之间长久延续的婚姻旧制。温敦氏属于女真姓氏中的"白号之
姓"，在金朝官方最终厘定的封广平郡的女真姓氏中，温敦氏于裴满、徒
单两姓之后位列第三①，金朝统治者对于白号、黑号之女真姓氏，"等而
别者甚严"②，可知温敦氏也是属于比较尊贵的女真姓氏。但此姓来源于
世祖时期的阿跋斯水温都部部长乌春，乌春曾与世祖为敌，兵败而亡③，
温敦氏不仅一向与完颜皇室联姻甚少④，而且金朝政权建立后，其在政治
上显贵者亦不多见⑤，可见此部族与完颜氏的关系是比较疏远的。宣宗不
将徒单、唐括等传统上皇后所自之部的姓氏赐予王氏，而是选择一个虽然
比较尊贵，但与完颜氏关系较为疏远的温敦氏，确实是一个非常有趣的现
象，它或许表明了宣宗对皇帝立后必从诸女真显姓贵族之家选取之制的
不满。

　　另外，金哀宗即位后，"甚宠一宫人，欲立为后"，但是这位女子的
身份亦很低微，因而哀宗生母慈圣皇太后"恶其微贱，固命出之"。这位
受哀宗宠爱的宫中女子既然身份微贱，大约是非女真族的一般民女，与哀
宗生母的身份比较相近，然而她却遭到慈圣皇太后的极力反对。哀宗迫不
得已，于是"命放之出宫"，嫁与一贩缯者⑥，哀宗这一立后之议也就此
作罢。其实哀宗在即位前，即已娶妻徒单氏，且徒单氏因为纯孝，甚得宣
宗及其后妃的喜爱。⑦ 哀宗有立宫人为皇后之议，大约是在其元光二年
（1223）末即位至正大元年（1224）六月正式"立妃徒单氏为皇后"的数
月之中。⑧ 哀宗甫登上帝位，即欲舍其正妻而立一微贱宫人为后，虽然因

　　① 《金史》卷55《百官一》，第1230页。
　　② 姚燧：《南京兵马使赠正议大夫上轻车都尉陈留郡侯布色君神道碑》，载查洪德编辑点校
《姚燧集》卷17，人民文学出版社2011年版，第276页。
　　③ 《金史》卷67《乌春》，第1577—1580页。
　　④ 桑秀云：《金室完颜氏婚制之试释》，载中华书局编辑部编《中研院历史语言研究所集
刊论文类编·历史编·宋辽金元卷》，第1623页。
　　⑤ 陈述：《金史拾补五种》，第89—90页。
　　⑥ 《金史》卷64《宣宗明惠皇后》，第1534页。
　　⑦ 《金史》卷64《哀宗徒单皇后》，第1535页。
　　⑧ 《金史》卷17《哀宗上》，第375页。

遭遇慈圣皇太后的反对而失败，但由此也可以略窥哀宗本人对完颜氏与女真显姓贵族之间婚姻旧制的态度。

宣宗能够顺利地将身份微贱的王氏册立为皇后，除了朝廷上下对危急政治军事形势的关注客观上减少了臣僚的阻碍力量外，宣宗赐王氏以女真姓氏温敦氏，无疑对立后的成功发挥了关键性的作用。赐姓这一手段固然有利于减少女真贵族和朝廷臣僚反对立后的力量，但更为重要的是：一方面赐皇后王氏以温敦氏，从实质和形式上均破坏了金朝皇室与女真显姓贵族之间固有的婚姻习惯法；然而，从另一方面看，宣宗欲立王氏，却仍需要先赐予其温敦氏这一女真姓氏，这也可以视作宣宗在立异族为后与皇室婚姻旧制之间所作的妥协。不过宣宗对此女真旧制的让步，其实是相当有限的，他只是在表面上保证皇后来自女真族。因而，宣宗立王氏为后，虽然实际上破坏了完颜皇室立后的传统制度，但他在立后过程中采取的赐姓手段，也可以视作这种长期形成的婚姻旧制对金朝皇帝立后影响力的另一种表现形式——只不过这种影响力已经不能像此前那样发挥强大的约束作用。

结论

完颜皇室自昭祖开始有关后族的确切记载以来，在位首领或皇帝的正室，长期出自徒单、唐括、蒲察、挈懒、仆散、纥石烈、乌林答、乌古论、裴满诸女真显姓贵族之家，"天子娶后必于是"[1]，是双方共同严格遵守的婚姻制度。女真政权建立后，金朝皇帝妃嫔的族属来源更趋多元化，女真人的族际通婚显著地体现在皇室的婚姻关系之中。[2] 但是族际通婚在金朝皇室中的日趋盛行，长期以来却未能撼动完颜皇室立后必择女真显姓贵族之家的婚姻制度。章宗欲立汉人李师儿为后而不果，甚至由此导致严重的政治风波，正从反面说明了这种固有的婚姻制度强大的影响力和约束力；宣宗吸取章宗立后的失败教训，最终成功册立汉人王氏为后，这虽然是对完颜皇室传统婚姻制度的破坏，但其仍不得不采取先赐王氏以女真姓

---

① 《金史》卷 120《赞》，第 2629 页。

② 桑秀云：《金室完颜氏婚制之试释》，载中华书局编辑部编《中研院历史语言研究所集刊论文类编·历史编·宋辽金元卷》，第 1623 页。

氏温敦氏的迂回手段，以与此婚姻旧制达成一定程度的妥协。章宗和宣宗的立后事件，以及哀宗一度在立后问题上产生的企图，说明了金朝建立之后，随着女真人族际通婚的日趋发展①，逐渐使完颜皇室和女真显姓贵族之间最为核心的婚姻制度也遭到破坏。金朝中后期的这三位皇帝均有不愿遵从此女真旧制的行为和意图，说明他们的文化观念已与其先辈有显著不同，这从更深层次显示出女真传统旧制因金代民族文化融合潮流的冲击而节节败退，日趋崩坏；女真旧制与民族文化融合两种力量的此消彼长，也生动地体现在章宗和宣宗立后的失败与成功结果之中。

以女真人汉化为代表的金代民族文化融合问题，是辽金史学界长期关注且取得重要成果的领域。② 自金朝建立后，女真人的汉化发展表现在衣食住行等生活方式以及制度思想文化等各个方面③，特别是金朝中期以后，女真人的全面汉化已经成为不可阻挡的潮流。金世宗大力发起的、被学者称为"女真本土化"的运动，试图通过官方政治力量的推动，采取各种政策以维护女真旧俗、抵抗汉化的发展趋势，这可以说是女真旧制企图对汉化潮流进行抗拒的最突出表现。然而这两种力量的直接对立与冲突，仍然以前者的失败而告终。因此至金朝后期，女真统治者实际上已经放弃了对女真汉化潮流的抗拒政策；且女真人在民族文化融合潮流中汉化之深，以至于蒙元前期出现"金以儒亡"的观点。④ 这说明在以汉文化为核心的金代民族文化融合潮流的强势冲击下，女真族的传统习俗和制度逐步消退和被破坏，是不可避免的，任何对此加以阻碍的企图也都是徒劳的。而章宗和宣宗册立皇后的事件，更是最高统治者主动破坏女真传统旧制、顺应民族融合潮流的行为。同时，这两个事件曲折复杂的过程及其所产生的政治效应，也以具体的例子说明了多民族文化于有金一代在碰撞、冲突与妥协中相互磨合的艰难过程。

---

① 陶晋生：《金元之际女真与汉人通婚之研究》，《边疆史研究集——宋金时期》，台湾商务印书馆 1971 年版，第 77—84 页。

② 王善军：《20 世纪以来辽金民族融合问题研究综述》，载杜建录主编《西夏学》（第 6 辑），上海古籍出版社 2010 年版。

③ 陶晋生：《女真史论》，稻乡出版社 2003 年版。

④ 刘浦江：《女真的汉化道路与大金帝国的覆亡》，《松漠之间——辽金契丹女真史研究》，中华书局 2008 年版，第 235—273 页。

金代审官院研究

——兼论有金一代的选官与皇权关系

王　峤*

在古代中国，由于缺乏行之有效的监管体系，官员在运用职权处理政务过程中，更多依赖的是官员自身的职业素养、良知以及性格。所以，是否能够任命与官职相匹配的官员是古代王朝能否控制国家的重要条件，同时也是维系一个政权正常运作的保障性条件。如果任命官员得当，则政治清明，吏简民安；反之，则弊病百出，甚至民不聊生。因此，研究一个古代王朝的政治生活，首先应当关注其官员任命的情况。

金朝是以崛起于白山黑水之间的女真人为统治主体建立的，前辈学者在研究金代官员任命问题时，多将注意力集中在官员民族成分、由此而来的升迁疾缓以及个别皇帝的用人政策方面。[①] 然而，女真人旧有的习俗也曾对金朝，尤其是金初的官员任命产生过重大影响。金代中期，政体发生巨大变化，导致任命官员的标准也随之变动，由此产生了诸多弊端。金章宗为了挽救时弊，特设审官院来弥补政治制度方面的缺失。本文即从审官院入手，进而探讨金朝政体的演变以及对官员任命的影响。并从历史事实出发，分析其各自的利弊。希望由此为史学同人提供另外一种考察金代历史的视角，不当之处，敬请方家指教。另外，本文所探讨的官员任命，范围为七品以上官员。金制："自从九品至从七品职事官部拟；正七品以上

*　王峤，吉林建筑大学。

①　陶晋生：《金代的用人政策》，《食货月刊》副刊 8 卷 11 期，1979 年 2 月；程妮娜：《论金世宗、章宗时期宰执的任用政策》，《史学集刊》1998 年第 1 期；王禹浪、曲守成：《试论金世宗的用人政策》，《龙江史苑》1985 年第 1 期；景爱：《论金世宗的用人政策》，《北方文物》1987 年第 3 期；朱耀廷：《谈金世宗的用人政策》，《社会科学辑刊》1988 年第 6 期；李琦：《金世宗用人政策浅析》，《黑龙江史志》2010 年第 6 期。

呈省以听制授。"① 由此，则七品以下低级官员由吏部任命，与皇权无直接关系，故不在本文讨论之列。

一

审官院始设于金朝第六代皇帝章宗承安四年（1199），是金章宗为了弥补政治制度中皇权独大带来弊病的审查性机构。史载："承安四年，敕宰臣曰：'凡除授，恐未尽当。今无门下省，虽有给事中而无封驳司，若设之，使于拟奏未受时详审得当，然后授之可也。'乃立审官院，凡所送令详审者，以五日内奏或申省。"② 在这份敕令中，金章宗明确说明了设置审官院的缘由及其职能。金初，中央政府实行三省制，海陵王即位后，于正隆元年（1156）"罢中书门下省"③。从此，金初中央政府实行一省制，较之前朝仅存尚书省。门下省被废除后，皇权在理论和实际两方面都彻底失去了约束，天子的命令无论正确与否都畅通无阻。这为当朝政治带来了许多危害，其中就包括官员除授不当。金世宗意识到了这个问题，他曾为了将其解决，遂设立审官院。在除授官员的诏令发出之前，由审官院官员对即将发出的除授内容加以审查，在五天之内将审查结果上奏皇帝或者送交尚书省。皇帝和尚书省再根据相关情况，最后做出除授决定。

金朝审官院，"掌奏驳除授失当事"④。与北宋所设职掌为"考课、磨勘中高级文官（京朝官）"⑤ 的审官院不同，金朝审官院是对皇帝除授官员时进行审核的机构。其审查除授对象包括随朝五品、外路六品以上官员以及补阙、拾遗、监察等官员。史载："随朝六品、外路五品以上官除授，并送本院审之。补阙、拾遗、监察虽七品，亦送本院。或御批亦送禀，惟部除不送。"⑥ 即使是皇帝御批除授文件，也需要经过审官院审议通过方能执行，但吏部除授的官员不在审官院职权范围之内。

---

① 《金史》卷 52 《选举志》，中华书局 1975 年版，第 1157 页。

② 《金史》卷 54 《选举志》，中华书局 1975 年版，第 1200 页。

③ 《金史》卷 5 《海陵本纪》，中华书局 1975 年版，第 106 页。

④ 《金史》卷 55 《百官志》，中华书局 1975 年版，第 1246 页。

⑤ 肖建新：《论宋朝审官院之演变》，《中国史研究》1997 年第 1 期。

⑥ 《金史》卷 55 《百官志》，中华书局 1975 年版，第 1246—1247 页。

金朝审官院中共六名官员，其中"知院一员，从三品，掌奏驳除授失当事。同知审官院事一员，从四品。掌书四人。女直、汉人各二人，以御史台终场举人辟充"①。在这六人中，掌书四人不过是负责书写往来文书的吏人，这从其出身——"御史台终场举人"中可以看出。② 真正起作用的是知审官院事和同知审官院事。

从目前能够找到的史料来看，担任知审官院事和同知审官院事的官员多为兼职，如下表：

表 1　　　金朝审官院兼职知审官院事和同知审官院事人员表

人员	官职
蒲察思忠	翰林侍讲学士兼左谏议大夫，大理卿、同修国史如故，兼知审官院正职。
完颜承晖	刑部尚书，兼知审官院。
王维翰	大理卿、兼潞王傅，同知审官院事。

资料来源：《金史》。

在表中所列举的三位曾经担任过审官院官员的履历来看，他们都是以兼职的身份供职于审官院。而且这三位官员兼职审官院之时，均从事司法方面工作。其中蒲察思忠和王维翰均以大理卿的身份兼职，按金制，大理卿"掌审断天下奏案，详谳疑狱"③。完颜承晖更是以"掌律令格式、审定刑名、关津讥察、赦诏勘鞫、追征给没等事……监户、官户、配隶、诉良贱、城门启闭、官吏改正、功赏捕亡等事"④ 的刑部尚书身份兼知审官院。由主管司法工作的官员主持审官院，一方面显示这个机构的重要性，但另一方面由于缺乏专职官员，使这个机构缺乏持续性。

审官院设立后，金章宗给予其足够的尊重，审官院的官员可以享受"升殿奏事"的待遇。⑤ 然而其真实作用却未如《金史·百官志》中所记

---

① 《金史》卷 55《百官志》，中华书局 1975 年版，第 1247 页。

② 金制："御史台令史，女直十三人，内班内祗六人，终场举人七人。汉人十五人，内班内祗七人，终场举人八人。译史四人，三人内班祗二人，终场举人二人。通事三人。"见《金史·百官志》。

③ 《金史》卷 56《百官志》，中华书局 1975 年版，第 1278 页。

④ 《金史》卷 55《百官志》，中华书局 1975 年版，第 1236 页。

⑤ 据《金史·章宗本纪》载："审官院奏事，其院官皆许升殿。"中华书局 1975 年版，第 254 页。

载那么大。从审官院的设置初衷来看，其目的是纠正皇帝在官员除授方面的过失，但种种迹象表明，审官院并不能真正阻止皇帝意志的施行。首先，除授官员的最终决定权在皇帝手中，皇帝可以用种种理由反驳审官院官员的意见，进而按照既定的意愿除授官员。如承安五年（1200），即审官院设立的第二年，金章宗想"以国史院编修官吕卿云为左补阙兼应奉翰林文字"①。但是审官院认为吕卿云资格不够，将这个任命给驳回了。金章宗并未因此罢手，而是下了一道上谕："明昌间，卿云尝上书言宫掖事辞甚切直，皆他人不能言者。卿辈盖不知也。臣下言事不令外人知，乃是谨密，正当显用，卿宜悉之。"② 在上谕中，章宗阐明了任命吕卿云的原因——曾直言进谏，因此越级提拔。上谕下达后，审官院官员自然不敢反对。其次，皇帝的除授文字未必全部送交审官院，路铎被任命为景州刺史之时，即未将除授文字送交审官院。史载："诏左司计铎资考至正五品，即除东平府治中。未几，景州阙刺史，尚书省已奏郭歧为之，诏特改铎为景州刺史，仍勿送审官院。"③ 刺史，金时为正五品官。④ 按照审官院设立时的审查内容，外路六品以上官员除授，均需经过审官院的审批，但是皇帝诏令"勿送审官院"。这说明，金朝皇帝的命令是凌驾在审官院这个机构之上的。从上述两个例子来看，审官院的存在似乎并不能起到匡正君主在官员任命方面的失误。

虽然从统治者初衷来看，审官院无疑是一个针对时弊、解决问题的有效机构，但是其效果似乎并未达到统治阶层的预期。于是，卫绍王大安二年（1210），审官院被废止，仅仅在金朝政府中存活了 11 年。⑤ 纵观金朝历史，设置审官院不过是金代官制改革的一个小插曲，但是这个举动反映出了金朝政治制度中的一个漏洞——统治者任人不当。金章宗的努力并没有从根本上解决问题，因为这个漏洞的出现并不是章宗个人品质有问题，而是整个政治体制的问题，换句话说，这是女真王朝走向中央集权的政治统治道路上必然出现的现象。

---

① 《金史》卷 11《章宗本纪》，中华书局 1975 年版，第 255 页。

② 同上。

③ 《金史》卷 100《路铎传》，中华书局 1975 年版，第 2207—2208 页。

④ 《金史》卷 57《百官志三》，中华书局 1975 年版，第 1313 页。

⑤ 《金史》卷 55《百官志一》，中华书局 1975 年版，第 1246 页。

二

　　女真初起之际，按出虎水完颜部凭借强大的军事实力，征服了邻近的各个部落，进而发动了对辽、北宋的战争。在讨伐各部以及对辽作战的过程中，完颜阿骨打表现了高人一筹的军事、政治能力，成为女真人的统治核心。但他并不具备绝对的政治权力，女真人重大的政治、军事、外交决策需要整个统治集团来共同作出决定。① 完颜阿骨打名为皇帝，其日常生活却与女真统治集团中的其他成员并没有什么不同，"盖女真初起，阿骨打之徒为君也，粘罕之徒为臣也，虽有君臣之称，而无尊卑之别"②。"金主所独享者，唯一殿，名曰乾元，所居四外裁柳，以作禁围而已。"③ "在这种遗风流行的地方，任何专制皇帝的权威不但是树立不起来的，而且也是完全不必要的。"④ 这种带有民主风气的政治制度，一直延续到金太宗朝，"吴乞买称帝，亦循故态"⑤。同时，也直接影响了女真官员的选任，能力和功劳成为官员选任的主要标准。

　　因材任使的原则在女真部落间由来已久，比如行军将领的选任，即遵从这个原则。据宋人观察，"（女真人）行军，大会而饮，使人献策，主帅听而择焉。其合者即为特将，任其事。师还，又大会，问有功高下赏之以金帛若干。举以示众，或以为薄，复增之"⑥。北宋与女真的交往始于金天辅二年（1118）⑦，宋人对女真人选择将领的描述大约发生在女真建国前后。女真大会之际，众人献策，计策被采用者即为这次战役的行军将

---

　　① 女真初起之际，采用勃极烈制度，数位勃极烈成员共同商议，对军政大事作出决策。具体论述参见程妮娜《金代政治制度研究》，吉林大学出版社1999年版。

　　② （宋）徐梦莘：《三朝北盟会编》卷166引"金虏节要"，上海古籍出版社1987年版，第1197页。

　　③ （宋）宇文懋昭撰，崔文印校证：《大金国志》卷10《熙宗本纪》，中华书局1986年版。

　　④ 赵冬晖：《金初国家政体初探》，《东北地方史研究》1986年第3期。

　　⑤ （宋）洪皓：《松漠纪闻》，《长白丛书》，吉林文史出版社1986年版，第33页。

　　⑥ （宋）徐梦莘：《三朝北盟会编》卷3"政宣上帙"，上海古籍出版社1987年版，第19页。

　　⑦ 《金史·太祖本纪》将北宋使臣初来之事系于天辅元年（1117）。张政烺先生所作校勘记结合《三朝北盟会编》中的记载，认为此事应系于金天辅二年，本文从校勘记之说。

领。战斗过后，以军功作为赏赐的标准。并且允许自陈军功，增加赏赐金帛。有学者将其形象地称为军事民主制。①

女真建国后，在中央政府实行勃极烈制度，在地方则实行猛安谋克制度，太宗天会二年（1124），宗望征伐张觉之际，"平州人不乐为猛安谋克之官，始置长吏以下"②。开始采用汉官制度治理汉地。勃极烈、猛安、谋克、汉制职官构成了金国初建时期的官僚队伍。

勃极烈制度创建于收国元年（1115），金熙宗天会十三年（1135）废止。20年间，共12人先后担任过勃极烈职务。这12位勃极烈成员并非来自同一家族，而是来自四个家族，其中太祖阿骨打家族5人、撒改家族3人、景祖家族3人、习不失家族1人，这些人被任命为勃极烈，与其自身素质和功劳有关，有学者研究指出，担任勃极烈之人应具有下面的条件，"不但门第高贵，本人地位尊崇，而且是曾经为女真族的统一，开创金朝江山立功建勋的人；或者是有见识、有才干的人"③。

完颜阿骨打率领女真部队在宁江州之战打败辽军后，立刻对女真的基层组织进行了改造，"初命诸路以三百户为谋克，十谋克为猛安"④。自此，猛安谋克成为女真人军事、民政的基本单位。其官员猛安、谋克的选任标准为军功。⑤ 猛安谋克制度推行受到阻碍后，金朝统治者开始采用汉官制度统治汉地人民。与此同时，为配合女真军队的战争需要，在云中、燕京两地设置汉地枢密院，负责管理新占领地区的民政事务，同时为女真军队提供军需。⑥ 担任汉地枢密院官职以及基层州县官员之人多为原辽、北宋官员。女真统治者之所以大批任用辽宋旧官，一方面是领土广阔，女真人手不足。更重要的原因是女真人不具备统治汉人的经验和技术，于是金政权大量吸收具有统治经验的汉官来进行统治。

金太宗末年，开始有意识地加强皇权，其中一项重要措施就是将官员

---

① 王可宾：《辽代女真人的军事民主制》，《北方文物》1986年第4期。

② 《金史》卷55《百官志一》，中华书局1975年版，第1216页。

③ 程妮娜：《金代政治制度研究》，吉林大学出版社1999年版，第29页。

④ 《金史》卷2《太祖本纪》，中华书局1975年版，第25页。

⑤ ［日］三上次男：《金代女真研究》，金启孮译，黑龙江人民出版社1984年版，第267页。

⑥ 李涵：《金初汉地枢密院试析》，《辽金史论集》第四辑，书目文献出版社1988年版。

人事任免权收归中央。天会十一年（1133），下诏曰："比以军旅未定，尝命帅府自择人授官，今并从朝廷选注。"① 明确规定，自此以后，战争期间赋予元帅府的自主任命地方官员的权力被剥夺，人事权统一于中央政府。金熙宗即位后，羡慕中原汉族政权的统治模式，在汉人官僚的协助下，大力改革金朝政治，试图加强皇权。由于宗幹、宗翰等一干开国元勋尚存，熙宗权力有限。况且，熙宗本人即皇帝位亦是出自宗翰等人的推举，因此熙宗虽然剥夺了他们的军权，仍以"领三省事"的职权来安抚诸位旧臣②。年轻的熙宗并无实权，面对军国大事，多数时间只能"临朝端默"③。海陵王即位后，前朝权臣均已经去世，海陵得以大展拳脚，集权于皇帝一身。他采用血腥的手段，屠杀太宗、斜也、宗翰、宗望等开国大臣的后裔，扫清了政局中可能的竞争对手。并且废除设在汴京的行台尚书省、罢免东北地区的世袭万户、改三省为一省，通过这些措施，海陵王将政治权力牢牢地控制在自己手中。

熙宗、海陵年间，政治制度走上正轨，"凡内外官皆以三十月为考，随朝官以三十月为任，升职一等"④。与此同时，君主也将任命官员视作帝王独享的权力，且高度保密，不许外泄。海陵曾为任命官员的消息提前泄露而斥责宰臣说："朝廷之事，尤在缜密。昨授张中孚、赵庆袭官，除书未到，先已知之，皆汝等泄之也。敢复尔者，杀无赦。"⑤ 但大权在握，海陵王对于当朝政治一言九鼎，在任命官员方面个人喜好占据了更大成分，是较少受到制度约束的。金世宗曾经评价海陵的用人说："岐国用人，但一言合意便升用之，一言之失便责罚之。"⑥ 世宗登基是趁海陵南伐之际，起兵造反而成的。所以金世宗一朝，对海陵极尽污蔑之能事。对于海陵任命官员的评价同样有夸张的成分在里面，但不可否认的是，海陵王在任命官员方面确实是肆意独行的。以海陵朝任命宰执为例，除正隆二

---

① 《金史》卷 3 《太宗本纪》，中华书局 1975 年版，第 65 页。

② 《金史》卷 4 《熙宗本纪》载："（天会十四年）以太保宗翰、太师宗磐、太傅宗干并领三省事。"中华书局 1975 年版，第 71 页。

③ 《金史》卷 63 《后妃传》，中华书局 1975 年版，第 1503 页。

④ 《金史》卷 54 《选举志四》，中华书局 1975 年版，第 1197 页。

⑤ 《金史》卷 5 《海陵本纪》，中华书局 1975 年版，第 104 页。

⑥ 《金史》卷 7 《世宗本纪》，中华书局 1975 年版，第 176 页。

年（1157）无明确记载外，海陵在位的每个年份，宰执集团的人员都会发生变更（此处变更指的是皇帝罢免或任命新成员，不包括宰执的自然死亡）。其中，海陵登基的第二年，即天德二年（1150），一年之中，宰执集团人员变更五次①。如此频繁的人员调动，当然不可以制度化目之。

金代宰执，包括丞相和执政官。史云："金朝官制，大臣有上下四府之目。自尚书令而下，左右丞相、平章政事二人为丞相；尚书左右丞、参知政事二人为执政官。"② 可以说，宰执集团是金朝中后期政治生活的核心团队，宰执人员的任用与国家休戚密切相关。但即使是如此重要的职官，在海陵王的治下，也是召之即来挥之即去，任免全凭海陵一己之意。其他相对低级别的官员任命更是可想而知。故前文中引用金世宗对海陵随性任命或罢免官员的批评是有一定道理的。

金世宗即位后，认识到以君主个人意志任命官员，存在不能确保其人能够胜任所职的弊端，"朕昔历外任，不能悉知人之优劣，每除一官必以不称职为忧"③。于是采取荐举之制，"大定二年，诏随朝六品、外路五品以上官，各举廉能官一员。三年，定制，若察得所举相同者，即议旌除。若声迹秽滥，所举官约量降罚"④。主荐人为"随朝六品、外路五品以上官"，举荐的标准为廉能之官，若所举荐的官员名不副实，则处罚推荐之人。荐举之制，理论上似乎是在任命官员方面对专制皇权的一种补充，实际上却绝非如此。虽然荐举的官员可以推荐他认为廉能的官员，但是最终是否任用还是要取决于皇帝。大定七年（1167），世宗规定，"外路四品以上职事官、并五品合升除官，皆具阙及人以闻"⑤。外路五品、四品官员均在举荐范围之内，但是世宗明令，在官员任命及升迁之前，必须将官职与尚书省拟录用人员启禀上闻。可见，高级官员的任命权，皇帝丝毫没有放松。金章宗时期，更是将这一宗旨明确化，明昌六年（1195），"命

---

① 上述内容据《金史·海陵本纪》统计而得。
② （金）元好问：《平章政事寿国张文贞公神道碑》，载姚奠中主编《元好问全集》卷16，山西人民出版社1990年版，第463页。
③ 《金史》卷54《选举志四》，中华书局1975年版，第1197页。
④ 同上书，第1205页。
⑤ 同上书，第1198页。

随朝五品之要职、及外路三品官，皆具人阙进呈，以听制授"。① 章宗将世宗时期在任命官员遮遮掩掩的态度明朗起来，随朝五品要职、外路三品官员，须听"制授"，即皇帝亲自任命。

但是章宗也十分清楚，仅凭皇帝个人的判断来任命官员是不够的，于是如前文所述，设置审官院来补救制度缺失，希望通过较多人的共同评判来定夺某一官员是否胜任其即将承担的职务。卫绍王大安二年（1210），审官院被废止。大安三年（1211），金蒙战争爆发，金朝政治一切以战争为第一要务。军事能力成为金人晋升的主要手段，这一标准一直持续到金朝灭亡。

三

不同的官员任命标准直接影响了金朝的政治局势。建国之初，以军功和才能为标准选拔官员，使一系列杰出的军事人才脱颖而出，并取得了良好的效果。元代史臣评价金朝建国极快的原因时认为，"原其成功之速，俗本鸷劲，人多沉雄，兄弟子姓才皆良将，部落保伍技皆锐兵"②。并非女真人民各个都有运筹帷幄、冲锋陷阵的本领，而是金初的选拔政策保证了优秀的将领得以全面施展其才华。现代学者研究指出，"崇尚武功的政策加速了金朝灭亡辽、北宋两个王朝的进程，开创了国家规模，稳固了国家根基，成为与南宋划淮而治，雄踞北方的王朝"③。同时，大量任用辽、宋旧官，在最短的时间内完成对新占领区的整合以及中央政府的建设，这也体现了以战功和才能作为选拔官员标准所带来的益处。

经过金熙宗、海陵两朝的制度改革，皇权得到了空前加强。皇帝的个人意志在影响官员任命的各种因素中占据了上风。这一转变带来的影响有利有弊。较为有利的是，皇帝可以任命自己信任的官员，从而保证国家机器按照其设想来运转，各项政策措施执行到位。此外，金朝建立之初，所面临的一大问题即是女真人统治汉地时如何解决所遇到的旧俗与新制之间

① 《金史》卷54《选举志四》，中华书局1975年版，第1200页。

② 《金史》卷44《兵志》，中华书局1975年版，第991页。

③ 程妮娜：《金代政治制度研究》，吉林大学出版社1999年版，第262页。

冲突的问题。有的女真贵族主张，地方官员全部任用女真人，金熙宗利用自己的权威否定了这个提议。史载："左丞相宗贤、左丞禀等言，州郡长吏当并用本国人。上曰：'四海之内，皆朕臣子，若分别待之，岂能致一。谚不云乎，'疑人勿使，使人勿疑。'自今本国及诸色人，量才通用之。"① 宗贤，女真名将、建国元勋习不失之孙。自护卫入仕，"未十年位兼将相"②，是熙宗朝的重臣。禀，为太宗之孙。按照女真旧俗，对宗贤等人的意见，熙宗是不能拒绝的。但是熙宗改制后，皇权增强，即以一己之力否定了女真贵族的建议。

弊端则是从此而后，国家社会的发展在很大程度上要依赖皇帝一个人的判断和决策。如果皇帝英明，则天下安定；皇帝平庸甚至放荡无度，则毫无制约机制，国家、社会均会蒙受巨大损失。具体来说，皇权独大背景下，官员任命的弊端大体上可分为以下三点。

1. 政治风气完全取决于皇帝个人素质

如海陵王崇尚吏治，故金世宗称其当政之时，宰执殊无相体，反而执着于琐屑之事，"止以案牍为功"③。金世宗则多用敦厚淳朴之人，章宗喜好汉族文学，故文治大兴。金人刘祁评价世宗、章宗两朝政治风气时说：

> 世宗天资仁厚，善于守成，又躬自俭约以养育士庶，故大定三十年几致太平。所用多敦朴谨厚之士，故石琚辈为相，不烦扰，不更张，偃息干戈，脩崇学校，议者以为有汉文景风。此所以基明昌、承安之盛也……章宗聪慧，有父风，属文为学，崇尚儒雅，故一时名士辈出。大臣执政，多有文采学问可取，能吏直臣皆得显用，政令举，文治烂然，金朝之盛极矣。④

上文所引世宗对于海陵朝政风的批评，以及刘祁对于世、章两朝的歌

---

① 《金史》卷 4《熙宗本纪》，中华书局 1975 年版，第 84—85 页。
② 《金史》卷 70《宗贤传》，中华书局 1975 年版，第 1620 页。
③ 《金史》卷 7《世宗本纪》，中华书局 1975 年版，第 160 页。
④ （金）刘祁：《归潜志》卷 12，中华书局 1983 年版，第 136 页。

颂，未必完全符合事实。① 但是从中我们可以看出，皇权专制政体中，皇帝的个人素质对于政治风气是有决定性影响的。如世宗"天资仁厚"，所以任用的官员多为"敦朴谨厚之士"，当时的政治风气也相对朴实，"不烦扰，不更张……有汉文景风"。再如，章宗痴迷于汉族文化，任用官员多为"有文采学问可取"者。故当时"文治烂然"。将整个王朝的行政风气系于皇帝一身，毫无制约机构，显然是弊大于利的。

2. 官员完全以皇帝意志为行政准绳

当官员的升迁绝大部分取决于皇帝的个人意志时，官员的所作所为必然以迎合上意为首要目标。即使皇帝下达了错误的指令，职事官员依然会毫不犹豫地执行。如海陵王南伐前，派使者征发契丹丁男，使者不顾契丹民众的实际困难，强行征发契丹军队，结果引发了契丹人大起义，史载：

> 正隆五年，海陵征诸道兵伐宋，使牌印燥合、杨葛尽征西北路契丹丁壮，契丹人曰："西北路接近邻国，世世征伐，相为仇怨。若男丁尽从军，彼以兵来，则老弱必尽系累矣。幸使者入朝言之。"燥合畏罪不敢言，杨葛深念后西北有事得罪，遂以忧死。燥合复与牌印耶律娜、尚书省令史没答涅合督起西北路兵。契丹闻男丁当尽起，于是撒八、孛特补与部众杀招讨使完颜沃侧及燥合，而执耶律娜、没答涅合，取招讨司贮甲三千，遂反。②

金朝建国后，归降的契丹民众被安置在金国西北边境，负责戍守此地。正隆五年（1160），海陵征兵南伐，契丹人担心丁壮南征，妻儿被敌对的游牧部落掳掠，于是请求使者代为进言，使海陵王改变原来契丹"丁男尽从军"的旨意。但是负责征兵的两位使者担心忤逆海陵，于是不顾契丹民众的请求，强行征兵，结果在撒八等人的领导下，契丹人起兵造反。

这个事例反映在官员个人命运操纵于皇帝一人之手的情况下，面对皇

① 世宗对于海陵王的批评，前文已经有所说明。刘祁为金末太学生，对于较为尊重汉族知识分子的世宗、章宗两朝政治，每多溢美之词。故二者的议论未必完全中肯。

② 《金史》卷133《移剌窝斡传》，中华书局1975年版，第2849页。

帝错误指令与百姓正当诉求之间的博弈，官员出于个人前途的考虑，往往会选择站在皇帝一边，即使他的策略不恰当甚至是错误的。

3. 皇帝近习往往被委以重任，甚至干预朝政

任命官员的权力完全操纵在皇帝手中，皇帝做出选择之际，对于近习人员或者具有亲友关系的官员不可避免地出现偏向。如海陵朝，"唐括辩家奴和尚、乌带家奴葛温、葛鲁，皆置宿卫，有侥幸至一品者。左右或无官职人，或以名呼之，即授以显阶"①。由家奴至一品大员，肯定非由正常渠道升迁而至，得以宿卫海陵才是促使其飞黄腾达的决定性因素。自世宗朝开始，近侍在皇帝的支持下，逐渐形成金朝政治中一股不可忽视的力量，他们受皇帝委托，体察下情，干预朝政。② 金朝后期，宣宗、哀宗朝，甚至出现近侍人员总揽大权的政治局面。并且在皇帝的支持下，为所欲为，扰乱军纪，诬陷大臣。是金末政局败坏的一大诱因。③

世宗朝，曾经试图以荐举的方式来改良金朝政治中选人不当的弊端。而且也确实收到了一定效果，宰相石琚在任期间，曾举荐了多位人才。史载："石琚为相时，往往举能其官，左丞移剌道、参政粘割斡特剌举右选，颇得之。"④ 石琚举荐的移剌道、斡特剌等后来都官至宰执。但随之而来的是被举荐人与荐主形成党羽，这又是统治阶层所不希望看到的。金世宗曾对丞相纥石烈良弼抱怨，为何荐举之人少有贤才？良弼回答道："方今大率多为党与，或称誉于此，或见毁于彼，所以难也。"⑤ 身负举荐责任的官员，党同伐异，将个人恩怨置于为国选人才之上，所以很难能荐举出优秀的人物。尽管世宗曾下诏禁止举荐亲旧——"凡拟注之际当为官择人，勿徒任亲旧，庶无旷官矣"⑥。金章宗执政时期，明昌党狱爆发，起因即为赵秉文等人因举荐完颜守贞而被

　　① 《金史》卷 129《张仲珂传》，中华书局 1975 年版，第 2780 页。

　　② 金宣宗朝，与大臣抹捻尽忠讨论近侍参与政事时说："自世宗、章宗朝许察外事，非自朕始也。"见《金史》卷 101《抹捻尽忠传》，中华书局 1975 年版，第 2229 页。由此可知，世宗朝起，近侍开始参预政事。

　　③ 周峰：《金代近侍初探》，《内蒙古社会科学》1998 年第 2 期。

　　④ 《金史》卷 88《石琚传》，中华书局 1975 年版，第 1962 页。

　　⑤ 《金史》卷 88《纥石烈良弼传》，中华书局 1975 年版，第 1952 页。

　　⑥ 《金史》卷 54《百官志》，中华书局 1975 年版，第 1197—1198 页。

视作结党营私。① 由此可见，荐举之制并非是解决皇权专制体制下任官弊病的良方。或许正是在明昌党狱的刺激下，章宗发现，想解决以往官员任命的弊病，必须从制度设计方面下手，遂有审官院之设。

余论

"亲贤臣，远小人"是中国古代君王理想的施政措施，也是保证其权力稳固并传诸后世的有效手段。但是自从秦、汉统一中国之后，集权政治成为古代政治的主流，人事权主要集中在皇帝手中。显而易见的是，贤臣当朝、小人避野的政治局面不可能仅依靠皇帝个人选任官员来完成。个人意志难免在评价标准上失之偏颇，即使是有道明君，也免不了偶尔被奸佞之臣所蒙蔽。所以，贤臣的选择需要群策群力来完成。古语云："兼听则明，偏听则暗"就是这个道理。但是这又与皇帝的个人权力产生了冲突。理论上，皇帝是天子，代表上天来管理芸芸众生，其权力涵盖了人世间的一切事物。人事权是其中较为重要的一种，自然不能假手于众人。这与选任贤臣构成了矛盾。

隋唐时期，中央政府采用三省制，中书省负责纂拟诏旨，门下省负责审核。宋代，"凡诏令，皆中书门下议，而后命学士为之"②。从而在制度层面，对皇权形成了制约。皇帝任命大臣的权力同样被大臣们所分享，"公议"成了任命大臣的重要标准。南宋人朱熹就三省制度在限制皇权方面评论道："君虽以制命为职，然必谋之大臣，参之给舍，使之金议，以求公议之所在。然后扬于王廷，明出命令而施行之。"③ 皇帝在任命大臣的过程中，个人意志在很大程度上受到了制度的约束。

金海陵王即位后，废除中书、门下两省，改三省为一省。从而将皇权扩张到较之隋唐、北宋所未曾达到的高度。皇权高度集中带来的一项直接弊病即是在选任大臣方面的独断专行，海陵时期，任用大臣一项广为后世诟病，根源即在此处。金世宗因仍旧制，仅仅增加了荐举一项，但是未能

---

① 关树东：《金朝明昌党事考实》，载姜锡东、李华瑞主编《宋史研究论丛》第七辑，河北大学出版社 2006 年版。

② （元）脱脱：《宋史》卷 272《蔡京传》，中华书局 1977 年版，第 13726 页。

③ （宋）章如愚：《群书考索》别集卷 18《人臣门》，文渊阁《四库全书》本。

从根本上革除制度缺失带来的弊端。章宗意识到，门下省废除后，皇权失去了制度上的把关人，可以在政治的各个方面为所欲为，其中较为直接的害处就是任用私人。但是金章宗并不打算从根本上解决这个问题，而是采取了"头痛医头脚痛医脚"的处理方式，设置审官院来纠正皇权在任官方面的失误。这并未从根本上解决皇权专制的问题，由此导致审官院的职能在很大程度上被皇权所限制。

官员任命不当，仅仅是金代皇权集中为政治生活所带来弊病中的冰山一角。金朝后期，迁都、伐宋都是皇权主导下做出的富有争议的决策，亦是促使金朝走向灭亡的众多因素之一。由此可见，权力过分集中对于当朝政治来讲，并非善事。

金代提刑司研究

王思玉[*]

中国古代监察制度作为中国古代政治制度的重要组成部分，为保证国家机器正常运转，巩固统治秩序做出了重要贡献。其萌芽于西周，确立于秦汉，在魏晋南北朝时期，由于国家的长期分裂和动乱，因而监察制度并未有大的发展，直到隋唐时期再次完成统一，监察制度才逐渐地发展成熟，北宋的监察制度整体上是因唐制而稍加改易；金在继承宋制的基础上进行了符合其自身特点的发展与创新，并对后世的元、明两代的监察制度产生了较大的影响。

一 金代提刑司的设置及演变

女真族建立的金王朝，其政治制度主体是继承辽、宋政治制度，并结合本民族"本国制度"进行了符合其自身特点的发展与创新，金代的监察制度亦是如此，上承辽、宋下启元、明，并对后世的元、明两代的监察制度产生了较大的影响。金代监察制度产生于金熙宗"天眷官制"，发展于海陵王"正隆官制"，其间又经由诸帝的逐步补充完善，于章宗时形成较为完善的监察制度。监察制度主要包括两个方面，即中央监察制度与地方监察制度，在此本文主要就金代的地方监察制度中的提刑司进行讨论。

金朝前期，地方上并没有设立监察机构，监察仅靠中央御史台派遣监察御史廉察或密访地方官吏的政绩。因此，造成了地方上有许多冤假错案，原有的监察措施不能有效地完成其监察职能。因此在世宗大定十七年

---

* 王思玉，吉林建筑大学土木工程学院。

（1177）有人提出设立提刑司，"陈言者乞设提刑司，以纠诸路刑狱之失"①。但此时提出设立提刑司并不是出于行政监察的目的，主要是为了"纠诸路刑狱之失"。但这一提议并没有被统治者所采纳。大定二十九年（1189）章宗即位，章宗本人是一个十分重视法制及监察制度的皇帝，因此金代提刑司于大定二十九年（1189）正式设立，同年六月，章宗命置提刑司，诏曰："朕初即位，忧劳万民，每念刑狱未平，农桑未勉，吏或不循法度，以隳吾治，朝廷遣使廉问，事难周悉。惟提刑劝农采访之官，自古有之。今分九路，专设是职。尔其尽心，往懋乃事。"② 至此金代提刑司正式设立。

据《金史·选举志》记载："随路提刑所访廉能之官，就令定其勘任职事，从宜迁注。""内外官所荐人材，即依所举试之，委提刑司采访虚实，若果能称职，更加迁擢，如或碌碌，即送常调。"③ 提刑司作为地方的监察机构，有体察地方官与被举荐者的政绩的职责，并以此作为官员升迁废黜的重要依据。

二　金代提刑使、提刑副使的籍贯与仕履

大定二十九年（1189）章宗设立提刑司，同时设立提刑使、提刑副使。金代提刑使、提刑副使为金代政治、经济、文化的发展提供了极大的保障。本文考察金代的提刑使、提刑副使的籍贯及仕履。通过对提刑使、提刑副使籍贯分布及特征的考察，可以进一步了解区域的自然环境、政治、经济、交通、文化发展状态对金代提刑使、提刑副使分布的影响。另外，通过对金代提刑使及提刑副使的入仕途径、入仕官职、职务迁转的考察，可以明晰金代提刑使、提刑副使的仕途发展情况。

（一）金代提刑使、提刑副使籍贯分布与民族特征

从《金史》《元好问集》《全辽金文》《全金石刻辑校》等古籍文献

---

① （元）脱脱等：《金史》卷45《刑志》，中华书局1975年版，第1017页。

② （元）脱脱等：《金史》卷73《宗雄传》，中华书局1975年版，第1681页。

③ （元）脱脱等：《金史》卷54《选举四》，中华书局1975年版，第1207页。

及碑刻资料爬梳可知，金代共有提刑使 13 人，提刑副使 6 人。其中有人不仅担任过提刑副使亦担任过提刑使，此类人按两人次计。其中有籍贯可考者为 15 人。以所考提刑使、提刑副使的出生地及《金史·地理志》所载的 19 个行政路为准，金代提刑使、提刑副使的籍贯分布于 9 个路。详细情况如表 1。

表 1　　　　　　　　　　有金一代提刑使、提刑副使分布一览

职务	籍贯	民族	区域
提刑使			
王启	大兴人（中都路）	汉人	燕云地区
吾母	上京司属司人（上京路）	女真人	女真内地
蒲带		宗室	
李献可（李特进）	辽东人（东京路、咸平路）	汉人	辽东地区
张万公	东平东阿人（山东西路）	汉人	齐鲁地区
李愈	绛之正平人（河东南路）	汉人	河东地区
张大节	代州五台人（河东北路）	汉人	河东地区
张亨	大兴漷阴人（中都路）	汉人	燕云地区
贺扬庭	曹州济阴人（山东西路）	汉人	齐鲁地区
马百禄	通州三河人（中都路）	汉人	燕云地区
完颜承晖	益都尹郑家塔割剌讹没（山东东路）	女真人	齐鲁地区
王元德	弘州襄阴县人（西京路）	汉人	燕云地区
谋良虎（宗雄）		宗室	
提刑副使			
范楫		汉人	
徒单移剌古		女真人	
李完	朔州马邑人（西京路）	汉人	燕云地区
移剌益	胡鲁土猛安人（中都路）	女真人	燕云地区
赵之杰（宗杰）	大定（北京路大定府）	汉人	原辽内地
完颜承晖	益都尹郑家塔割剌讹没（山东东路）	女真人	齐鲁地区

从表 1 可以看出，金代提刑使、提刑副使籍贯分布呈现不均衡的特点，具体表现在以下几个方面：

第一，从区域地理角度来看，金代的提刑使、提刑副使籍贯分布表现

为：燕云地区（西京路、中都路）6 人；齐鲁地区（山东东、西路）4
人；河东地区（河东南、北路）2 人；女真内地（上京路）1 人；辽东地
区（东京路、咸平路）1 人；原辽内地（北京路）1 人。由此可见，金代
提刑使、提刑副使籍贯分布呈现不均衡的状态，主要分布于燕云、齐鲁地
区，在辽东、河东、原辽内地亦有分布，但人数相对较少，而在河北地区
（河北东、西路、大名府路）、黄淮地区（南京路、京兆府路）、陕甘地区
（临洮、庆原、凤翔、鄜延路）则无提刑使、提刑副使出现。

　　第二，从行政路的角度来看，金代的提刑使、提刑副使来源于金代的
9 个行政路，各路所占的人数分别为：中都路为 4 人，居第一位；山东西
路、山东东路、西京路、东京路分别为 1 人，居第二位；上京路、河东南
路、河东北路分别为 1 人，居第三位；余下各路未见提刑使、提刑副使分
布，由此可见金代提刑使、提刑副使籍贯不仅在地理区域角度分布不均
衡，在行政路上的分布亦呈现不均衡的态势。

　　第三，从路下所辖的府（州）来看，金代提刑使、提刑副使亦呈现
不均衡的状态。如中都路三个提刑使（副）中有两人来自中都路大兴府，
"大兴府，上。晋幽州，辽会同元年升为南京，府曰幽都，仍号卢龙军，
开泰元年更为永安析津府。天会七年析河北为东、西路时属河北东路，贞
元元年更今名"①。上京路一人，"上京路，即海古之地，金之旧土也。国
言金曰按出虎，以按按出虎水源于此，故名金源，建国之号盖取诸此"②。
一人来自北京路大定府，"海陵贞元元年更为北京，置留守司、都转运
司、警巡院"③。一人来自西京路弘州，"国初置保宁军，后废军。产玛
瑙"④。一人来自西京路朔州，"朔州，中，顺义军节度使"⑤。一人来自
山东东路益都，"益都府，上，总管府。宋镇海军，国初仍旧置军，置南
青州节度使，后升为总管府，置转运司大定八年置山东东、西路统军
司"⑥。一人来自山东西路东平东阿，"东平府，上，天平军节度。宋东

①　（元）脱脱等：《金史》卷 25《地理志》，中华书局 1975 年版，第 573 页。
②　同上书，第 550 页。
③　同上书，第 557 页。
④　同上书，第 565 页。
⑤　同上书，第 568 页。
⑥　同上书，第 609 页。

平郡，旧鄆州，后以府尹兼总管，置转运司"①。一人来自山东西路曹州济阴，"曹州，中，刺史。宋兴仁府济阴郡彰信军"。一人来自河东北路代州五台，"代州，中。宋雁门郡防御，天会六年置震武军节度使"②。一人来自河东南路绛州，"绛州，上。宋置绛郡防御。天会六年置绛阳军节度使。兴定二年十二月升为晋安府，总管河东南路兵马，三年三月置河东南路转运司"。根据《金史·地理志》记载，金代共有 179 个京府州，而金代的提刑使、提刑副使主要分布于地理、政治、军事较为重要且物产丰富的几个州，由此可见，金代的提刑使、提刑副使在路下所辖的府（州）来看，其分布亦呈现不均衡性。

分析史料可以知道，造成金代提刑使、提刑副使分布不均的原因主要有以下两点：

第一，金代各地区的区域经济、文化发展的不均衡是产生这一结果的直接原因。由表 1 分析可知，金代的提刑使、提刑副使主要来自燕云地区、齐鲁地区以及河东地区，这些地区的经济、文化发展较其他地区更为优越。燕云地区自古以来就是经济文化较为发达的地区。尤其是在海陵天德四年（1152），海陵"诏迁都燕京"③ 以后，作为都城的燕云地区其经济文化得到了飞速的发展，成为金朝政治、经济、文化发展的重心。齐鲁、河东等地区受迁都的影响其经济文化也得到了迅速的发展。物质生活的发展，为文化事业提供了丰富的保障，而金代的提刑使、提刑副使又多为科举出身，因而，金代的提刑使、提刑副使多出自此三路，其余地区相对较少。

第二，这种籍贯的分布不均在很大程度上受提刑使、提刑副使出生地的政治地位高低不同所影响。各路下辖多个府州，由于地理、军事、资源的不同其地位也不一样，一般来说，各路之下所辖的府州会有重点发展和非重点发展的区分，如中都路下辖的大兴府，"大兴府，上。晋幽州，辽会同元年升为南京，府曰幽都，仍号卢龙军，开泰元年更为永安析津府。天会七年析河北为东、西路时属河北东路，贞元元年更今名"④。"产金银

---

① （元）脱脱等：《金史》卷 25《地理志》，中华书局 1975 年版，第 614 页。

② 同上书，第 632 页。

③ 同上书，第 97 页。

④ 同上书，第 573 页。

铜铁。药产滑石、半夏、苍术、代赭石、白龙骨、薄荷、五味子、白牵牛。"① 又如上京路"上京路，即海古之地，金之旧土也。国言金曰按出虎，以按按出虎水源于此，故名金源，建国之号盖取诸此"。以上这些地区由于政治、军事地位突出，或是物产丰富因而成为金代提刑使、提刑副使主要分布的地区。

综上所述，受区域经济发展以及府州政治、经济、军事发展的不平衡影响，金代的提刑使、提刑副使其籍贯分布也呈现不均衡的状态，除了籍贯区域分布的不均衡外，这种不均衡也体现在担任提刑使、提刑副使官员的民族成分上，由表 1 可知，金代的提刑使、提刑副使以汉人为主。在金代的 19 位提刑使、提刑副使中汉人约占总人数的三分之二，为 12 人，女真人 7 人。造成这种局面的原因是因为提刑使、副使担负监察地方的职责，据金代对监察官员的要求来看，金代监察官员多为进士出身，"监察乃清要之职，流品自异，俱宜一体纯用进士"②。由于女真科举考试设立较晚，其取士制度并不完善，所取人才也数量较少，因此在这一时期，女真人担任提刑使、提刑副使的人数较少。

（二）金代提刑使、提刑副使仕履

金代的提刑使、提刑副使入仕以科举为主，辅以荫补，科举入仕后多担任一些职位较低的官职，且多供职于地方。经过几年的地方基层工作后，经过几次迁转，被选为提刑使或提刑副使。在担任提刑使、提刑副使期间，如果无不当行为且政绩突出或在地方有突出贡献的一般会得到升迁，相反则会被贬职或罢官。在这里将对金代提刑使、提刑副使的入仕途径、入仕官职、职务迁转等三个方面进行考察。以期把握金代提刑使、提刑副使这一群体的全貌。

1. 金代提刑使、提刑副使的入仕途径

关于金代官员的入仕途径，《金史·选举志二》中有明确记载："自进士、举人、劳效、荫袭、恩例之外，入仕之途尚多。"③ 由此可知，金

---

① （元）脱脱等：《金史·地理志》，中华书局 1975 年版，第 573 页。

② 同上书，第 1688 页。

③ 同上书，第 1158 页。

代官员的入仕途径较多，作为金朝官员的提刑使、提刑副使，其入仕途径又是怎样？通过对金代18位提刑使、提刑副使的史料进行分析，可得出如表2。

表2　　　金代提刑使、提刑副使入仕途径及入仕官职

职务	入仕时间	入仕途径	入仕官职
提刑使			
王启	1157年（正隆二年）	科举	户部员外郎
吾母	1162年（大定二年）		彰化军节度副使
蒲带	大定末	世袭	同签大睦亲府事
李献可	1170年（大定十年）	科举	户部员外郎
张万公	1157年（正隆二年）	科举	新郑簿
李愈	1160年（正隆五年）	科举	河南渑池主簿
张大节	1151年（天德三年）	科举	崞县丞
张亨	1146年（皇统六年）	科举	樊山丞
贺扬庭	1151年（天德三年）	科举	范县主簿兼尉
马百禄	1163年（大定三年）	科举	武清主簿
承晖	1175年（大定十五年）	世袭	益都尹郑家塔割剌讹没谋克
王元德	天德中	科举	顺州怀柔县主簿
谋良虎（宗雄）	不详	军功	千户谋克
提刑副使			
范楫	不详	不详	不详
徒单移剌古	不详	不详	不详
李完	大定中	科举	澄城主簿
移剌益	章宗初	荫补	国史院书写
赵之傑	1176年（大定十六年）	科举	不详
承晖	1175年（大定十五年）	世袭	益都尹郑家塔割剌讹没谋克

由表2可知，金代19位提刑使、提刑副使中可知入仕途径者有16人，按照入仕途径的不同可分为四类，即科举入仕、荫补入仕、军功入仕、世袭入仕。具体情况如下。

（1）科举入仕

这里所指的科举入仕，是指通过科举考试，进士及第后入朝为官的人员。表2所列的19位提刑使、提刑副使中，除去入仕途径不详的2位外，

1 位特殊外，其余 16 人中，有 11 位是通过科举入仕的，占了可考入仕途径的 70% 左右，入仕时间集中于世宗和海陵时期。王启"正隆二年进士"①，"献可字仲和，大定十年，中进士第"②，张万公"登正隆二年进士第，调新郑簿"③，李愈"中正隆五年词赋进士第，调河南渑池主簿"④，张大节"擢天德三年进士第，调崞县丞"⑤，张亨"登皇统六年进士第，调樊山丞，以廉干闻"⑥，贺扬庭"登天德三年经义进士第，调范县主簿兼尉，籍有治声"⑦，马百禄"登大定三年词赋进士第，调武清主簿"⑧，王元德"弟王元德，亦弟进士"⑨，李完"经童出身，复登词赋进士第"⑩，赵之杰"大定十六年进士"⑪。

（2）荫补入仕

这里指通过金朝的荫补制度，进入官僚群体的这部类提刑使、提刑副使。通过表 2 可知，金代可考入仕途径的提刑使、提刑副使共有 16 人，只有移剌益 1 人是通过荫补入仕的。移剌益"以荫补国史院书写，积劳调徐州录事"⑫。关于荫补，据《金史·选举志二》记载："天眷中，八品用荫，不限所荫之人。贞元中，七品用荫，方限以数。当是时，文始于将仕，武始于进义，以上至七品儒林、忠显，各七阶，许荫一名。……时又以旧格虽有已子许荫兄弟侄，盖所以崇孝悌也，而新格禁之，遂听让荫。"⑬ 记载了金代荫补制度的发展历程、从最初的一至八品的文武散官所荫补的人员身份、数量都没有限制到取消八品荫补制度，规定一品至七品可以荫补子弟，并且在数量上开始加以限制，至最终确立荫补制度，明

① 《元好问全集》，第 906 页。

② （元）脱脱等：《金史·李献可传》，中华书局 1975 年版，第 1915 页。

③ （元）脱脱等：《金史·张万公传》，中华书局 1975 年版，第 2101 页。

④ （元）脱脱等：《金史·李愈传》，中华书局 1975 年版，第 2129 页。

⑤ （元）脱脱等：《金史·张大节传》，中华书局 1975 年版，第 2145 页。

⑥ （元）脱脱等：《金史·张亨传》，中华书局 1975 年版，第 2157 页。

⑦ （元）脱脱等：《金史·贺扬庭传》，中华书局 1975 年版，第 2151 页。

⑧ （元）脱脱等：《金史·马百禄传》，中华书局 1975 年版，第 2156 页。

⑨ （元）脱脱等：《金史·王元节传》，中华书局 1975 年版，第 2739 页。

⑩ （元）脱脱等：《金史·李完传》，中华书局 1975 年版，第 2155 页。

⑪ 《全辽金文》，第 3398 页。

⑫ （元）脱脱等：《金史·移剌益传》，中华书局 1975 年版，第 2160 页。

⑬ （元）脱脱等：《金史·选举二》，中华书局 1975 年版，第 1159—1160 页。

确享有荫补权的人员范围、荫补的顺序以及人数等。

（3）军功入仕

通过军功入仕，最早可追溯到战国时期，据杜佑《通典》记载："自孝公纳商鞅策，富国强兵，仕进之途，唯辟田与胜敌耳。"① 据《金史·选举志》记载："凡军功有六，一曰川野见阵，最出当先，杀退敌军。二曰攻打抗拒州县山寨，夺得敌楼。三曰争取船桥，越险先登。四曰远探捕得喉舌。五曰险难之间，远处报事情成功。六曰谋事得济，越众立功。"② 由此可见，想要凭借军功入仕是有一定难度的。通过表2可知，金代可考入仕途径的提刑使、提刑副使中，有谋良虎1人为军功入仕。谋良虎因在太祖伐辽时"攻宁江洲……宗雄以所部败渤海兵，以功授世袭千户谋克"③。

（4）世袭入仕

这里一般指通过承袭父亲或祖辈的官职入仕的提刑使、提刑副使。通过表2可知，金代通过世袭入仕的提刑使、提刑副使有蒲带、承晖2人，"初，蒲鲁虎袭猛安。蒲鲁虎卒，赠金紫光禄大夫，子桓端袭之，官至金吾卫上将军。桓端卒，子袅频未袭而死。章宗命宗雄孙蒲带袭之。"④ "承晖字维明，本名福兴。好学，淹贯经史。袭父益都尹郑家塔割刺讹没谋克。大定十五年，选充符宝祗候，迁笔砚直长，转近侍局直长，调中都右警巡使。"⑤

此外，除上述几种入仕方式外，还有吾母1人，因是宗室子弟而入仕，"大定二年，收充护卫，积劳授彰化军节度副使，入为都水监丞"⑥。

综上所述，金代提刑使、提刑副使是以科举入仕为主，辅以荫补、军功以及世袭。由表2可知，金朝在这一时期，通过科举考试入仕的全部为汉人，这主要与女真进士考试设置的时间较晚有关，据《金史·选举一》

---

① （唐）杜佑：《通典》卷13《选举一》，王文锦、王永兴点校，中华书局1988年版，第310页。

② （元）脱脱等：《金史·选举二》，中华书局1975年版，第1166页。

③ （元）脱脱等：《金史·宗雄传》，中华书局1975年版，第1679页。

④ 同上书，第1681页。

⑤ （元）脱脱等：《金史·承晖传》，中华书局1975年版，第2223页。

⑥ （元）脱脱等：《金史·吾母传》，中华书局1975年版，第1568页。

记载："女直学。自大定四年，以女直大小字译经书颁行之。后择猛安谋克内良家子弟为学生，诸路至三千人。九年，取其尤俊秀者百人至京师，以编修官温迪罕缔达教之。十三年，以策、诗取士，始设女直国子学，诸路设女直府学，以新进士为教授。"① 至此正式设立女直科举考试。此后金朝正式设立了女直策论考试每三年举行一次，至此策论考试正式成为金朝的科举考试科目之一。世宗、章宗时期虽已设立了女真科举考试，但尚处于草创时期，其取士制度并不完善，所取人才也数量较少，因此在这一时期，并没有女真人通过科举考试入仕成为提刑使、提刑副使。

2. 金代提刑使、提刑副使入仕官职

表2中的19位金代提刑使、提刑副使，其中入仕途径可考的有17位，通过分析表2可知，金代提刑使、提刑副使入仕后的官职分为两大类：第一类，入仕后供职于中央；第二类，入职后供职于地方州县。

（1）入仕后供职于中央

19位金代提刑使、提刑副使中，除去2人入仕不可考外，余下17人中有7人入仕后供职于中央，其中2人为汉人，全为科举出身，5人为女真人，其中3人为辟用，1人为荫补，1人为世袭。其中通过荫补、辟用及世袭入仕的女真人基本为宫中承应人，如吾母"卞，本名吾母，上京司属司人，大定二年，收充护卫"②，"蒲带，大定末，累官同签大睦亲府事"③，承晖"大定十五年，选充符宝祗候，迁笔砚直长，转近侍局直长，调中都右警巡院"，等等。其余女真人汉人提刑使、提刑副使入仕后任职于中央的几乎没有。

（2）入仕后供职于地方州县

17位入仕官职可考的提刑使、提刑副使中入仕后供职于地方的有8人，这些提刑使、提刑副使全部为汉人且均为科举出身。这些经过科举考试入仕的汉人提刑使、提刑副使，入仕后的官职基本为主簿，另外是县丞。

入仕后供职于地方的8有人，其中有6人担任主簿。2人担任县丞。金代的提刑使、提刑副使的入仕为县丞的均为诸县丞，如"张大节字信

---

① （元）脱脱等：《金史·选举一》，中华书局1975年版，第1133页。

② （元）脱脱等：《金史·吾母传》，中华书局1975年版，第1568页。

③ （元）脱脱等：《金史·蒲带传》，中华书局1975年版，第1681页。

之，代州五台人。擢天德三年进士第，调崞县丞"①，"张亨字彦通，大兴
漷阴人。登皇统六年进士第，调樊山丞，以廉干闻"②。余下 6 人皆为各
县主簿。

由上可知，金代提刑使、提刑副使入仕后多担任地方的基层官员，官
阶多为正九品。综上所述，金代的提刑使、提刑副使入仕后多担任一些从
事具体事务的官员，如主簿、县丞等。这说明金代统治者对于担任提刑
使、提刑副使的官员是较为重视的，多选任曾有担任地方具体事务经历的
官员出任，说明金代提刑使、提刑副使官员整体素质较高。符合金代对于
监察官员的选任要求。

3. 金代提刑使、提刑副使职务迁转

金代提刑使、提刑副使的职务迁转包括迁入官与迁出官两个方面，爬
梳史料，可整理出金代提刑使、提刑副使职务迁转的具体情况见表 3
所示。

表 3　　　　　　　　　金代提刑使、提刑副使的职务迁转一览

职务	时期	原任职务	迁出职务
提刑使			
王启	章宗	工部侍郎	吏部尚书
吾母	世宗	都水监丞	知德归宁府、河平军节度使
蒲带	章宗	同签大睦亲府事	袭猛安
李献可	世宗	户部侍郎	卒
张万公	章宗	刑部侍郎	御史中丞
李愈	章宗	大兴府治中	河平军节度使
张大节	章宗	知太原府	知大兴府事
张亨	章宗	户部尚书	蔡州防御使
贺扬庭	章宗	山东东路转运使	洺州防御使
马百禄	章宗	孟州防御使	知河中府
承晖	章宗	辽海军节度使	北京留守
王元德	不详	不详	不详

---

① （元）脱脱等：《金史·张大节传》，中华书局 1975 年版，第 2145 页。

② （元）脱脱等：《金史·张亨传》，中华书局 1975 年版，第 2147 页。

续表

职务	时期	原任职务	迁出职务
谋良虎（宗雄） 提刑副使	不详	不详	不详
范楫	不详	不详	不详
徒单移剌古	不详	不详	不详
李完	章宗	同知广宁府	陕西西路转运使
移剌益	章宗	霸州刺史	防御使
赵之傑	章宗	不详	棣州防御使
承晖	章宗	辽海军节度使	北京留守

结合表3，具体分析金代提刑使、提刑副使的迁转情况。

（1）迁入官考察

表3中列出的金代提刑使、提刑副使共19位，其中迁入官可考的有14位，6位由中央官迁入，8位由地方官迁入。具体表现如下：

①中央官迁入考察。由中央官迁入提刑使、提刑副使的官员可分为以下几类：第一类，由六部侍郎迁入提刑使、提刑副使的有3人，其民族皆为汉族。王启"章宗即位，不一岁迁工部侍郎，即以河南北路提刑使拜吏部尚书，使宋"[1]，"工部，尚书一员，正三品。侍郎一员，正四品"[2]。李献可"累官户部员外郎，坐事降清水令，召为大兴少尹，迁户部侍郎，累迁山东提刑使"[3]，"户部，尚书一员，正三品。侍郎二员，正四品。泰和八年减一员，大安二年复增"[4]，张万公"俄授郎中，敷奏明敏，世宗嘉之，谓侍臣曰：张万公纯直人也。寻迁刑部侍郎。章宗即位，初置九路提刑司，选为南京路提刑使"[5]，"刑部，尚书一员，正三品。侍郎一员，正四品"[6]。第二类，由都水监丞迁入提刑使、提刑副使的有1人，其民族为女真族。"卞，本名吾母，上京司属司人，大定二年，收充护卫，积

---

①　（金）元好问：《中州集·辛集第八》，萧和陶点校，华东师范大学出版社2014年版，第503页。

②　（元）脱脱等：《金史·百官一》，中华书局1975年版，第1237页。

③　（元）脱脱等：《金史·李献可传》，中华书局1975年版，第1915页。

④　（元）脱脱等：《金史·百官一》，中华书局1975年版，第1232页。

⑤　（元）脱脱等：《金史·张万公传》，中华书局1975年版，第2102页。

⑥　（元）脱脱等：《金史·百官一》，中华书局1975年版，第1236页。

劳授彰化军节度副使，入为都水监丞，累迁中都、西京路提刑使，徙知归德府、河平军节度使。"① "都水监，街道司隶焉。分治监，专规措黄、沁河，卫州置司。监，正四品，掌川泽、津梁、舟楫……丞二员，正七品，内一员外监分治。贞元元年置。"② 第三类，由六部尚书迁入提刑使、提刑副使的有1人。"起授户部尚书"③，"户部，尚书一员，正三品"④。第四类，由同大睦亲府事迁入，"蒲带，大定末，累官同签大睦亲府事。章宗即位，初置九路提刑司，蒲带为北京临潢提刑使"⑤。"大宗正府。泰和六年避睿宗讳，改为大睦亲府。判大宗正事一员，从一品，以皇族中属亲者充，掌敦睦纠率宗属钦奉王命，泰和六年改为判大睦亲事。……同签大宗正事一员，正三品，宗室充，大定元年置。泰和六年改同签大睦亲事。"⑥

　　由此可见，金代由中央官迁入为提刑使、提刑副使的官员，其职位以六部侍郎为主，官品为正四品。亦有六部尚书，正三品，及都水监丞，正七品，大睦亲府事，正三品。由此可见，金代对于转任为提刑使、提刑副使的官员要求较高，大多数官品较高，且都有基层工作的经验及能力，并且在基层工作期间取得政绩者担任，或是有宗室子孙，地位出身较高者担任。这与金代监察官员选任的整体原则相符，"要求入选的监察官员必须有在基层工作的能力、经验和政绩"⑦。或者是由皇帝信任的宗室子弟担任，这也从另一个侧面反映出皇帝对于提刑使、提刑副使这一官职的重视。

　　②地方官的迁入。由地方官迁入提刑使、提刑副使的共有8位，具体可分为以下几类：第一类，诸府同知，如张大节，"章宗即位，擢中都路都转运使，因言河东赋重宜减，议者或不同，大节以他路田赋质之，遂命减焉。乞致仕，不许，徙知太原府，以并、代乡郡，故优宠之"⑧；李完"提刑司言完习法律，有治剧才，军民无间语。升沁州刺史，仍以玺书褒

① （元）脱脱等：《金史·吾母传》，中华书局1975年版，第1568页。
② （元）脱脱等：《金史·百官二》，中华书局1975年版，第1276页。
③ （元）脱脱等：《金史·张亨传》，中华书局1975年版，第2147页。
④ （元）脱脱等：《金史·百官一》，中华书局1975年版，第1232页。
⑤ （元）脱脱等：《金史·宗雄传》，中华书局1975年版，第1681页。
⑥ （元）脱脱等：《金史·百官一》，中华书局1975年版，第1240页。
⑦ 徐松巍：《金代监察御史官员的选任、奖罚及其作用》，《北方文物》1990年第2期。
⑧ （元）脱脱等：《金史·张亨传》，中华书局1975年版，第2146页。

谕。迁同知广宁府"①；"诸府谓非兼总管府事者。尹一员，正三品。同知一员，正四品。少尹一员，正五品"②。第二类，诸州刺史，如移剌益"明昌三年，畿内饥，擢授霸州刺史，同授刺史者十一人，既入谢，诏谕之曰：亲民之职惟在守令，比岁民饥，故遣卿等往抚育之。其资序有过者有弗及者，朕不计此，但以材选，尔其知之"③；"诸州刺史，刺史一员，正五品，掌同府尹兼治州事"④。第三类，诸州防御使，如马百禄"俄改兼同知兴平军，以提刑司复举廉，升孟州防御使，再迁南京路提刑使"⑤；"诸州防御使，防御使一员，从四品，掌防捍不虞、御制盗贼，馀同府尹"⑥。第四类，节度使。如承晖"御史台奏：承晖前为提刑，豪猾屏息。迁临海军节度使。历利涉、辽海军，迁北京路提刑使"⑦；"诸节镇，节度使一员，从三品，掌镇抚诸军防刺，总判本镇兵马之事，兼本州管内观察使事"⑧。第五类，诸路转运使，如贺扬庭"俄以廉能迁户部郎中，进官二阶。顷之，授左司郎中，改刑部侍郎、山东东路转运使"⑨；"都转运司，使，正三品，掌税赋钱谷、仓库出纳、权衡度量之制"⑩。第六类，治中。李愈"未几，授大兴府治中，上谕之曰：卿资历应得三品，以是员方阙而卿能干，故用之，当之朕意。北京提刑副使范楫、知归德府事邓俨各举愈以自代，由是擢河南路提刑使"⑪。关于治中，孙佳在《金代"治中"考略》一文中写道，"金代的治中是府的副官，位于本府同知之下，两者皆属于府的左贰官"，"金代'治中'官的品秩为正五品。"⑫

由上可知，由地方官迁入的金代提刑使、提刑副使多以低于或与提刑

---

① （元）脱脱等：《金史·李完传》，中华书局 1975 年版，第 2155 页。

② （元）脱脱等：《金史·百官三》，中华书局 1975 年版，第 1311 页。

③ （元）脱脱等：《金史·移剌益传》，中华书局 1975 年版，第 2160 页。

④ （元）脱脱等：《金史·百官三》，中华书局 1975 年版，第 2313 页。

⑤ （元）脱脱等：《金史·马百禄传》，中华书局 1975 年版，第 2156 页。

⑥ （元）脱脱等：《金史·百官三》，中华书局 1975 年版，第 1312 页。

⑦ （元）脱脱等：《金史·承晖传》，中华书局 1975 年版，第 2224 页。

⑧ （元）脱脱等：《金史·百官三》，中华书局 1975 年版，第 1311 页。

⑨ （元）脱脱等：《金史·贺扬庭传》，中华书局 1975 年版，第 2151 页。

⑩ （元）脱脱等：《金史·百官三》，中华书局 1975 年版，第 1317 页。

⑪ （元）脱脱等：《金史·李愈传》，中华书局 1975 年版，第 2129 页。

⑫ 刘宁主编：《辽金史论集》（第十三辑），中国社会科学出版社 2013 年版，第 224—225 页。

使、提刑副使平级的官员担任。如从诸路府州迁入的官员多以从四品至正五品之间的官员迁入，以节度使、刺史、转运使迁入的官品多在从三品至正三品之间。迁入官员多以在任上政绩突出或在廉察中表现优秀的为主，如贺扬庭"俄以廉能迁户部郎中，进官二阶。顷之，授左司郎中，改刑部侍郎、山东东路转运使"①；李完"提刑司言完习法律，有治剧才，军民无间语。升沁州刺史，仍以玺书褒谕。迁同知广宁府"②。这也说明金代的提刑使、提刑副使的选任者，不仅需要有基层工作的经验，还要在基层工作中表现突出有功绩。

综上所述，从金代提刑使、提刑副使的迁入官可以看出，金代提刑使、提刑副使无论是从中央官迁入，还是从地方官迁入，其选任的首要条件是要有基层工作经验，在任上从事具体的事务性工作，并有较强的个人能力且在任上有突出政绩。只有满足上述条件者，才能出任提刑使、提刑副使。

（2）金代提刑使、提刑副使的转任及特点

表3中，除转任职务不可考的几位外，只有李献可卒于任上，"累官户部员外郎，坐事降清水县令，召为大兴少尹，迁户部侍郎，累迁山东提刑使。卒。卫绍王即位，以元舅赠特进，追封道国公"③。除此之外，金代提刑使、提刑副使的迁出官主要可分为三大类：第一类，升迁为中央官；第二类，转出为地方官；第三类，降职或罢官。其具体情形如下：

①升迁为中央官。金代提刑使、提刑副使一般是以升迁或迁转的方式，由提刑使或提刑副使的职位上升为其他的中央官职。其具体表现如下：第一，六部尚书。王启"章宗即位，不一岁迁工部侍郎，即以河南北路提刑使拜吏部尚书，使宋"④，"吏部，尚书一员，正三品"⑤。第二，御史中丞。张万公"章宗即位，初置九路提刑司，选为南京路提刑使。

① （元）脱脱等：《金史·贺扬庭传》，中华书局1975年版，第2151页。

② （元）脱脱等：《金史·李完传》，中华书局1975年版，第2155页。

③ （元）脱脱等：《金史·李献可传》，中华书局1975年版，第1915页。

④ （金）元好问：《中州集·辛集第八》，萧和陶点校，华东师范大学出版社2014年版，第503页。

⑤ （元）脱脱等：《金史·百官一》，中华书局1975年版，第1220页。

以治最，迁御史中丞"①。

②转出为地方官。转出为地方官大体可以分为以下几种类型：第一，升为路级官员，李完"承安二年，迁陕西西路转运使，寻授南京路按察使，卒"②，"都转运司，使，正三品，掌税赋钱谷、仓库出纳、权衡度量之制"③。第二，升为府州级官员，具体又可以分为各府知事、诸军节度使、防御使及诸州刺史。各府知事，共3人。吾母"下，本名吾母，上京司属司人，大定二年，收充护卫，积劳授彰化军节度副使，入为都水监丞，累迁中都、西京路提刑使，徙知归德府、河平军节度使"④，张大节"选授河东路提刑使，未赴，留知大兴府事，治有能名"，马百禄"御史台以刚直能干闻，转知河中府"⑤，承晖"历知咸平、临潢府，为北京留守"⑥。"诸总管府谓府尹兼领者。都总管一员，正三品，掌统诸城隍兵马甲仗，总判府事。同知都总管一员，从四品，掌通判府事，惟婆速路同知都总管兼来远军事兵马。"⑦ 诸军节度使1人，李愈"明年，改河平军节度使"⑧，"诸节镇，节度使一员，从三品，掌镇抚诸军防刺，总判本镇兵马之事，兼本州管内观察使事"⑨。诸州防御使2人。移剌益"五年，宋主新立，诏以泗州当使客所经，守臣宜择人，宰臣进拟数人，皆不合上意，上曰：特末阿不安在？此人可也。即授防御使"⑩。

通过表3可知，在金代除升职外还有一部分是被降职的提刑使、提刑副使，此类人共计有2人，皆被将为州级地方官，张亨"亨在职每事存大体、略苛细，御史以宽缓不事事劾之，降授蔡州防御使"⑪；贺扬庭"扬庭性嫉恶，维介不少容。明昌改元，诏诸路提刑使入见，亲问所察事

① （元）脱脱等：《金史·张万公传》，中华书局1975年版，第2102页。
② （元）脱脱等：《金史·李完传》，中华书局1975年版，第2156页。
③ （元）脱脱等：《金史·百官三》，中华书局1975年版，第1317页。
④ （元）脱脱等：《金史·吾母传》，中华书局1975年版，第1568页。
⑤ （元）脱脱等：《金史·马百禄传》，中华书局1975年版，第2156页。
⑥ （元）脱脱等：《金史·承晖传》，中华书局1975年版，第2224页。
⑦ （元）脱脱等：《金史·百官三》，中华书局1975年版，第1310页。
⑧ （元）脱脱等：《金史·李愈传》，中华书局1975年版，第2130页。
⑨ （元）脱脱等：《金史·百官三》，中华书局1975年版，第1311页。
⑩ （元）脱脱等：《金史·移剌益传》，中华书局1975年版，第2160页。
⑪ （元）脱脱等：《金史·张亨传》，中华书局1975年版，第2148页。

条，至扬庭则斥之曰：尔何治之烦也。明年，下除洺州防御使，时岁歉民饥，扬庭谕蓄积之家令出所余以粜之，饥者获济，洺人为之立石颂德"①。

综上所述，金代提刑使、提刑副使转出官多以地方官为主，多以各府知事、诸军节度使为主；若升为中央官的多担任御史中丞或六部尚书，即便是在任上因为过错被降职的提刑使、提刑副使也转到地方担任诸州刺史，由此可见在金代提刑使、提刑副使如在任上无重大过错，一般会得到较好的升迁。金代提刑司作为金代监察体制的重要一环，为金代加强中央集权，稳定地方统治，为金代政治环境稳定提供了重要保障。本文从金代提刑司、按察司建制的沿革入手，分析金代监察制度处于中国古代监察制度史上的异化阶段。金代的监察制度在吸收前代制度的基础上，结合本民族的特点，形成了其独有的监察制度。

---

① （元）脱脱等：《金史·贺扬庭传》，中华书局 1975 年版，第 2152 页。

完颜希尹神道碑官爵名号解析

王久宇*

完颜希尹神道碑碑文中提到大批金代官爵、名号。其中大多数可与《金史》的《百官志》《希尹传》等相互印证，还有的可补《金史》之阙、订《金史》之误。这些官爵名称及其变化反映了金朝初期官制改革的历史面貌。碑文中还有的金朝人物官爵名称也可帮助我们确定完颜希尹神道碑立建的年代。兹将碑文中提到的有关官爵、名号等罗列如下并一一解析。

1. 左丞相

完颜希尹神道碑碑额文字为"大金故左丞相金源郡贞宪王完颜公神道碑"①，碑文背面第一句"授□尚书左丞相兼侍中，加开府仪同三司"。

其中"左丞相"为希尹生前所任最高官职。金初并无丞相制度及中原式的官僚体系，勃极烈议事会是金初中央最高的决策机构。在诸勃极烈中，国论左勃极烈大体相当于中原宋制中的左丞相，国论右勃极烈大体相当于中原宋制中的右丞相。但金官制与中原官僚制度不同，其勃极烈制度带有鲜明的女真贵族议事会色彩。金朝最早仿中原制度设定官职，是在金太宗晚年时期。金太宗天会十二年（1134）正月，"初改定制度，诏中外"②。但此时，金朝并未废除勃极烈制度，实际情况是汉官制初定，与勃极烈制度并行，因此国家制度尚在调整和过渡过程中。

完颜希尹被任为左丞相，是在金熙宗天会十三年（1135）。这一年，金朝完全废除了勃极烈制度而实行三省六部制度。按照金朝新定的三省六

＊ 王久宇，哈尔滨师范大学历史文化学院。

① 陈相伟等校注：《金碑汇释》，吉林文史出版社 1989 年版，第 78—83 页。下文不单独注释的碑文文字，均引自该书。

② 《金史》卷 3《太宗纪》，中华书局 1975 年版，第 65 页。

部制度，皇帝以下是三师（太师、太傅、太保）、三公（太尉、司徒、司空），并以三师领三省事。三省名称与唐宋制度同，即尚书、中书、门下。但与唐宋制度不同的是，金朝三省制度中尚书省地位最重。尚书令"总领纪纲，仪刑端揆"；左右丞相，为宰相，总领知事，辅佐皇帝、平章万机；左右丞参知政事，为执政官，辅佐宰相，佐治省事。天会十三年的改制中，具体的人事安排是：宗磐为太师、宗幹为太傅、宗翰为太保，领三省事。在尚书省中，宗磐为尚书令，希尹为左丞相，韩企先为右丞相，高庆裔为左丞，萧庆为右丞。同时，希尹还兼门下侍中。① 可见，希尹在金熙宗即位初期以及这轮中央官制改革中处于十分重要的政治地位。

2. 翰林直学士、中大夫、知制诰兼行秘书少监、虞王府文学、轻车都尉、太原郡开国伯、食邑七百户、赐紫金鱼袋

这是碑文第一段，皆为碑文撰文者王彦潜所任全部官爵及拥有地位的名号。

翰林直学士，官名。翰林名称始于唐朝，学士名称始于北齐。翰林、学士，皆为文学侍从之官。武则天时期设"北门学士"，为皇帝顾问、枢机参谋机构。唐玄宗时期专设学士院，直属于皇帝，负责起草重要诏制，其成员称为翰林学士。北宋设翰林学士院，掌皇帝文翰之事。金承宋制，仍设翰林学士院，掌制撰词命，应奉文字。金朝的翰林直学士为翰林学士院属官。《金史》载"翰林直学士，从四品，不限员"②。

中大夫，官名。汉代中大夫为掌论议之官，唐宋为从四品文阶官。金朝仿唐宋制，亦为文阶官，《金史》载，"从四品上曰大中大夫，中曰中大夫，下曰少中大夫"③。

知制诰，官名。唐宋时有此职的设置，即中书省中负责起草诏令具体工作的中书舍人。后常以他官代行其事，如可称"某官知制诰"。《金史》载，"翰林学士承旨，正三品，掌制撰词命。凡应奉文字，衔内带'知制诰'。直学士以上同"④。

秘书少监，官名。秘书监是东汉以来掌图书著作等事的机构。金代亦

① 《金史》卷4《熙宗纪》，第70页。
② 《金史》卷55《百官志一》，第1246页。
③ 同上书，第1221页。
④ 同上书，第1246页。

设秘书监机构，秘书少监为其主要执事成员之一，与秘书监、秘书丞、秘书郎等共事。《金史》载，秘书监下置监、少监、丞各一员，秘书郎二员。"少监一员，正五品……通掌经籍图书。"①

虞王府文学，官名。汉代始置文学，汉武帝为选拔人才特设"贤良文学"科目，由各郡举荐人才，被举荐者名为"贤良文学"。"贤良"是指品德端正、道德高尚的人；"文学"则指精通儒家经典的人。唐代在太子及诸王府内设置"文学"为属官之一。金代亦如此设，《金史》载："亲王府属官……文学二人，从七品，掌赞导礼义、资广学问。"②此处的虞王府文学，为王彦潜曾任虞王府内的文学。虞王，指金世宗子完颜允升。《金史》载："夔王允升，改名永升，本名斜不出，一名鹤寿。大定十一年，封徐王，进封虞王。"③另据同卷《永成传》载："豫王永成本名鹤野，又曰娄室。母昭仪梁氏。永成风姿奇伟，博学，善属文。世宗尤爱重之。大定七年，始封沈王，以太学博士王彦潜为府文学，永成师事之。"④可见，正史记载王彦潜大定七年（1167）曾为豫王永成府文学，碑文载大定十一年（1171）后又为虞王府文学，此为正史所不载。王彦潜，《金史》无传，结合正史和碑文，很可能王彦潜先后在豫王永成府和虞王永升府内任文学。而王彦潜为完颜希尹撰写碑文是在其任虞王永升府文学之后，即不会早于大定十一年（1171），这为判断希尹碑立碑年代提供了一条重要的参照。

轻车都尉，古代勋级官名。汉代时，轻车都尉本为统帅特别兵种的将领。北朝时期的宇文周为奖励勋劳，把轻车都尉变成了一种勋官。唐宋继承北周制度，设勋官十二转，其八转为上轻车都尉，七转为轻车都尉。金代亦沿袭唐宋勋官之制，制定勋级"正四品曰上轻车都尉，从四品曰轻车都尉"⑤。可见，作为文人的王彦潜曾因功勋被奖励轻车都尉勋衔，勋级达到从四品。

太原郡开国伯，王彦潜的封爵名，即郡伯。《金史》载，金代封爵制

---

① 《金史》卷56《百官志二》，第1269页。
② 《金史》卷57《百官志三》，第1301页。
③ 《金史》卷85《永升传》，第1908页。
④ 同上书，第1906页。
⑤ 《金史》卷55《百官志一》，第1223页。

度是"正从一品曰郡王，曰国公。正从二品曰郡公。正从三品曰郡侯。正从四品曰郡伯。旧曰县伯，承安二年更。正五品曰县子，从五品曰县男"①。若按这段中的"正从四品曰郡伯。旧曰县伯，承安二年更"一句，似乎王彦潜为希尹撰写碑文应该在金章宗承安二年（1197）之后。

食邑七百户，王彦潜的食邑级别。食邑，先秦时期诸侯封赐所属卿、大夫作为世禄的田邑以及土地上的劳动者。食邑又称采邑、采地、封地，受封者在其封地内拥有绝对的政治经济权利。因古代中国卿、大夫世代以采邑为食禄，故称为食邑。秦汉实行郡县制后，受封者在其封地内渐无统治权，食禄改为以封地内民户赋税拨充。《金史》："郡伯七百户，县子五百户，县男三百户，皆无实封。"② 因王彦潜为太原郡开国伯，系郡伯爵位，所以能够"食邑七百户"。

赐紫金鱼袋，宋金时期的舆服制度。鱼袋，本为唐代的符契制度。因将鱼符盛于袋中，故名鱼袋。宋因之，其制以金银饰为鱼形，但宋代的鱼袋仅以标明身份贵贱，并非如唐之符契制度了。辽金皆因宋制，辽代常服制度中规定："五品以上，幞头，亦曰折上巾，紫袍，牙笏，金玉带。文官佩手巾、算袋、刀子、砺石、金鱼袋。"③ 紫金鱼袋，应为金代文官较高级别的朝服配饰。

3. 奉直大夫、大名府路兵马都总管判官、飞骑尉、赐绯鱼袋

这是碑文第二段，皆为希尹碑文书丹者任询所曾拥有全部官爵、品级地位的名号。

任询，《金史》有传："任询字君谟，易州军市人。父贵有才干，善画，喜谈兵，宣、政间游江、浙。询生于虔州，为人慷慨多大节。书为当时第一，画亦入妙品，评者谓画高于书，书高于诗，诗高于文，然王庭筠独以其才具许之。登正隆二年进士第。历益都都勾判官，北京盐使。年六十四致仕，优游乡里，家藏书法名画数百轴。年七十卒。"④ 可见，碑文加在任询身上的这些名号，皆为正史所不载，碑文可补史遗阙。

奉直大夫，金代官名。金朝文官九品，合计四十二阶，奉直大夫为其

---

① 《金史》卷 55《百官志一》，第 1223 页。

② 同上书，第 1224 页。

③ （元）脱脱：《辽史》卷 56《仪卫志二》，中华书局 2016 年版，第 1012 页。

④ 《金史》卷 125《任询传》，第 2719 页。

中之一。《金史》载："从六品上曰奉直大夫，下曰奉训大夫。"①

　　大名府路兵马都总管，金代路治名及官名。大名府路，金代路名。北宋庆历八年（1048）置大名府路，为河北四个安抚使路之一，治所在大名（今河北大名东）。南宋建炎元年（1127）改为河北东路。金朝占领该地区后，于海陵正隆二年（1157）置大名府路总管府，治所在大名府，辖域大致包括今河北大名、河南范县、山东夏津、恩城以西、山东东明、河南长垣以北，河南濮阳以东之地。《金史》云："大名府路，宋北京魏郡。府一，领刺郡三，县二十，镇二十二。贞祐二年十月置行尚书省。大名府，上，天雄军，旧为散府，先置统军司，天德二年罢，以其所辖民户分隶旁近总管府。正隆二年升为总管府，附近十二猛安皆隶焉，兼漕河事。"② 兵马都总管，金代官名。《金史》载："（金）袭辽制，建五京，置十四总管府，是为十九路"③。下设都总管、同知都总管和副都总管各一。

　　判官，官名。唐代使职差遣官之一，即特派担任临时职务的大臣。唐中期以后，节度使、观察使等均有判官，也属临时差遣。宋代沿袭此制。金代在多个中枢机构中设置判官，另还在大兴府设总管判官，诸京留守司设留守判官，按察司设安抚判官。任询所任，应为碑文提到的"大名府路兵马都总管判官"。即"总管判官一员，从五品。掌纪纲总府众务、分判兵案之事"④。

　　飞骑尉，金代勋级官名。与前文王彦潜的"轻车都尉"同为金代勋官名。"正六品曰骁骑尉，从六品曰飞骑尉。"⑤

　　赐绯鱼袋。如前文王彦潜的紫金鱼袋，均为文官舆服制度中的朝服配饰之一，代表身份和地位，其尊贵程度应低于紫金鱼袋。

　　4. 明威将军、东上阁门使、兼行太庙署令、上骑都尉、平原县开国子、食邑五百户

　　这是碑文第三段，皆为希尹碑篆额者左光庆所曾拥有官爵、品级、待

---

① 《金史》卷 55《百官志一》，1221 页。
② 《金史》卷 26《地理志下》，第 627 页。
③ 《金史》卷 24《地理志上》，第 549 页。
④ 《金史》卷 38《百官志三》，第 1305 页。
⑤ 《金史》卷 55《百官志一》，第 1223 页。

遇等的名号。

左光庆，希尹碑篆额人，《金史》有传："光庆字君锡，幼颖悟，沉厚少言。渊（按：光庆父）尝谓所亲曰：'世吾家者，此子也。'以荫，补阁门祗候，迁西上阁门副使。丁父忧，起复东上阁门副使，再转西上、东上阁门使，兼太庙署令。光庆好古，读书识大义，喜为诗，善篆隶，尤工大字。世宗行效礼，受尊号，及受命宝，皆光庆篆。凡宫庙榜署经光庆书者，人称其有法。典领原庙、坤厚陵、寿安宫工役，不为苛峻，使劳逸相均。身兼数职，勤慎周密，未尝自伐，世宗独察之。初，御史大夫璋请制大金受命宝，有司以秦玺文进，上命以'大金受命万世之宝'为文。径四寸八分，厚一寸四分，蟠龙纽，高厚各四寸六分有半。礼部尚书张景仁、少府监张仅言典领工事，诏光庆篆之。迁同知宣徽院事，改少府监。丁母忧，起复右宣徽使。世宗幸上京，光庆往上京治仪仗制度，时人以为得宜。（大定）二十五年，卒，年五十一。"[1] 碑文中"明威将军、上骑都尉、平原县开国子、食邑五百户"等官爵、名号为正史不载，可补史阙。但《金史·左光庆传》载光庆曾任同知宣徽院事和右宣徽使，据《金史》云"右宣徽使，正三品。同知宣徽院事，正四品"[2]。如果左光庆确曾任过正三品官，碑文中怎能不提？而碑文中提及的左光庆所任官衔品级最高才五品，正史与碑文差距较大，应以碑文为准。另，左光庆卒于金大定二十五年（1185），也为完颜希尹碑的立碑时间再次提供了一条重要参照，即左光庆为希尹碑篆额不会晚于大定二十五年，即公元1185年。

明威将军，金代官名。春秋时晋国以卿为军将，由此演化为将军。战国时将军为武官名。汉代将军亦为武官名，但汉代将军名号繁多，有大将军、骠骑将军、车骑将军、卫将军、前、后、左、右将军等。汉魏以后将军名号愈加多样。唐代以后，将军多为武散官专有名称。金代将军为武散官名称，《金史》云："正五品上曰广威将军，中曰宣威将军，下曰明威将军。"[3]

东上阁门使，金代官名。金沿袭唐宋之制，东、西上阁门为掌宾客礼

---

① 《金史》卷75《左光庆传》，第1727页。

② 《金史》卷56《百官志二》，第1257页。

③ 《金史》卷55《百官志一》，第1222页。

仪机构。《金史》云："东上阁门使二员，正五品。"①

太庙署令，金代官名。太庙，帝王的祖庙。金代为管理帝王祖庙，专设太庙署。"皇统八年太庙成，设署，置令、丞，仍兼提举庆元、明德、永祚三宫。"太庙署的长官为太庙署令，"令一员，从六品，掌太庙、衍庆、坤宁宫殿神御诸物，及提控诸门关键，扫除、守卫、兼廪牺令事"。②

上骑都尉，金代勋官名（参见前文的轻车都尉、飞骑尉，均为金代勋级官名）。"正五品曰上骑都尉，从五品曰骑都尉。"③

平原县开国子，左光庆爵位，即"县子"。"正五品曰县子，从五品曰县男。"④

食邑五百户，左光庆的食邑级别。"郡伯七百户，县子五百户，县男三百户，皆无实封。"⑤

5. 太尉左丞相濮国公。这是立建希尹碑当时完颜守道的官职

碑文曰："今天子绍休圣绪，图任今太尉左丞相濮国公守道□为股肱心膂……"守道，即完颜守道，为完颜希尹之孙。这段说明，王彦潜撰写碑文之时，当为完颜守道在太尉左丞相任上。完颜守道，《金史》有传。据《金史》，金熙宗皇统三年（1143），熙宗曾为希尹平反，熙宗用希尹孙完颜守道为应奉翰林文字，这是守道所任的第一个重要官职。此后，守道历任同知卢龙军节度使事，历献、祁、滨、蓟四州刺史。世宗初年，任昭毅大将军，授左谏议大夫，太子詹事，右谏议大夫。大定年间，完颜守道还先后任过尚书右丞、尚书左丞、平章政事。大定十四年（1174），守道为右丞相。大定十八年（1178），守道为左丞相。大定二十一年（1181）闰三月，"以尚书左丞相完颜守道为太尉、尚书令。"⑥守道升为尚书令不久的"四月戊申，以右丞相徒单克宁为左丞相"，守道不再兼任左丞相。但是，当年七月，"以左丞相徒单克宁为枢密使。辛丑，以

---

① 《金史》卷56《百官志二》，第1258页。

② 《金史》卷55《百官志一》，第1248页。

③ 同上书，第1223页。

④ 同上。

⑤ 同上书，第1224页。

⑥ 《金史》卷8《世宗纪下》，第180—181页。

太尉、尚书令完颜守道复为左丞相,太尉如故"①。此后,完颜守道尚书令、太尉、左丞相的身份一直持续到大定二十六年(1186)四月守道致仕②。碑文中守道封爵濮国公为正史守道本传所不载,碑文可补正史阙。所以,如以完颜守道的任职信息作为参照,完颜希尹神道碑立碑的时间上限应在金世宗大定二十一年(1181)七月,下限不应晚于金世宗大定二十六年(1186)年四月。则前文("太原郡开国伯"条)推测王彦潜为希尹撰写碑文应该在金章宗承安二年(1197)之后的可能性是不存在的。因此,《金史·百官志一》所谓的正从四品郡伯的"旧曰县伯,承安二年更",也很可能是不准确的。

　　6. 左丞相赠金源郡王。此指希尹身后被追认金源郡王

　　希尹生前最高的名分是尚书左丞相兼侍中、陈王,以及开府仪同三司官阶。《金史·希尹传》载:"熙宗即位,希尹为尚书左丞相兼侍中,加开府仪同三司。希尹为相,有大政皆身先执咎。天眷元年,乞致仕,不许,罢为兴中尹。二年,复为左丞相兼侍中,俄封陈王。"③ 希尹被冤杀后的皇统三年(1143),"上知希尹实无他心,而死非其罪,赠希尹仪同三司、邢国公,改葬之……"④ 其中,"邢国公"为希尹祖父劾孙被追赠的爵位,与希尹生前的王爵相比还有较大距离。可见,这是熙宗有限度地为希尹恢复名誉。碑文记录了海陵时期为希尹彻底恢复名誉,"天德初,追封豫国王,谥曰贞宪,以雪其非罪。正隆二年,改封金源郡"。

　　7. 赠开府仪同三司

　　此指希尹曾祖石鲁、祖父劾孙(碑文作劾逊)、父欢都(碑文作桓笃)于金熙宗时期被分别追认的官阶名分。开府,本意为成立官府机构,自选僚属。汉代即有三公(三司)级别的高级官僚可以开府,魏晋以后有资格可开府的官僚逐渐增多,因此才有了"开府仪同三司"的叫法。唐代,开府仪同三司被正式确定为文散官的第一阶,宋袭唐制。金熙宗时期废除勃极烈制,正式实行汉官制度,也把开府仪同三司作为文官的最高官阶"文官九品,阶凡四十有二:从一品上曰开府仪同三司,中曰仪同

---

①　《金史》卷8《世宗纪下》,第181页。

②　同上书,第192页。

③　《金史》卷73《希尹传》,第1686页。

④　同上。

三司，中次曰特进，下曰崇进"①。希尹曾祖石鲁被追赠开府仪同三司邢国公，祖父劾孙被追赠开府仪同三司戴国公，为金史所不记，碑文可补正史之阙。希尹父欢都，《金史》有传。石鲁和劾孙《金史》无传，二人事迹均见于欢都传。碑文中有关石鲁和劾孙的事迹与《金史》可相互印证，但有关欢都身后追赠名分的情况，碑文与《金史》记载的"天会十五年，追赠仪同三司、代国公。明昌五年，赠开府仪同三司，谥曰忠敏"② 有较大差别。按照碑文，欢都死后所获追赠的开府仪同三司代国公（碑文作戴国公）应在金大定年间或者更早时候，而《金史》书欢都获追赠代国公是在金熙宗天会十五年（1137），与碑文基本相符。但欢都所获开府仪同三司的官阶以及谥号忠敏的追赠，《金史》记载是在明昌五年（1194），《金史》此处记载与碑文差别较大，应以碑文为准。

8. 明肃皇帝

金太祖完颜阿骨打庶长子完颜宗干，他还是海陵王完颜亮生父、金熙宗完颜亶养父。

完颜宗干，《金史》有传。《金史》载："海陵篡立，追谥宪古弘道文昭武烈章孝睿明皇帝，庙号德宗，以故第为兴圣宫。大定二年，除去庙号，改谥明肃皇帝。"但完颜宗干明肃皇帝这一谥号并未能一直存续。因为"及海陵废为庶人，二十二年，皇太子允恭奏，略曰：'……今海陵既废为庶人，而明肃犹窃帝尊之名，列庙祧之数。海陵大逆，正名定罪，明肃亦当缘坐。是时明肃已殂，不与于乱，臣以谓当削去明肃帝号，止从旧爵。或从太祖诸王有功例，加以官封，明诏中外，俾知大义。'书奏，世宗嘉纳，下尚书省议。于是追削明肃帝号，封为皇伯、太师、辽王，谥忠烈，妻子诸孙皆从降"③。这段记录，又为后人推断完颜希尹碑的立碑时间提供了一条更为精准的时间参照。从这段记述中得知，金大定二十二年（1182），经皇太子完颜允恭奏请，金世宗批准，海陵王生父完颜宗干被削去明肃皇帝谥号。而碑文仍称完颜宗干为明肃皇帝，说明希尹碑的立碑时间应在大定二十二年皇太子允恭奏请削去完颜宗干明肃皇帝谥号之前。

---

① 《金史》卷55《百官志一》，第1220页。

② 《金史》卷68《欢都传》，第1594页。

③ 《金史》卷76《宗干传》，第1741页。

此外，关于宗幹被削去明肃皇帝谥号，《金史》还有另一条记载。《金史·世纪补》的大定十九年（1179）条下说："十一月，……海陵虽贬黜为庶人，宗幹尚称明肃皇帝，议者以为未尽，帝（按：指完颜允恭）具表奏论。世宗嘉纳之。于是宗幹削去帝号，降封辽王。"① 但结合碑文完颜守道任太尉左丞相是在今大定二十一年（1181）以后的情况，《金史·世纪补》称大定十九年（1179），可见宗幹的明肃皇帝谥号被废的时间是不准确的。

9. 秦王宗翰。为完颜宗翰死后改封的爵位

《金史·宗翰传》载："熙宗即位，拜太保、尚书令，领三省事，封晋国王。……天会十四年薨，年五十八。追封周宋国王。正隆二年，例封金源郡王。大定间，改赠秦王，谥桓忠，配享太祖庙廷。"②

10. 先锋经□□□□右监军

右监军，金代都元帅府内所设官名。

《金史》载："都元帅府掌征讨之事，兵罢则省。天会二年，伐宋始置。泰和八年，复改为枢密院。"都元帅府设都元帅、左副元帅、右副元帅、元帅左监军、元帅右监军等官，其中"元帅右监军一员，正三品"。③碑文中"右监军"前的不可辨识的四个字，应为希尹当时的官职。据《金史·太宗纪》天会三年（1125）十月条："十月甲辰，诏诸将伐宋。以谙班勃极烈杲兼领都元帅，移赉勃极烈宗翰兼左副元帅先锋，经略使完颜希尹为元帅右监军，左金吾上将军耶律余睹为元帅右都监，自西京入太原。"④碑文中"先锋经□□□□右监军"，当为"先锋经略使元帅右监军"，与正史中希尹身份相符。

11. 太师、太傅

二者均为金代熙宗时期官名。太师，指完颜宗磐所任官职；太傅，指完颜宗幹所任官职。

前文已有说明，太师、太傅和太保，合称"三师"，皆为金熙宗废除勃极烈制度后为安置原重要勃极烈成员而设置的官名。天会十四年（1136），

---

① 《金史》卷 19《世纪补》，第 413 页。

② 《金史》卷 74《宗翰传》，第 1699 页。

③ 《金史》卷 55《百官志一》，第 1238 页。

④ 《金史》卷 3《太宗纪》，第 53 页。

"三月壬午，以太保宗翰，太师宗盘、太傅宗干并领三省事"。① 以三师领三省事，说明熙宗年间的三省六部制度是勃极烈制度向中原君主专制中央集权制度过渡过程中，具有鲜明时代特点和民族特点的制度。碑文中还提到，"帝（按：指金熙宗）既即位，罢宗磐尚书令，以为太师，而相王任政"。《金史》中《熙宗纪》和《宗磐传》亦有有关宗磐任太师及尚书令的记录，《金史·熙宗纪》天会十三年（1135）十一月条下记载："十一月，以尚书令宋国王宗磐为太师。"② 而《金史·宗磐传》则记："熙宗即位，为尚书令，封宋国王。未几，拜太师，与宗幹、宗翰并领三省事。"③ 由此可知，碑文所谓"罢宗磐尚书令"的记录是不见于《金史》的。也就是说，熙宗即位后很快罢去宗磐尚书令一职，宗磐虽以太师身份领尚书省事，但因不再担任尚书令，所以权力是大打折扣的。碑文可补史阙遗。

　　另，碑文涉及完颜宗幹的称呼，前面用"明肃皇帝"，中间用"太傅"，后又用"明肃"。虽然，明肃皇帝和太傅这两个身份，在金朝历史上仅指完颜宗幹，这一点并不能产生歧义，但"明肃皇帝"是海陵王为其生父完颜宗幹所追赠的帝王谥号，而"太傅"是金熙宗即位后任命的中央官职"三师"之一。金世宗大定年间成文的完颜希尹神道碑碑文，把这两个不同时代、不同性质的称呼混用，应值得推敲。

　　12. 豫国王、贞宪

　　这是海陵王时期金朝为希尹平反后追赠的爵位和谥号。

　　碑文曰："天德初，追封豫国王，谥曰贞宪，以雪其非罪。正隆二年，改封金源郡。"《金史·希尹传》则曰："天德三年，追封豫王。正隆二年，例降金源郡王。大定十五年，谥贞宪。"④ 碑文与正史关于希尹被追赠"豫国王"（碑文）、"豫王"（《金史》），名称有一字之差，时间也略有不同（"天德初""天德三年"）；碑文和正史关于希尹在正隆二年（1157）被追赠金源郡王基本相同；碑文与正史关于希尹被追赠"贞宪"这一谥号的时间有较大差异，应以碑文为准，即希尹被追赠"贞宪"谥号，是在海陵王天德年间。

---

① 《金史》卷4《熙宗纪》，第71页。

② 《金史》卷4《熙宗纪》，第70页。

③ 《金史》卷76《宗磐传》，第1730页。

④ 《金史》卷73《希尹传》，第1686页。

金朝女性谥号考

苗霖霖[*]

谥法制度在西周就已出现，早期的谥号只用于作为男性代表的王室成员，西汉以后谥号才加诸作为女性代表的皇后，直至东晋后宫嫔妃和贵族女性才开始拥有谥号。至此，谥号已经覆盖整个社会。但由于在我国古代社会中，女性主要是依附于男性而存在，这也造成女性获谥者人数较少，且获谥者身份也相对更为集中。

一　金朝获谥女性的身份

在我国古代社会中，皇后和嫔妃是皇帝的妻妾，更是国家女性的代表，她们也是最早获得谥号的女性。后妃谥号由皇帝谥号和自己独立谥号两部分组成，其中，皇帝谥号部分用以昭示她们与皇帝间的夫妻关系，而独立的谥号部分则是国家对她们生平的总结，如西汉武帝皇后卫子夫谥号为思，史称武帝思皇后，北魏孝文帝皇后林氏谥号为贞，史称孝文贞皇后。自唐朝以来，皇帝谥号用字逐渐增多，史书中对皇帝的称谓也由谥号改为庙号，但皇后谥号的用字却仍保持汉晋时期一到二字的传统，史籍对她们也仍保持着称谥的做法。

金朝建立之初并无谥号，至第二任皇帝太宗完颜晟继位后，追谥其兄完颜阿骨打为武元皇帝，庙号太祖，此为金朝谥号之始。熙宗完颜亶继位后，于天会十三年（1135），追尊太祖妃唐括氏为皇后，谥曰圣穆。至此，金朝皇后开始拥有谥号。天会十四年（1136），熙宗"追尊九代祖以

---

*　苗霖霖，黑龙江省社会科学院。

下曰皇帝、皇后"①，并按照前代惯例对他们追加一字或二字谥号，由此将前代皇后死后获谥的传统在金朝加以推广。

　　根据史书记载，金朝获得册封的皇后共有 33 位（含海陵皇后、嫡母与生母），其中获得谥号者有 29 位，另有 4 人未获得谥号。通过将史书中记述的金朝皇后生平进行对比可以发现，天会十四年（1136）熙宗追谥的金朝建国前诸帝皇后的谥号一字谥与二字谥并用，如始祖完颜函普妻谥曰明懿皇后，德帝完颜乌鲁妻谥曰思皇后，安帝完颜跋海妻谥曰节皇后。但自太祖以后，金朝皇后的谥号都采用二字谥，如太祖皇后纥石烈氏谥曰钦宪皇后，太宗皇后唐括氏谥曰钦仁皇后，熙宗皇后裴满氏谥曰悼平皇后。从这些获谥皇后的身份上看，不仅有如熙宗皇后裴满氏这样在生前就已经被册封为皇后，并在死后获得追谥者；也有如世宗皇后乌林答氏这样在丈夫继位前就已经逝世，在丈夫继位后被追封为皇后者；更有如太祖宣献皇后仆散氏这样，本为嫔妃，在其后代继位后，才被追谥为皇后者。

　　还有 2 人虽然曾获得谥号，但由于特殊原因而被削谥号，他们分别是海陵王嫡母徒单氏及生母大氏。徒单氏和大氏分别是辽王宗干的妻妾，宗干子完颜亮弑熙宗自立后，追封宗干为帝，并册封嫡母徒单氏和生母大氏为皇太后。贞元元年（1153）大氏病逝，谥曰慈宪皇后。不久，徒单氏为海陵所害，谥曰哀皇后。世宗继位后，先废完颜亮帝号，止称海陵王；追削宗干帝号，降称辽王，后又追削海陵王嫡母徒单氏和生母大氏的封谥，分别降封辽王妃和辽王夫人。

　　与徒单氏和大氏被削谥号不同，金朝还有 4 位皇后一直未获得谥号，她们分别是海陵王后徒单氏、卫绍王后徒单氏、宣宗皇后王氏以及哀宗皇后徒单氏。其中海陵王完颜亮和卫绍王完颜永济都由于被废而降封为王，他们的妻子也随之降称王妃，因而失去了获得谥号的资格。宣宗皇后王氏（赐姓温敦氏）与哀宗皇后徒单氏则均在金元交战中"京城破，后及诸妃嫔北迁，不知所终"②，最终没有获得谥号。

　　此外，根据史书及出土文献记载，金朝后期还曾对皇室以外女性进行

---

① （元）脱脱等：《金史》卷 4《熙宗本纪》，中华书局 1975 年版，第 71 页。

② （元）脱脱等：《金史》卷 64《后妃列传下·宣宗皇后王氏传》，中华书局 1975 年版，第 1533 页。

过追谥，得谥者共有 8 人。根据《金史·列女传》记载，同州贞妇师氏在丈夫逝世后"孝养舅姑。……舅姑既殁，兄师逵与夫侄规其财产，乃伪立媒证致之官。欲必嫁之。县官不能辨曲直，师氏畏逼，乃投县署井中死"①。师氏由于为保贞洁而死获得了朝廷的嘉奖，章宗不仅派官员到其墓地祭拜，还在明昌三年（1192）赐其谥号曰"节"。此外，还有一些女性在金末战乱中被俘，她们为保贞洁而被杀，为了表彰她们的行为，金朝也对她们进行追谥。如监察御史李英妻张氏为元军所俘，元军以其"品官妻，当复为夫人"。李氏为保贞洁乃"顿坐不起，遂见杀"②。莱州掖县司吏相琪妻栾氏"有姿色。……贞祐三年八月，红袄贼陷掖县，琪与栾氏及子俱为所得。贼见栾悦之，杀琪及其子而诱栾。栾奋起以头触贼而仆，……贼怒，杀之"③。宣宗分别追封张氏为陇西郡夫人、栾氏为西河县君，并赐予二人谥号曰"庄洁"。

宣宗时期，由于不断对外作战，使一些将领及其家属为国战死，为了对他们进行表彰，宣宗不仅对他们个人赐予谥号，有时还对他们的妻女进行追谥。如平阳公史咏妻梗氏在平阳府为元军攻破后被俘，元军欲以其招降史咏，梗氏乃自缢而死，宣宗追封其为京兆郡夫人，并赐谥曰"义烈"。定海军节度使王维翰"力穷被执不肯降。妻姚氏亦不肯屈，与维翰俱死"④。"（许）古挈家侨居蒲城，后留刘氏母子于蒲，仕于朝。既而，兵围蒲，……于是刘氏与二女相继自尽。"⑤宣宗追封姚氏为芮国夫人、刘氏为郡君，并对二人赐谥曰"贞洁"，许古的两个女儿也分别获谥曰"定姜"和"肃姜"。

二 金朝女性谥号的用字与含义

在女性谥号用字的选择上，金朝仍延续前代"谥者行之迹也，号者

① （元）脱脱等：《金史》卷 130《列女列传·雷妇师氏传》，第 2798—2799 页。

② （元）脱脱等：《金史》卷 130《列女列传·李英妻传》，第 2799 页。

③ （元）脱脱等：《金史》卷 130《列女列传·相琪妻传》，第 2799—2800 页。

④ （元）脱脱等：《金史》卷 121《忠义列传一·王维翰传》，中华书局 1975 年，第 2648 页。

⑤ （元）脱脱等：《金史》卷 130《列女列传·许古妻传》，中华书局 1975 年版，第 2801 页。

功之表"① 的原则，将逝者生平以一至二字进行总结，用以彰显逝者功绩，并对后人起到激励或警示作用。在金朝获谥的 33 位皇后中，一字谥者只有 3 人，她们分别是德帝皇后、安帝皇后与海陵嫡母徒单氏。其中德帝完颜乌鲁、安帝完颜跋海都是女真部帅，他们生活年代距金朝建国时间较远，最终造成他们妻子的姓氏都无从可考。熙宗继位后 "追尊九代祖以下曰皇帝、皇后"②，并 "奉上九代祖妣尊谥庙号"③，完颜乌鲁、完颜跋海的妻子均在此时被追封为皇后，并分别获谥曰 "思" 和 "节"。《史记正义·谥法解》载："大省兆民曰思，外内思索曰思"；"好廉自克曰节"，这些都是对女性勤思、节俭品行的称赞。海陵王完颜亮嫡母徒单氏本为宗干的正室，"海陵自以其母大氏与徒单嫡妾之分，心常不安"④。完颜亮弑熙宗自立，册封嫡母徒单氏和生母大氏俱皇太后，"徒单太后生日，酒酣，大氏起为寿。徒单方与坐客语，大氏踞者久之。海陵怒而出"⑤。这也使海陵对徒单氏的嫌隙日益加深，以致在迁中都时，独留徒单氏于上京旧都，直至大氏病逝，海陵才遵从大氏遗愿将徒单氏迎至中都，但不久，海陵 "谋伐宋，太后谏止之，海陵心中益不悦，每谒太后还，必忿怒，人不知其所以"⑥。而后，海陵从徒单氏侍婢高福娘处得知徒单氏曾与撒八会面，他担心徒单氏联合其养子完颜充篡位而杀害太后徒单氏、完颜充及其四子。世宗继位后，追谥徒单氏为 "哀" 皇后。由于 "蚤孤短折曰哀；恭仁短折曰哀"⑦，用以说明徒单氏仁善却早逝的悲惨命运。

　　金朝皇后谥号多用二字谥，且谥号中多以 "懿" "明" "昭" "钦" 等字为谥。根据《史记正义·谥法解》："温柔贤善曰懿"；"照临四方曰明，谮诉不行曰明"；"昭德有劳曰昭，圣闻周达曰昭"；"威仪悉备曰

---

　　① （唐）杜佑：《通典》卷 104《礼典·凶礼》帝王谥号议条引《大戴礼》，中华书局 1988 年版，第 2711 页。

　　② （元）脱脱等：《金史》卷 4《熙宗本纪》，中华书局 1975 年版，第 71 页。

　　③ （元）脱脱等：《金史》卷 32《礼志五·上尊谥》，中华书局 1975 年版，第 775 页。

　　④ （元）脱脱等：《金史》卷 63《后妃列传上·海陵嫡母徒单氏传》，中华书局 1975 年版，第 1504 页。

　　⑤ 同上。

　　⑥ 同上。

　　⑦ （唐）张守节：《史记》附录《史记正义·谥法解》，中华书局 1959 年版，第 29 页。

钦"。这些字无一不是对身为皇后的女性贤德、睿智、威严的品行进行褒奖，并以其作为金朝女性的卓绝代表。

此外，金朝对皇室以外女性的追谥，大都根据她们的生平确定谥号。对于史咏妻梗氏、王维翰妻姚氏、许古妻刘氏、许古女儿等被俘后不肯劝夫归降或随夫（父）被杀者，金朝皇帝不仅对她们追封爵位进行褒奖，更对她们赐予"义烈""贞洁""定姜""肃姜"等谥号。而对于同州贞妇师氏、李英妻张氏、相琪妻栾氏等不肯改嫁、为保贞洁而死者，金朝皇帝也赐予她们"节""庄洁"等谥号。

根据《史记正义·谥法解》："有功安民曰烈，秉德尊业曰烈"；"清白守节曰贞，不隐无屈曰贞"；"死于原野曰庄，武而不遂曰庄"；"好廉自克曰节"；"安民法古曰定"；"执心决断曰肃"。《周易·系辞下》："禁民为非曰义。"《楚辞·招魂》王逸注曰："不污曰洁。"而"姜"则从未作为谥号出现过，似专用于未婚女性。

可见，金朝女性谥号大都根据"谥之言列其所行。身虽死。名常存"① 的原则，以她们生平所行为依据而确定。在谥号用字的选取中，金朝对女性谥号的用字比较集中，不仅沿用前代大都采用的《史记正义》或《逸周书》中记载的用字，还增加了如《周易》《楚辞》等先秦典籍中的用字，更将一些前代从未用过的字专用于女性。

三　金朝女性谥号的种类与意义

谥号确立之初并无恶谥，"谥之有恶者后人之所立也，由有美刺之说行然后后人立恶谥"②。并最终分为美谥、平谥与恶谥三类，亦即郑樵在《通志》中所称的上谥、中谥与下谥。

由于金朝女性较少能够获得谥号，这也造成国家对女性谥号的颁发以美谥为主，平谥较少，而恶谥则从未采用。金朝获谥的 27 位皇后（含海陵皇后与嫡母、生母）中以美谥居多，如太祖圣穆皇后唐括氏、太宗钦仁皇后唐括氏、世宗明德皇后乌林答氏等的谥号均为美谥，只有熙宗皇后

---

① （唐）欧阳询：《艺文类聚》卷 40《礼部下·谥》引《五经通义》，上海古籍出版社1965 年版，第 726 页。

② （宋）郑樵：《通志》卷 46《谥略·谥上·序论第一》，中华书局 1987 年版，第 603 页。

裴满氏和海陵嫡母徒单氏的谥号中出现过平谥。

熙宗皇后裴满氏本为贵妃，天眷元年（1138）被立为皇后，其与熙宗育有一子，但不幸早夭。裴满氏在熙宗亲政后"干预政事，无所忌惮"①，她的行为引起了熙宗极大的不满，并最终为熙宗所杀，死后无谥。海陵王弑熙宗自立，"欲收人心，以后死无罪，降熙宗为东昏王，追谥后为悼皇后"②。世宗继位后，追复熙宗帝号，追谥裴满氏为悼平皇后。根据《逸周书·谥法解》："年中早夭曰悼，肆行劳祀曰悼"；"执事有制约平，惠内无德曰平"。其中"悼"为平谥，而"平"则为美谥。徒单氏本宗干正室，海陵王继位后，追封宗干为帝，册封嫡母徒单氏为皇太后，后因被海陵怀疑策划谋反而被杀，死后无谥。世宗继位后，追谥徒单氏为哀皇后。根据"蚤孤短折曰哀；恭仁短折曰哀"③的谥号解释来看，哀乃平谥。而后，世宗"贬海陵为庶人。宗干去帝号，复封辽王，徒单氏降封辽王妃"④，并去谥号。

金朝皇后以外的女性获谥者只有8人，其中同知平阳府事、平阳公史咏妻梗氏谥号曰"义烈"；定海军节度使王维翰妻姚氏、许谷妻刘氏的谥号都是"贞洁"；御史中丞李英妻张氏、莱州掖县司吏相琪妻栾氏的谥号都是"庄洁"；同州贞妇师氏谥号曰"节"；许谷的两个女儿谥号分别为"定姜"和"肃姜"。她们或是为保贞洁而死，或是忠贞报国被杀，作为金朝女性的代表，国家都对她们赐予美谥，以此作为对她们行为的嘉奖。

综上所述，金朝女性获谥者主要有皇后和贵族妇女两个群体，其中皇后是女性获谥者的主体，而贵族妇女中只有为作为忠君和贞洁表率者才能获得追谥，这也造成金朝女性谥号以美谥为主，平谥较少，且从未出现过恶谥，国家将这些女性的行为用一到两字进行总结，并进行颁发，用以引导全国女性进行效仿，这些获谥女性也成为金朝女性的代表，受到国家和社会的推崇。

---

① （元）脱脱等：《金史》卷 63《后妃列传上·熙宗皇后裴满氏传》，第 1503 页。

② 同上书，第 1504 页。

③ （元）脱脱等：《史记》附录《史记正义·谥法解》，第 29 页。

④ （元）脱脱等：《金史》卷 63《后妃列传上·海陵嫡母徒单氏传》，第 1504 页。

试论金元之际北方儒士的正统观

曹文瀚[*]

　　一个政权建立后，统治者会用各种手段让人民相信他有统治的合法性。中国古代的产生了各种宣示自身政权合法性的方式，如禅让、五德终始、谶纬、封禅、传国玺、吊民伐罪、复仇及王道，其中以正统论对中国历史的影响最为深远。

　　正统论可分成五德终始和以王道分正闰二说，前者始于子思，至邹衍而大成，秦汉以来长期影响中国。后者源于《春秋》，习凿齿开其例，宋代中叶随着《春秋》学的兴起进一步理论化。以欧阳修为确立宋朝统绪如何继承而创作的《正统论》为指标，随着宋儒的讨论逐渐完善，最终在入元后，取代包括五德终始说在内的各种政权合法性理论。[①] 直至晚清民国之际梁启超《论正统》在理论上全面性的摧毁，并援引民族主义取而代之后衰微。本文的正统论及正统观指的是以王道分正闰。

　　正统论最重要的目的既然是替自身政权确立统治的合法性，其核心的"王道"标准自然也会依政权的需要而变化。在以王道分正闰的正统论取代五德终始说及其他政权合法性理论的过程中，一个非常重要的事件就是靖康之难，这个事件造成宋室南迁及宋金近百年的对峙。南宋士大夫在外在环境的影响下，对正统论的标准做了调整，民族意识的成分与日俱增，最终在南宋灭亡之际，出现郑思肖"夷狄行中国之事曰'僭'，人臣篡人君之位曰'逆'，斯二者天理必诛……得天下者，未可以言中国；得中国者，未可以言正统；得正统者，未可以言圣人"这种全面否定非汉族可

---

　　* 曹文瀚，河南大学历史文化学院。

　　① 参见饶宗颐《中国史学上之正统论》，上海远东出版社 1996 年版，第 1、9—12 页；刘浦江《"五德终始"说之终结——兼论宋代以降传统政治文化的嬗变》，《正统与华夷：中国传统政治文化研究》，中华书局 2017 年版，第 61—87 页。

为正统的激烈言论。① 日后被拥有强烈民族意识者广泛运用。

　　无独有偶，金朝入主中原后，女真统治者相也当重视并采取各种方法昭示金朝的政权合法性，最具代表性者为金世宗完颜衮（乌禄，后改名雍）时的制礼作乐、金章宗完颜璟（麻达葛）时的德运之议，最极端者则是金海陵王完颜亮（迪古乃，死后被降封为海陵郡王，谥号炀，后又被降为海陵庶人）意图"天下一家"的南攻宋朝之举。最迟至章宗时期，北方的士大夫已普遍对金朝有强烈的认同感，以金朝为正统。但面对金朝并未统一天下，而是与南宋长期对峙的事实，他们在接收宋儒正统论的同时，必然会根据金朝的需求，做出相应的调整。

　　学界对金朝统治合法性的建立过程及其影响的相关研究相当丰富，就现有的研究成果所见，主要着重在几个方面：一是女真统治者建立统治合法性的过程及方式；二是对德运之议的研究；三是金人中国观的研究。女真统治合法性的建立基本上在金章宗时期已经完成，德运之议是以五德终始说为理论，两者皆非本文研究范畴，故不多论。② 金人中国观的研究始于赵永春先生，他认为金朝人虽自认是正统，但并未将其他政权排除到中国之外，这是金人的多统意识。③ 王明荪先生指出并未见金人有以南宋为中国的史料。④ 熊鸣琴认为多统意识这种超越性的论述是到亡金遗民才产生的。⑤ 除此之外，王明荪《金代士人之历史思想》一文中涉及金人对历

---

　　① 郑思肖：《心史》下卷《古今正统大论》，《宋集珍本丛刊》，线装书局 2004 年版，第 23 页 a—第 23 页 b、第 24 页 a。

　　② 关于金朝统治合法性的建立过程以及德运之议的相关研究参见：饶宗颐《中国史学上之正统论》，第 49—56 页。陶晋生：《女真史论》，稻乡出版社 2010 年版，第 117—123 页。陶晋生：《金代政权合法地位的建立》，《宋辽金史论丛》，联经出版事业股份有限公司 2013 年版，第 439—454 页。Hoh-lam Chen（陈学霖），*Legitimation in Imperial China: Discussions under Jurchen-Chin Dynasty*, Seattle: University of Washiongton Press, 1984。刘浦江：《德运之争与辽金王朝的正统性问题》，《正统与华夷：中国传统政治文化研究》，第 88—115 页。宋德金《正统观与金代文化》，《宋德金集》，中国社会科学出版社 2008 年版，第 60—84 页。

　　③ 赵永春：《试论金人的"中国观"》，《中国边疆史地研究》2009 年第 4 期。

　　④ 王明荪：《南宋及金朝的中国观》，《近古分裂时期的中国观》，花木兰文化出版社 2015 年版，第 189 页。

　　⑤ 熊鸣琴：《金人"中国"观研究》，上海古籍出版社 2014 年版，第 213—217 页。

代兴亡之迹的看法以及金人的天下观，对本文颇有启发。① 又真正对正统论进行全面性、系统性阐释的金儒是金元之际的杨奂，因此杨奂成为金元北方士人正统观的代表性人物之一，钱茂伟、魏崇武为代表的几位先生曾探析杨奂的正统论，但他们多着重杨奂与理学，尤其是朱学之间的联系，对杨奂正统理论的金朝成分并没给予足够的重视。② 本文尝试分析金元之际北方士大夫的正统观及其理论的特色，并尝试寻出它们与元初北方正统观和正统理论之间的脉络。这里所指的金元之际是指贞祐南迁至大蒙古国时期。

一　金末士人的正统观及理论

金末士人虽普遍以本朝为正统，也在留存北宋义理经学的同时，接受来自南宋的理学著作，并根据自身的需求做了修正。③ 但就现存史料所见，这时期尚未对正统问题提出系统性的论述。不过仍能从他们的一些文章中，略窥其正统观。以下以赵秉文及王若虚为例试探之。

（一）赵秉文：仁与积

赵秉文是金朝末年的文坛盟主，元好问称他"以道德、仁义、性命、

---

① 王明荪：《金代士人之历史思想》，《辽金元史学与思想论稿》，花木兰文化出版社 2009 年版，第 129—135 页。

② 钱茂伟：《杨奂、郑思肖的正统观辨析》，《史学史研究》2000 年第 3 期。魏崇武：《论蒙元初期的正统论》，《史学史研究》2007 年第 3 期。殷振：《论元代史学的兼容并包性》，《海南大学学报》（人文社会科学版）2008 年第 2 期。李珍：《元代民族史观的时代特点》，《云南民族学院学报》（哲学社会科学版）2001 年第 4 期。江湄：《元代"正统"之辨与史学思潮》，《中国史研究》1996 年第 3 期。

③ 有关金代理学的流变，需要注意到理学的广义、狭义之分，靖康之难后，义理之学一直存在于北方，并在明昌经义复科后逐渐受到北方儒士的重视。其后代表朱子以前南宋道学成果的《诸儒鸣道集》传入北方并经金人重新整理、刊刻发行，即《道学发源》，该书颇受赵秉文、李纯甫及王若虚等金末名士的重视。朱学最早的传播者则是金末王得舆。参见蒲道源《顺斋先生闲居丛稿》卷 14《西轩王先生传》，《中华再造善本》，北京图书馆出版社 2005 年版影印本，第 1 页 a—第 1 页 b。赵宇：《金朝中叶科举经义、词赋之争与泽潞经学源流》，《史学月刊》2016 年第 4 期。王耘：《金代从地域到国家的政治文化认同》，中国社会科学出版社 2017 年版，第 108—127 页。

祸福之学自任，沉潜乎六经，从容于百家……主盟吾道将四十年"。① 可见赵秉文对金末士人有相当大的影响力。他是一位完全认同金朝为正统的士大夫，甚至将南宋称为岛夷、丑虏及淮夷。② 赵秉文并没有直接对正统问题展开论述，但从他的史论中，可以略窥他的正统观。

《总论》，是赵秉文诸论的核心，也最能从中观察他的历史观，进而寻其正统观。赵秉文在《总论》中，以帝王能尽天下之道为仁，仁不足，维之以义。以国祚长远与否在仁的积累，治理好坏在义的大小，并以纪纲刑政皆由义所出。以"大纲小纪，一出于正"为天下有道，"大纲正，而小纪不正"为治，"大纲不正，小纪虽正"为乱。并将君主分成生灵之主与生人之雠两类。③ 前文提及，正统论一大重点是以王道分正闰，故王道的标准一直是正统论的核心问题之一。从赵秉文的《总论》我们可以看到他心目中的"王道"为"仁"，因此能尽"仁"的帝王即是得到天命的正统帝王。"仁"为何？《总论》语带模糊，但赵秉文在《蜀汉正名论》中以刘备和诸葛亮有公天下之心，故可为正统。④ 由此可知赵秉文认为只要君主有"公天下之心"，他的行为即符合"仁"，则其所为之事皆为正。另外，赵秉文在《总论》中，批评魏武帝曹操、宋武帝刘裕及前秦世祖苻坚是"争地以战，杀人盈野；争城以战，杀人盈城"的生人之雠；《西汉论》批评汉武帝刘彻穷兵黩武；《唐论》批评唐太宗李世民好大喜功。⑤ 故赵秉文心目中的"仁"尚有一要素即是不可轻易开启争战。他又在《蜀汉正名论》中援引韩愈"《春秋》诸侯用夷礼，则夷之；夷而进于中国，则中国之"⑥，可知赵秉文支持以文化论正统。

另外，赵秉文运用了"积"的概念，他在《总论》中以"世数之久近，则系乎其仁所积之有厚薄……自古帝王，或寖以隆昌，或偾而复振，

① 《元好问文编年校注》卷3《闲闲公墓铭》，中华书局2012年版，第257、272页。
② 《赵秉文集》卷10《平章左副元帅谢宣谕赐马铰具、兔、鹘、匹段、药物表》，黑龙江大学出版社2014年版，第272页。《赵秉文集》卷18《宣宗哀册》，第366页。《赵秉文集》卷10《平章授左副元帅谢表》，第271页。
③ 《赵秉文集》卷14《总论》，第326—327页。
④ 《赵秉文集》卷14《蜀汉正名论》，第333—334页。
⑤ 《赵秉文集》卷14《总论》，第327页。《赵秉文集》卷14《西汉论》，第328页。《赵秉文集》卷14《唐论》，第336页。
⑥ 《赵秉文集》卷14《蜀汉正名论》，第333页。

或断而复续，皆积之效也……不仁而得天下者，亦有之久矣。不仁而世数长久者，未之闻也"①。认为一个朝代如果越多皇帝能行仁政，则这个朝代的世数就能越久。如以汉代虽"文帝有容天下之量，宣帝有君人之术"但世数不及夏、商、周三代的原因在汉武帝。唐太宗和唐玄宗李隆基虽然有追治古之风，但皆有失，故无法上追三代。②赵秉文对"积"的运用可以说是杨奂《正统八例总序》以帝王、事件为单位之书写方式的先声。

总的来说，赵秉文的看法是有公天下之心，尽"仁"，采中国之法、中国之文化，即为正统。必须承认的是赵秉文的正统观及理论多非其创见。以公天下之心、尽仁即为王道的观点即二程的天理、王道观。③赵秉文在阐述积的概念时，虽言"予独曰"，但实际上这概念早在汉朝时的贾谊《治安策》及董仲舒《天人三策》就已提及④，赵秉文只是站后来者的立场，可以利用汉朝及其以后的历史来强化这个概念。"夷而进于中国，则中国之"的主张则援引于韩愈。王通更早在韩愈之前就以此来论正统，以齐、梁、陈三朝只能视为四夷，北魏因孝文帝行汉法，而能承继刘宋之正统。⑤赵秉文自己也承认他的理论无突出之处，故假设了另一人说自己的看法只是"世俗之言"，进而表示"古之人不求苟异，其于仁义申重而已"⑥，因此赵秉文在这部分的主要贡献不在发明，而在推广。就外在环境而论，赵秉文会接受并发扬这些论点，离不开他对金朝的认同，尤其是对金世宗与金章宗的支持与肯定。金朝统治者虽是女真人，他们的汉化速度却相当的快速，南宋大儒真德秀即云："金国有天下，典章法度

① 《赵秉文集》卷14《总论》，第326—327页。
② 同上书，第327页。
③ 如程颢以王道为"诚心而王则王矣……必以尧舜之心自任，然后为能充其道"。程颐以"人君因亿兆以为尊，其抚之治之之道，当尽其至诚恻怛之心……兢兢然惟惧一政之不顺于天，一事之不合于理。如此，王者之公心也"。参见《河南程氏文集》卷1《论王霸劄子》，《二程集》，中华书局1981年版，第451页。《河南程氏文集》卷5《代吕公著应诏上神宗皇帝书》，《二程集》，第530页。
④ 《汉书》卷48《贾谊传》，中华书局1962年版，第2253页。《汉书》卷56《董仲舒传》，第2517页。
⑤ 王通、阮逸注：《中说》卷5《问易篇》，中华书局1985年版，第19页。
⑥ 《赵秉文集》卷14《总论》，第327页。

文物声名在元魏右。"① 元儒郝经亦以金朝文化可与汉唐比肩。② 赵秉文自
己也说"明昌、泰和间，明天子励精政事，修饰治具，典章文物，高出
近古"③。金世宗的"尧舜"之名连在南宋的朱熹都曾听闻。④ 这些历史
事实无疑给了赵秉文为代表的金人一个实施仁政的范本，同时也让他们拥
有用夏变夷的信心。

（二）王若虚的多统意识

王若虚，曾任金朝国史院编修官及著作佐郎，秉史笔达 15 年，曾参
与撰写《章宗实录》及《宣宗实录》，又有史论数百条，时人视之为刘知
几《史通》，可知他是金末一大史学重镇。⑤ 王若虚没有对正统论做过系
统性的论述，但他曾在《议论辨惑》表示"正闰之说，吾从司马公"⑥，
代表他的正统观是较接近司马光的。因此要理解王若虚的正统观，需要回
过头来看司马光是怎么说的，按《资治通鉴·论正闰》：

> 正闰之论兴矣。及汉室颠覆，三国鼎峙。晋氏失驭，五胡云扰。
> 宋、魏以降，南北分治，各有国史，互相排黜：南谓北为索虏，北谓
> 南为岛夷。朱氏代唐，四方幅裂，朱邪入汴，比之穷新，运历年纪，
> 皆弃而不数。此皆私己之偏辞，非大公之通论也。臣愚诚不足以识前
> 代之正闰，窃以为苟不能使九州岛合为一统，皆有天子之名而无其实
> 也。虽华夏仁暴，大小强弱，或时不同，要皆与古之列国无异，岂得
> 独尊奖一国谓之正统，而其余皆为僭伪哉……然天下离析之际，不可
> 无岁时、月、日以识事之先后。据汉传于魏而晋受之，晋传于宋以至
> 陈而隋取之，唐传于梁以至于周而大宋承之，故不得不取魏、宋、
> 齐、梁、陈、后梁、后唐、后晋、后汉、后周年号，以纪诸国之事，

---

① 《郝文忠公陵川文集》卷 30《删注刑统赋序》，《北京图书馆古籍珍本丛刊》，书目文献
出版社 1988 年版影印本，第 12 页 a。

② 《郝文忠公陵川文集》卷 30《删注刑统赋序》，第 12 页。

③ 赵秉文著，马振君整理：《赵秉文集》卷 11《张文正公碑》，第 290 页。

④ 黎靖德辑，郑明等校点：《朱子语类》卷 133《夷狄》，《朱子全书》第 18 册，上海古籍
出版社、安徽教育出版社 2002 年版，第 4161 页。

⑤ 《元好问文编年校注》卷 5《内翰王公墓表》，第 742、746 页。

⑥ 《王若虚集》卷 30《议论辨惑》，中华书局 2017 年版，第 363 页。

非尊此而卑彼，有正闰之辨也。①

司马光虽自言并无参与正闰之辨之意。但他已明确表示分裂时期各国应等同看待，不宜以一国为正，他国为伪。就"苟不能使九州岛合为一统，皆有天子之名而无其实也"一语，更可以明确地看出司马光支持的是"分裂之时，正统不存"的绝统论。这也能在《答郭纯长官书》中司马光对欧阳修的绝统说、章望之的无统说皆表达肯定之意得证。② 王若虚既然赞成司马光的观点，理论上应是绝统论、无统论的信徒。但他在《君事实辨》里提出："天下非一人之所独有也。此疆彼界，容得分据而并立，小事大，大保小，亦各尽其道而已。有罪伐，无罪则已。自三代以来莫不然。岂有必皆扫荡使归于一统者哉？"③ 又如《臣事实辨》中，他对羊祜向晋武帝司马炎提议伐吴一事所做的评论："呜呼！果使吴人更立令主，民得乐业于一方，释而存之，以为外惧，岂非好事。"④ 这反映出他认为分裂时期如各国皆有道之主，又何须一统。也就是说他并不认为分裂时期没有正统，而是正统分散到各个政权身上。意即最迟至这个时期，王若虚已呈现多统意识。前文提及熊鸣琴认为多统意识这种超越性的认知是在亡金遗民身上才产生的。按舒大刚的研究，王若虚诸《辨》应是完成于公元 1232 年五月前。⑤ 此时金朝虽已面临亡国前夕，但金哀宗完颜守绪［原名守礼（宁甲速），身后的庙号有哀宗、义宗与昭宗］尚未逃离汴京，自然不能将此时的王若虚视为亡金遗民。这代表的是金亡之前，已有金人萌生多统意识。

二　亡金遗士的正统观与理论

公元 1234 年正月，蔡州城一役，金朝灭亡。对这个时期的金朝士人

---

① 《资治通鉴》卷 69《魏纪一》，黄初二年四月丙午，中华书局 1956 年版，第 2187 页。

② 《司马温公集编年笺注》卷 61《答郭纯长官书》，巴蜀书社 2009 年版，第 5 册，第 13 页。

③ 《王若虚集》卷 26《君事实辨下》，第 316 页。

④ 《王若虚集》卷 27《臣事实辨上》，第 329 页。

⑤ 舒大刚：《王若虚年谱》，《宋代文化研究》第 5 辑，1995 年 10 月。

而言，他们生活在国破家亡的痛苦之中的同时，为故国争取历史地位成为他们的新课题。他们的正统观念在这个时期进一步理论化，成为不同于南宋的正统理论。亡金遗士中，身为文坛盟主的元好问无疑是当时最具代表性的北方儒士，其余对正统理论较有系统性阐释者有修端与杨奂。故本文以此三人为例，试析亡金遗士的正统观与理论。

（一）元好问

元好问在金朝亡国前已名满士林。金朝灭亡后，独步文坛约 30 年，为一代文宗，被许多元人视为文统的继承者。更自比为北方道统的继承者。[①] 又以金朝典章法度不下汉唐，立志为金修史。虽未能得见金实录，仍编有《中州集》，撰《南冠录》《壬辰杂编》，又为《金源君臣言行录》奔走各地，采遮遗逸。杂录近世事至百余万言，置于野史亭。[②]《金史》号称良史，好问之功甚大。

尽管元好问对中国文学及史学皆有重要的贡献，但他并未对正统问题做系统性的论述。最能显现元好问正统观的史料，首先是他在《中州集》中收录的"中州士人"包括金朝和南宋的士人，不分中外，不辨华夷，"生于中原，而视九州岛四海之人犹吾国之人"[③]，展现他的多统意识。其次则是当元世祖忽必烈"宾礼故老，延见儒生"并展现对汉法与汉文化的强烈兴趣，更下令重修真定庙学后，元好问以元世祖为贤王，"是可为天下贺也"[④]。数年后更与张德辉北觐元世祖，奉元世祖为儒教大宗师。[⑤]这代表他期许并认同元世祖可为中国文化的保护者，尽管元好问终身不任蒙元官员，却在行动上表示他有行中国之道，即中国之主的正统观，这种正统观无疑也影响到他的弟子郝经，因此元世祖开金莲川幕府并征召郝经，郝经遂前往并"条上数十事"。[⑥] 除此之外，《新野先主庙》一诗以

---

① 元好问在《闲闲公墓铭》中以赵秉文是王通、韩愈、欧阳修之后的道统继承人，同时也将自己视为赵秉文的继承者。参见《元好问文编年校注》卷 3，第 272、276 页。

② 《郝文忠公陵川文集》卷 35《遗山先生墓铭》，第 1 页 b—第 2 页 b。

③ 家铉翁：《题中州诗集后》，苏天爵编：《国朝文类》卷 38，《四部丛刊初编》本，商务印书馆 1929 年版，第 11 页 b。

④ 《元好问文编年校注》卷 5《令旨重修真定庙学记》，第 1059—1060 页。

⑤ 《元史》卷 163《张德辉传》，中华书局 1976 年版，第 3824—3825 页。

⑥ 《元史》卷 157《郝经传》，第 3698 页。

蜀汉昭烈帝刘备为三国正统，其中"长坂安行气已王"一句代表他认为
当阳长坂之役使蜀汉昭烈帝取得汉室正统①，此说则源于习凿齿《汉晋春
秋》。②

（二）修端与多统意识的普遍化

修端生平不明，他能在历史留名是因为金朝灭亡该年的八月参与了一
场宋辽金修史问题的争论，并将这场争论的过程记录下来，这也是现存有
关金朝历史地位问题最早的一条史料。③ 这场争论始于有人提及"金有中
原百有余年，将来国史如何尔"？接着马上有人提出"宋受周禅，虽靖康
间二帝蒙尘，缘江湖以南，赵氏不绝。金于宋史中亦犹刘、石、苻、姚一
载记尔"。后来又有人认为"金有中原虽百余年，宋自建隆于今，几三百
年。况乎今年春正月，攻陷蔡城，宋有复雠之迹，固可兼金"。这两种说
法明显是以宋为正统，因此无法得到在场多数人士的认同。修端反驳这种
论述，提出以五代为《南史》，北宋为《宋史》，南宋为《南宋史》，辽、
金为《北史》的论点。并指出欧阳修为尊本朝，故不以五代为《南史》。
且如以南宋未亡故可有正统，则后周时的正统应在北汉而非后周，以这个
标准来看，《通鉴》应以北汉为世纪，欧阳修不应做《十国世家》，岂可
"在周则为正，在金则为闰"。而在同样的标准下，金朝自应接续辽朝的
正统。修端身为亡金遗士，他要争夺的不是金朝的现实政治地位，而是金
朝的历史地位。因此他无法忽视南宋此时尚未灭亡的事实，也就是上述引
文中的"赵氏不绝""宋有复雠之迹"等语，在此情况下，退而求其次的
多统观与多统论述无疑是为金朝争历史地位最好的方案。因此与王若虚相
较，修端的多统意识更为明显，论述也更明确，从争论结果来看，他的论
点得到在场诸人的认同，这代表着多统意识正逐渐成为亡金遗民的普遍
观点。

---

① 《元好问诗编年校注》卷 3《新野先主庙》，中华书局 2011 年版，第 532 页。

② 习凿齿、汤球辑：《汉晋春秋》卷 2《先主走将保江陵操追之》，《丛书集成初编》本，
中华书局 1985 年版，第 11 页。

③ 参见《王恽全集汇校》卷 100《玉堂嘉话卷之八》，中华书局 2013 年版，第 3955—
3960 页。

（三）杨奂的《正统书》

这个时期北方儒士中最致力于正统论之人，首推杨奂。杨奂金末举进士不中，教授乡里，曾在张信甫处任塾师。金亡后冠氏世侯赵天锡延揽之，又参与戊戌之试并为耶律楚材重用，任官十年后请老。是大蒙古国时期另一文坛领袖，被称为关西夫子。晚年纂有《正统书》六十卷，可见其着力于此。① 王恽即言杨奂"苦心分正闰，书法继《春秋》"②。可惜该书已佚，但《还山遗稿》存有《正统八例总序》，可由此略窥杨奂的正统观及理论。

杨奂在《正统八例总序》中先是激烈批评过去的正统论"不以逆取为嫌，而又以世系、土地为之重"，并提出"王道之所在，正统之所在也"。"王道"是什么？杨奂并未明确说明，但他在反驳世系说时，以"贼仁者谓之贼，贼义者谓之残，残贼之人，谓之一夫"反驳土地说时言"以力假仁者霸，霸必有大国；以德行仁者王，王不待大"？又言："使创者不顺其始，守者不慎其终，抑有以济夫人主好大喜功之欲，必至糜烂其民而后已，其为祸可胜计耶？"从他强调"贼仁者""以力假仁者"可以看出杨奂心目中的王道，实际上就是"仁"。③

杨奂对于正统的判定方式有八：得、归、传、陷、复、绝、衰、与。他并列出哪些帝王属于哪一例：

得：尧、商汤、周武王姬发、秦始皇嬴政（变例）、隋文帝杨坚（变例）、唐高祖李渊、唐太宗（变例）。

归：舜（未王时）、禹（未王时）、商汤（未王时）、周文王姬昌（未王时）、汉献帝刘协建安十三年（208）蜀汉昭烈帝当阳之役。

传：舜、禹、启、周成王姬诵、周康王姬钊。

陷：太康、仲康、相、秦始皇十年（前 237）李斯复相、汉高后吕雉、汉景帝刘启初年（前 156）短通丧、刘婴（号孺子）居摄时王莽篡

---

① 《元好问文编年校注》卷 6《故河南路课税所长官兼廉访使杨公神道之碑》，第 1448、1451—1452、1459 页。

② 《王恽全集汇校》卷 13《送紫阳归柳塘》，第 532 页。

③ 参见《杨奂集·还山遗稿》卷上《正统八例总序》，吉林文史出版社 2010 年版，第 281—283 页。

位、汉明帝刘庄永平八年（65）启异端、晋怀帝司马炽、晋愍帝司马邺、武周、唐中宗李显时韦后专政、唐玄宗天宝末年、唐僖宗李儇、唐昭宗李晔、唐哀帝李柷（原名祚，后改名柷）。

复：少康、太甲、周厉王姬胡、晋惠帝司马衷（变例）、唐中宗（变例）。

绝：夏桀、商纣、秦二世胡亥。

衰：周厉王、周幽王姬宫涅、汉元帝刘奭、汉成帝刘骜。

与：蜀汉昭烈帝、晋武帝、北魏孝文帝元宏（本姓拓跋，后改姓）、唐肃宗李亨、后唐明宗李亶［原名嗣源（邈佶烈），称帝后改名］、后周太祖郭威、后周世宗柴荣。①

杨奂这种以王道为准则，不局限于王朝与王朝之间的正统关系，进而观察王朝内部的正统流变之情形，为每一位帝王或重要事件给一正统之例。魏崇武先生以为是杨奂在正统理论上的创见，并认为是受到欧阳修三绝三续及朱子《资治通鉴纲目凡例》的影响。② 笔者同意欧、朱二人曾影响到杨奂。然而杨奂虽然借鉴欧、朱的书法体例，但运用方式不尽相同。据《正统八例总序》可知《正统书》是编年体，止于五代，代表他虽然在汉魏正闰问题上与朱子有暗合处。但在其他时代并未全盘接受朱子的理论，不然他大可如停止创作《汉书》一样，不做《正统书》。③ 另外，欧阳修与朱子的书法体例除了历史与道德评价外，一个很重要的目的是解决分裂时期的正统问题，"绝统"与"无统"论由此而来。④ 但观察杨奂的正统八例可以发现，被列为"绝"的夏桀、商纣、秦二世三人中，桀和纣未绝时，正统已归于商汤及周文王之手，唯《正统八例总序》中未言及汉高祖，故不知秦二世绝，但汉高祖取得正统于何时。再观察陷，可以发现陷的情况相当复杂，有因日后中兴而曰陷者，如太康、仲康、武、韦二后；有因特殊事件而曰陷者，如秦始皇十年李斯复相、汉明帝时佛教入中国。又如杨奂表示"曰归或附之以陷，何也？示无二君也"⑤。这代表

---

① 参见《杨奂集·还山遗稿》卷上《正统八例总序》，第282—283页。

② 魏崇武：《论蒙元初期的正统论》，《史学史研究》2007年第3期。

③ 陶宗仪：《南村辍耕录》卷24《汉魏正闰》，中华书局1959年版，第291页。

④ 《资治通鉴纲目》附录1"凡例"，《朱子全书》第11册，第3475—3497页。

⑤ 《杨奂集·还山遗稿》卷上《正统八例总序》，第283页。

陷不能视为正统断绝。更具体的例子是他将三国时期的正统给予蜀汉昭烈帝，南北朝时期的正统给予北魏孝文帝。这两个时期是被欧阳修及朱子视为绝统、无统的时期。由此观之，杨奂眼中，正统不曾断绝过。故本文以为杨奂借鉴欧、朱书法体例的同时，并未接受其"绝统""无统"之精神。

　　除欧阳修与朱子外，杨奂在《正统八例总序》中呈现的正统观也受到金末士人的影响。如汉魏正闰之争，单就金末而论，赵秉文已有《魏晋正名论》及《蜀汉正名论》二文。王若虚也曾批评司马光宽假魏武帝，认为司马光以魏武帝的天下非取自汉而是盗手，"失言之罪，万古不磨"。[1] 可见以蜀汉为正已是金末士人的普遍看法。蜀汉昭烈帝在当阳长坂一役取得正统这点前文已提及源于《汉晋春秋》，元好问也比杨奂更早表示了相同的看法，因此这并非是杨奂的创见，只是他将这概念用于正统理论中。再如杨奂以"中国而用夷礼，则夷之，夷而进于中国，则中国之"，将晋亡后的正统给予北魏孝文帝，这种用夏变夷，可为正统的理论前文已提及源于王通，且长期流行在金朝士人间，不足为奇。又如前文已指出杨奂的"王道"是仁，这实际上源于北宋，至迟在金末时，赵秉文就已接受并阐发了这个观点。杨奂以帝王为"例"的书写方式，与"积"的概念应有密切的关系，并做了进一步的阐释，以前文提到的八例所见，杨奂不但以每个帝王为"例"，更以重要事件为"例"，同时也考虑到八例无法解释的情况，而有借鉴朱熹"变例"的书法，最终将其理论化，使其在道德上发挥借鉴作用"使创者不顺其始，守者不慎其终。抑有以济夫人主好大喜功之欲，必至糜烂其民而后已，其为祸可胜计耶"？[2] 另须指出的是，如同前文提及，杨奂将三国正统予蜀汉昭烈帝，南北朝正统予北魏孝文帝，又表示"无二君"，代表他不支持多统论，这是他与其他亡金遗士不同之处。

小结

　　综上所述，本文以为金元之际北方儒士的正统观及理论的特点如下：

---

① 《王若虚集》卷30《议论辨惑》，第357页。
② 《杨奂集·还山遗稿》卷上《正统八例总序》，第283页。

（1）强调"夷而进于中国，则中国之"

金元之际的北方儒士无一不强调此点，这与强调以血统分华夷的南宋儒士形成强烈的对比。以内在因素而言，这种理论早在王通和韩愈就已成形，使金人得以援引。以外在条件而论，金宋对峙百年的客观事实下，这明显是为提高我群的地位，与他者竞争所采用的方式。

（2）强调仁、义

赵秉文的尽天下之道及杨奂强调的"王道"，指的都是仁义。当然，北宋时以二程为代表的北宋儒士就已表达此种观点，而非金人的创见。但在这种理论指导下，反映金人对于王霸之辨的选择与接受。

（3）多统意识的产生

多统意识是金人一大突破，他们借此可以平等地看待长期对峙的南宋，将其也视为正统。金人的多统意识与欧阳修和朱子等人认为分裂时期不存在正统的绝统论及无统论相较，无疑是具有进步意义的。从王若虚的例子可以证明多统意识在金亡前夕就已萌芽，并随着金朝的灭亡而普遍化。但也不是所有儒士都予以接受，如杨奂就没有。

（4）"积"理论的运用

这是金儒在正统论上另一个特点，将汉儒解释政权转换原因之一的"积"理论用于正统论中，进而将探讨正统的基本单位从朝代改为各个帝王，又改为重大特殊事件。此由赵秉文启之，经杨奂系统化、成熟化，发展出《正统八例总序》，进而撰写《正统书》。唯这套理论并未传承下去，影响力不如多统意识。

金元之际北方儒士的正统观最终与南宋理学的正统理论汇聚于郝经身上，形成"行中国之道，则中国之主"的正统观及理论。郝经认为只要能行中国之道，夷狄可为正统：

> （永嘉之祸后）中国既亡矣，岂必中国之人而后善治哉？圣人有云："夷而进于中国则中国之。"苟有善者，与之可也，从之可也，何有于中国，于夷狄。①

---

① 《郝文忠公陵川文集》卷20《时务》，第13页a—13页b。

多统亦符合"理"：

> 天下有定理，而无定势也……又不幸而豪杰并起，割裂河山，相
> 与为敌，莫能相尚，此又一势也。抚而安之，各保其有，此又一理
> 也……南北并起，中分天下，以交际之道，共求安治，贵朝中叶以后
> 及今日之事是也。①

郝经这种思想，尤其是后者，固然与他当时身为议和使的身份有关，但根据他出使南宋之前撰写的《立政议》，被他视为正统帝王的 26 位君主中，北魏孝文帝、北周武帝宇文邕（弥罗突）、金世宗、金章宗就民族而言无疑皆属夷狄之君，金世宗及宋孝宗赵昚（曾名伯琮、瑗、玮）则是同时为帝的二位君主。② 由此可知他这两种观点在出使南宋前就已经成形，他会有这种观念，无疑是受到金儒，尤其是他的老师元好问的影响。另外，他似乎也有受到"积"理论的启发，故以西晋能为正统，是两汉遗泽所致，待"汉之遗泽尽矣，中国遂亡也"。③ 此后有关正统论的阐释，基本上就在传统的大一统思想、强调民族差异的血统论及强调"行中国之道，则中国之主"的文化论这三种脉络中，依时代的需求，各取所需，掺杂混用。这不但影响着元代修宋辽金三史引发的宋辽金正统问题，更影响到元明以降中国人对中国疆域与中国历史的认知。如清朝末年革命党"驱除鞑虏，恢复中华"就是以血统论为武器。与之相对者，为梁启超提出的中华民族，梁氏虽以民族主义取代正统论，但梁氏眼中可为中华民族者，除作为主体的汉族外，条件有二：一是自古即居于中国者；二是多已同化于中华民族（汉族）。可知梁氏眼中的中国人，是以地理与文化为判断的标准。④ 费孝通在此基础上，做了进一步的拓展与修正，终成"中华

---

① 《郝文忠公陵川文集》卷 39《上宋主陈请归国万言书》，第 3 页 b—4 页 b。
② 《郝文忠公陵川文集》卷 32《立政议》第 14 页 b。
③ 《郝文忠公陵川文集》卷 20《时务》，第 13 页 a。
④ 梁启超：《饮冰室文集》第 3 集《历史上中国民族之观察》，云南教育出版社 2001 年版，第 1678—1685 页。

民族多元一体格局"理论。① 再如 20 世纪后半叶，因中国大陆奉行共产主义，原处华人社会边缘的台湾、香港及海外华人界，在知识分子的带领下，以复兴儒家文化为己任。杜维明先生据此提出"文化中国"说，按其定义，无论居于何处的华人社会，因有同一祖先且文化背景相似，亦可视为"文化上的中国人"②。可知杜先生对"文化中国"的定义即是从血统论与文化论杂糅而成。

---

① 费孝通：《中华民族的多元一体格局》，《北京大学学报》（哲学社会科学版）1989 年第 4 期。

② Tu Wei-ming（杜维明），"*Cultural China：The Periphery as the Center*"（《文化中国：边缘中心论》），Daedalus，Vol. 120，No. 2（spring 1991），pp. 1-32。

金朝遗僧龙川大师考略

崔红芬[*]

金朝与南宋、西夏鼎立而存，国祚一百余年，受多种文化等影响，金朝佛教兴盛，僧人众多，华严宗、禅宗、净土宗、密宗、律宗等都有一定发展。随着蒙古军队先后灭亡金、西夏和南宋而统一国土，为不同地域佛教文化传播、僧众交往提供了良好契机。前朝很多遗僧继续从事佛事活动，弘扬佛法，推动了蒙古、元时期佛教的发展，龙川行育大师就是其中之一。但学界对龙川大师的考证研究还较为少见，赵振华的《元朝白马寺释源宗主塔铭考》对白马寺四代释源宗主龙川、松堂、慧觉和法洪的传承关系进行考证。笔者在考证西夏遗民慧觉弘法活动时，发现西夏遗民慧觉师从洛阳白马寺龙川行育大师，而龙川行育大师又受业于善柔和得度于行秀，形成了金末、蒙古和元时期善柔、龙川和慧觉弘传华严的师承关系，这对于了解西夏遗民和金朝遗僧在蒙古、元时期从事佛教活动以及佛教不同宗派之间的融合提供了珍贵的材料，笔者曾撰文对慧觉①和善柔②进行考证，而本文欲利用洛阳白马寺出土的碑刻、国图藏《中国历代石刻拓本汇编》以及佛教题记等材料，并结合传世文献等系统地对金朝遗僧龙川行育大师的佛事活动进行考证研究。

---

* 崔红芬，河北师范大学历史文化学院。本论文得到 2016 年河北省教育厅重大攻关项目（ZD201620）阶段性成果。

① 崔红芬：《僧人"慧觉"考略——兼谈西夏的华严信仰》，《世界宗教研究》2010 年第 4 期。

② 崔红芬：《金朝遗僧善柔考略》，《辽金史论集》第 13 辑，中国社会科学出版社 2014 年版，第 268—285 页。

一　龙川大师生平与师承

（一）龙川生平

有关龙川大师的材料较多，如《龙川和尚遗嘱记》《龙川和尚塔志》《大元重修释源大白马寺赐田功德之碑》《故释源宗主宗密圆融大师塔铭》《扶宗弘教大师奉诏修白马寺纪实》[①] 和国家图书馆藏《中国历代石刻拓本汇编》中收藏的《清凉国师妙觉塔记》、佛经题记等，但对龙川生平记载却非常有限，仅在《龙川和尚塔志》提及 "师讳行育，女真人，姓纳合氏"[②]。可知，龙川大师为金朝人，女真族，姓纳合氏，名行育。

而在《至元法宝勘同总录》卷一还载："宣授江淮释教都总摄扶宗弘教大师释行吉祥奉诏证义"，龙川大师也称 "行吉祥"，并有江淮释教都总摄扶宗弘教大师的封号。

龙川，姓纳合氏。纳合氏在《金史》卷五十五有载："凡白号之姓，完颜、温迪罕、夹谷、陁满、仆散、术虎、移剌苔、斡勒、斡准、把、阿不罕、卓鲁、回特、黑罕、会阑、沈谷、塞蒲里、吾古孙、石敦、卓陀、阿厮准、匹独思、潘术古、谙石剌、石古苦、缀罕、光吉剌皆封金源郡；裴满、徒单、温敦、兀林荅、阿典、纥石烈、纳阑、孛术鲁、阿勒根、纳合、石盏、蒲鲜、古里甲、阿迭、聂摸栾、抹捻、纳坦、兀撒惹、阿鲜、把古、温古孙、耨碗、撒合烈、吾塞、和速嘉、能偓、阿里班、兀里坦、聂散、蒲速烈皆封广平郡……"[③] 太祖登基时曾说："辽以宾铁为号，取其坚也。宾铁虽坚，终亦变化，惟金不变不坏。金之色白，完颜部色尚白。"[④]

金朝存在赐姓制度，但赐姓全为白号之姓。据周峰统计，在白号 83

---

① 洛阳市地方史志编纂委员会编：《洛阳市志》卷 15 "白马寺·龙门石窟志" 之《龙川和尚塔志》，中州古籍出版社 1996 年版，第 68、99—100、69、100—101、67 页。

② 《洛阳市志》卷 15 "白马寺·龙门石窟志" 之《龙川和尚塔志》，第 99 页。

③ （元）脱脱等撰：《金史》卷 55《百官志》 （1），中华书局 1975 年版，第 1229—1230 页。

④ 《金史》卷 2《太祖本纪》，第 26 页。

姓中占 10 姓，而黑号 10 姓无一赐姓，而且白号之姓所封的三个郡望都有分布，如完颜、夹谷封金源郡，温敦、和速嘉、兀林答封广平郡，温撒、必兰、颜盏、女奚烈、乌古论封陇西郡，很可能所赐姓氏应为较尊贵之姓。① 龙川大师的纳合姓属于"白号之姓"，可见，龙川家族在金朝是有一定势力的。

另据《龙川和尚塔志》记载："帝师拔思八甚器重之，一时贤贵，如太保刘文贞公之辈，皆引为友辅。"② 帝师八思巴（1239—1280）萨迦派僧人，中统元年，世祖即位，尊为国师，授以玉印，奉命制蒙古新字，又赐号皇天之下一人之上宣文辅治大圣至德普觉真智佑国如意大宝法王、西天佛子、大元帝师。至元十六年，八思巴卒。刘文贞（刘秉忠，1216—1274）为元初佛教界和政界非常有影响的人物，负责上都的选址和修建，至元十二年，赠太傅，封赵国公，谥文贞。成宗时，赠太师，谥文正。仁宗时，又进封常山王。龙川大师深得帝师八思巴的器重，又与朝廷重臣刘秉忠等交往较为密切，和他们为同时代人。

《龙川和尚遗嘱记》还载："贞元二年，纨巴上士奏，奉圣旨遣成大使，驰驿届寺，塑佛、菩萨于大殿者五，及三门、四天王，计所费中统钞二百定。大德三年召本府马君祥等庄绘，又费三百五十定。其精巧臻极，咸曰稀有。每岁三月十三日师之示灭，四月初五日师之铭忌，严办上供，以馔佛僧，永为例程。"③ 此处提到的纨巴，即胆巴或丹巴国师，④《元史》记载："八思巴时，又有国师胆巴者，一名功嘉葛剌思，西番突甘斯旦麻人。幼从西天竺古达麻失利传习梵秘，得其法要。中统间，帝师八思巴荐之。时怀孟大旱，世祖命祷之，立雨。又尝咒食投龙湫，顷之奇花异果上尊涌出波面，取以上进，世祖大悦。"⑤ 胆巴国师在世祖忽必烈时期参与怀孟祈雨活动，元元贞二年（1296）由丹巴奏派人到白马寺塑佛像

----

① 周峰：《金朝赐姓考述》，鲍海春等主编《金史研究论丛》，哈尔滨出版社 2000 年版，第 189 页。

② 《洛阳市志》卷 15 "白马寺·龙门石窟志"之《龙川和尚塔志》，第 99 页。

③ 《洛阳市志》卷 15 "白马寺·龙门石窟志"之《龙川和尚遗嘱记》，第 69 页。

④ 丹巴，名功嘉葛剌思，西番突甘斯旦麻人。又称纨巴、胆巴、檐八、瞻巴金刚等，大德七年（1303）卒，世寿七十有四，僧腊六十二。

⑤ （明）宋濂等撰：《元史》卷 202《释老传》，中华书局 1976 年版，第 4519 页。

等，说明此事龙川大师已经不再负责白马寺的修葺工作。遗嘱记又提到"每岁三月十三日师之示灭，四月初五师之铭忌"，这透露龙川大师在元元贞二年（1296）之前三月十三日已经圆寂。

日本《增上寺三大藏经目录·元版（刊记）》臣字函《普贤行愿品》尾题和《湖州妙严寺记》中提到"祝延皇帝圣寿万安，皇后同年，太子、诸王千秋，文武官僚升迁禄位，仍赞大元帝师、大元国师、檐把上师、江淮诸路释教都总摄扶宗弘教大师、江淮诸路释教都总摄总统永福大师，大阐宗乘，同增福算"，时间为元至元十六年（1279）己卯十二月吉日拜书。江淮诸路释教都总摄扶宗弘教大师即龙川大师。

如志在元至元二十六年（1289）继任普宁寺第四任住持时，继续佛经刊印，如志刊印的佛经题记依然提到龙川大师，"始自丁丑，讫于庚寅，凡一十四载，由先师本愿力，故得以圆成如来一大藏经版好事。所集无量功德，端为祝延皇帝圣寿万安，皇后同年，太子、诸王千秋，文武官僚升迁禄位，仍赞大元帝师、大元国师、檐八上师、江淮诸路释教都总摄扶宗弘教大师、江淮诸路释教都总统永福大师弥增禄算"。元至元二十六年（1289）龙川作为"江淮诸路释教都总摄"继续在江南进行传法弘化活动。

日本《增上寺三大藏经目录·元版（刊记）》第193号《普贤行愿品》尾题还载："宣授江淮诸路释教都总摄扶宗弘教大师行吉祥都劝缘，宣授江淮诸路释教都总统永福大师杨琏真加都劝缘，宣授白云宗僧录南山大普宁寺住持三乘教事宜世，孙沙门如志谨识空隔时至元二十七年庚寅十月圆日顿首拜书。"①

龙川作为《普宁藏》都劝缘，元至元二十七年（1290）十月还从事佛事活动。《普宁藏》在元至元二十七年刊印完毕之后，又在大德二年以后进行多次刊板活动，但题记中未见江淮诸路释教都总摄扶宗弘教大师的记载。

嵌于洛阳白马寺上僧院西院壁间的《扶宗弘教大师奉诏修白马寺纪实》立石时间为元至元三十年（1293），扶宗弘教大师即龙川大师，石

---

① 李富华、何梅：《汉文佛教大藏经研究》，宗教文化出版社2003年版，第334页。

上所刻为元商挺①撰写"七古诗"，之后还有奉别龙川大师"七律"：
"浩歌白雪乐蹉跎，忽尔春来气自和；已愧陈蕃悬坐榻，敢忘康节作行
窝。善缘既启当终始，归计休教有障魔；后夜西堂对明月，忘言渐愧病
维摩。至元三十年（1293）九月 日释源住持嗣法小师、讲经律论沙门
净印立石。"②

可见，元至元三十年龙川大师已圆寂，且释源住持已经为嗣法弟子和
讲经律论净印和尚。但通过上述材料，我们仍不能确知龙川具体出生年
代，从下面师承关系探究一二。

（二）龙川的师承

龙川大师"得度于宝应秀，受业于永安柔"，其中"宝应秀"即行秀
（1166—1246），"永安柔"即善柔（1197—1269）。

金末蒙古时期，行秀是著名的禅僧③，《万松舍利塔铭》《补续高僧
传》《新续高僧传》等史料皆对万松行秀都有相关记载，记载存在相互矛
盾之处，且详略不一。日本学者通过对《从容录》相关内容的考察，确
定行秀禅师和华严兼修的情况，认为，"行秀的确承继了正觉一系禅的传
统，对《华严经》及华严学抱有极大的关切，也有一定的知识，但是对
于《华严经》的知识是很偏颇的"④。

行秀，生于金朝，俗姓蔡。金大定二十年，即宋淳熙七年（1180），
15 岁的行秀先在邢州净土寺礼赟允公为师落发，业五大部。具戒后，担
囊抵燕，栖憩潭柘，过庆寿，谒万寿，参胜默老人。于磁州大明见雪岩满
公。明昌年中，即宋绍熙年、庆元二年（1190—1196），章宗请入内庭说
法，亲奉锦绮大衣……师登座一宣，万指倾听，以洞上孤冷不振之宗，一

---

① 商挺（1209—1288）与龙川也有交往密切，商挺曾作《七律》诗文追述和赞扬龙川修
缮白马寺之前的功德。《元史》卷 159《商挺传》（第 3738—3741 页）记载，商挺，字孟卿，
曹州济阴人，南宋人，先为宋末官员，后为蒙元所用。元至元二十五年（1288）卒，年八十。

② 《洛阳市志》卷 15"白马寺·龙门石窟志"之《扶宗弘教大师奉诏修白马寺纪实》，
第 68 页。

③ 刘晓：《万松行秀新考》（《中国史研究》2009 年第 1 期）认为金末元初时期行秀有两个
人，一是禅宗的行秀，二是燕京宝集寺的行秀，为华严宗僧人。

④ ［日］木村清孝：《万松行秀的禅世界——万松行秀与华严思想的关系》，《中国文化》
1992 年第 6 期。

且得师而起之，扶颓继绝，功不在青华严①下也。泰和六年，即宋开禧二年（1206），住持中都仰山栖隐禅寺②，泰和八年，即宋嘉定元年（1208）驻锡古冀。万松得到金章宗垂爱，与金朝皇室交往密切。迨蒙古军队南下，燕都不能守，其他僧众南渡，行秀留下，以其勇气和胆识得到蒙古统治者的赏识。又迁宝集、万寿，又移席报恩，连住钜刹，道化不少衰。晚年退居从容庵，幽林多暇，《评唱宏智百颂》，又著《请教录》……后无疾而终，年八十一，僧腊六十。

《补续高僧传》有载："行秀，河内人，族蔡氏。先在邢州净土寺出家，礼赟允公为师落发。具戒后，决力参究，即担囊抵燕，栖憩潭柘，过庆寿，叩胜默老人……明昌中，章宗请入内庭说法，亲奉锦绮大衣，腋而升座……然未大弘法音。师登座一宣，万指倾听，以洞上孤冷不振之宗，一旦得师而起之，扶颓继绝，功不在青华严下也。次迁宝集、万寿，又移席报恩，连住钜刹，道化不少衰。晚年退居从容庵，幽林多暇，《评唱宏智百颂》，又著《请教录》……后无疾而终，年八十一。"③

行秀历主大刹，名满朝野，大振洞上宗风。与此同时，行秀对华严学也有一定了解，在净土寺出家，业五大部，这五大部应该与金朝剃度僧尼的试经的五大经典有关。《金史》记载："凡试僧、尼、道、女冠、三年一次，限度八十人，差京府幕职或节镇防御佐贰官二员、僧官二人、道官一人、司吏一名、从人各一人、厨子二人、把门官一名、杂役三人。僧童能读《法华》《心地观》《金光明》《报恩》《华严》等经共五部，计八帙。《华严经》分为四帙，每帙取二卷，卷举四题，读百字为限。尼童试

①　"青华严"指投子义青（1032—1083），宋代曹洞宗振兴的奠基人，今河南郾师县人，七岁出家，十五岁通过试《法华经》正式剃度，他遍识华严、唯识等经论，因向人开讲唐代澄观编撰的《华严经玄谈》而出名，被人称为"青华严"。

②　《万松舍利塔铭》记载："泰和六年，即宋开禧二年（1206）住持中都仰山栖隐禅寺。"《湛然居士文集》卷13《释氏新闻序》记载："泰和年中，即宋嘉泰年、开禧年和嘉定二年（1201—1209），本寺奏请万松老人住持，上许之。万松忻然奉诏。"《续高僧传》卷18记载："承安改元，即宋庆元二年（1196），特诏住仰山栖隐寺"；《五灯严统》卷14记载："承安二年丁巳，即宋庆元三年（1197），诏师住大都之仰山栖隐禅寺"。《五灯全书》卷61、《续指月录》卷7和《续灯正统》卷35等所记行秀住仰山栖隐禅寺的时间相同。

③　（明）明河撰：《补续高僧传》卷18《万松老人传》，《卍新续藏》第77册，第1524号，第494页中栏18。

经半部，与僧童同。"①《华严经》作为试经度僧的经典之一，也说明金朝对于华严的重视。行秀出家学习的五大部经典应该包括《华严经》。

行秀思想禅教融合，佛儒兼通，著述丰富，耶律楚材、李纯甫以万松行秀为师，得到金和蒙元统治者的器重。

善柔亦为金朝遗僧，宪宗时被赐"弘教通理大师"。《奉圣州法云寺柔和尚塔铭》和《补续高僧传》等对他有一定记载。其中《奉圣州法云寺柔和尚塔铭》记载："（善柔）七岁事永安寺广行大师，能默诵《金刚》《楞严》诸经，二十悟《华严》奥旨，二十八受法广严寺传戒大师。乃去滋味，绝华好，日课《金光明经》一部，礼佛百拜，深惟静念，孤征独诣，道益闳以肆。宪宗闻其名，号曰'弘教通理大师'，命主清凉大会于台山。释教都总统宝集坛主秀公慕其德，聘摄华严讲席于京师……师讳善柔，董姓，德兴之永兴人。② 父讳毓，母房氏，皆好善。师历住持奉圣州水西、法云二寺，以至元六年正月三日化于法云之北堂，寿七十有二，僧腊三十有八，塔在寺傍。"③

善柔为德兴人，即奉圣州人，今河北涿鹿人，俗姓董，寿七十二，僧腊三十八。善柔出家较晚，在金灭亡的前夕，他在金朝时期主要精力是学习佛法，积累佛学知识，是位精通华严和律学的僧人。金灭亡后，他在蒙元时期继续从事佛事活动，弘扬华严和传播律学，讲演密乘，提倡显密融合，充分发挥华严圆融的奥旨。善柔佛学知识丰富，广度众生，品行高尚，受世人尊敬。④

善柔为金朝遗僧，金灭亡以后，又都在蒙古时期弘扬佛法，传承文化。善柔受到蒙古统治者的赏识，被宪宗授以弘教通理大师，主持五台山清凉大会，修学华严，兼通律学和密宗。《奉圣州法云寺柔和尚塔铭》记载："自是日与所度弟子定慧、和纯、顺遇等七人，嗣法弟子扶

---

① 《金史》卷55《百官志》（1），第1234页。

② 《雪楼集》卷21"碑铭"之"奉圣州法云寺柔和尚塔铭"为"德兴之永兴人"，而李修生主编《全元文》中则为"德安州义兴人"，不知为何改之。

③ （元）程文海撰：《雪楼集》卷21"碑铭"之"奉圣州法云寺柔和尚塔铭"，文渊阁《四库全书》本影印本。《全元文》卷543（第16册），江苏古籍出版社2000年版，第508—509页。

④ 崔红芬：《金朝遗僧善柔考略》，《辽金史论集》第13辑，第268—285页。

宗弘教大师行育等二十余人讲演秘乘，敷析本统，昭揭天下，俾有知觉皆造佛地，历四十年弗懈益勤。"① 其中"扶宗弘教大师行育"即指龙川大师。

万松行秀任宝集寺坛主时，曾邀善柔到燕京讲习华严奥旨，行秀请善柔到京师讲华严学，说明行秀与善柔关系密切。龙川行育大师亦为金朝女真人，也就在燕京时拜行秀、善柔二人为师，在情理之中。龙川大师从善柔修习华严经典和义理，还与老师、同学等讲演密乘，昭揭天下，成为一名显密兼修僧人。

龙川大师修学佛法即继承了金朝华严兴盛的传统，也与蒙元时期密教繁盛有密切关系。那龙川大师何时跟随善柔修学华严和密法呢？在各类材料中皆未记载，我们知道行秀圆寂于定宗贵由元年，即宋淳祐六年（1246），并考虑到善柔圆寂于元至元六年，即宋咸淳五年（1269），僧腊38年，即善柔真正剃度出家应在金正大九年，即宋绍定四年（1231）等诸多情况，那么，龙川大师随善柔修学华严和密乘的时间应该在金天兴年，即宋绍定五年（1232）以后到元至元六年，即宋咸淳五年（1269）之间。

龙川圆寂于至元三十年（1293），在金朝末年和蒙古初期随善柔法师学习佛法，从他学习佛法到圆寂有五六十余年的时间，且龙川又为金朝遗僧，那他至少生于金朝晚期。

蒙古、元时统一的局面有利于各地僧人相互学习，促进佛教不同宗派的融合和发展。善柔大师作为金末华严传人，把华严思想传给弟子龙川行育等，而龙川又将华严信仰传承给西夏遗民慧觉等。慧觉（？—1313）凉州人，姓杨，西夏高官的后代，在蒙古时期出家为僧，精通显宗和密宗，融会华严圆融之旨。善柔、龙川和慧觉或金朝遗僧，或西夏遗民，其活动范围不仅在燕京、中原，而且还包括西北贺兰山、凉州等地，他们师徒在蒙古、元时弘法，促进不同地区佛法的交流、融合与发展。

---

① 《雪楼集》卷21"碑铭"之"奉圣州法云寺柔和尚塔铭"，文渊阁《四库全书》本影印本。《全元文》，第508—509页。《补续高僧传》卷4《善柔传》，《卍新续藏》第77册，第1524号，第329页下栏7。

二　龙川传戒与道教辩论

龙川大师的弘法活动主要集中在金末、蒙古和世祖至元期间，他在法云寺传戒和在陇右弘法，并参加佛道辩论等。

（一）传戒法云寺

立于元至元九年，即宋咸淳八年（1272）九月的《清凉国师妙觉塔记》有"宣赐扶宗弘教大师、上谷大法云寺传戒长讲、沙门行吉祥建"①的内容，龙川大师不仅有扶宗弘教大师之号，还有上谷大法云寺传戒长讲等称号。

"上谷大法云寺传戒长讲"说明龙川曾在上谷大法云寺传讲戒律，上谷，今河北张家口一带，《元史·地理志》记载："桓州，下。本上谷郡地，金置桓州。元初废，至元二年，复置。上谷郡，秦置，涿鹿在上谷。"②还载："上都路。唐为奚、契丹地。金平契丹，置恒州。元初为札剌儿部、兀鲁郡王营幕地。宪宗五年，命世祖居其地，为巨镇。明年，世祖命刘秉忠相宅于桓州东、滦水北之龙冈。中统元年，为开平府。"③上谷即金桓州，元初废，至元初年设上谷郡。《元史》载："初，帝命秉忠相地于桓州东、滦水北，建城郭于龙冈，三年而毕，名曰开平。继升为上都，而以燕为中都。四年，又命秉忠筑中都城，始建宗庙宫室。八年，奏建国号曰大元，而以中都为大都。"④

龙川大师受业于善柔，善柔任奉圣州法云寺住持，在善柔圆寂之后，龙川大师担任了法云寺传戒师，及至至元三十年（1293）龙川圆寂之后，龙川舍利也被送到法云寺起塔供养，是为了纪念龙川大师在奉圣州的传法活动。故此《龙川和尚塔志》记载："大刹落成，师遂顺化，荼毗舍利五色。诏谥鸿胪卿赠司空护法大师，门弟子分舍利，建塔以闷之，燕云、奉

①　北京图书馆金石组编：《北京图书馆藏中国历代石刻拓本汇编》（第48册），中州古籍出版社1997年版，第54页。

②　《元史》卷58《地理志》（1），第1352页。

③　同上书，第1350页。

④　《元史》卷157《刘秉忠》，第3693—3694页。

圣、蔚、扬、安西诸处皆有塔焉。"① 白马寺修建完成后圆寂，荼毗分舍利，分别送至与龙川生前有关的寺院起塔供养。

（二）参与佛道论战

《龙川和尚塔志》记载："因辩謇缁黄，世祖皇帝赐赤僧伽梨，加扶宗弘教大师之号。"② 缁黄，指僧道。因僧人缁服，道士黄冠。"辩謇缁黄"即指龙川参加蒙古"佛道论战"一事。为了解决佛、道两家的矛盾，蒙古统治者先后在宪宗五年，即宋宝祐三年（1255）和八年，即宋宝祐六年（1258）进行两次佛道辩论，至元十七（1280）或十八年（1281）佛道双方又进行第三次辩论。

第一次主要由少林雪庭福裕（1201—1275）发起，蒙哥主持，其原因是道教势力大盛，侵占佛教寺院，建道观，刊印书籍贬低佛教，借此抬高道教。耶律楚材在《西游录》中记载："西穷昧谷，梵僧或修善之士皆免赋。丘公之燕，独请蠲道人差役，言不及僧。上虽许免役，仍令诏出之后，不得再度。渠辄违诏，广度徒众。此其六也。又进表乞符印，自出师号，私给观额，古昔未有之事，辄欲实行。此其七也。又道徒以驰驿故，告给牌符。王道人者驺从数十人，悬牌驰骋于诸州，欲通管僧尼。丘公又欲追摄海山玄老，妄加毁圻。此其八也。又天城毁夫子庙为道观，及毁圻佛像，夺种田圃，改寺院为庵观者甚多。以景州毁像夺寺事致书于从乐居士，润过饰非，天地所不容。此其九也。"③

《辨伪录》卷三也载："全真之徒挟丘公之力，谋占中盘…… 立碑改额为栖云观院，内古佛舍利宝塔高二百尺，又复平荡。影堂正殿三门云堂悉皆拆坏，屡僧争夺而不能革。乙卯年圣旨断与和尚，不肯分付。后上方长老云：公忿其无理，破碎其碑，奏告今上皇帝，又共那摩大师少林长老朝觐蒙哥皇帝具陈其事，圣旨委付今上皇帝，改正其弊却为僧院。"④

宪宗三年，即宋宝祐元年（1253），在开平召见福裕，让其总领释

---

① 《洛阳市志》卷15"白马寺·龙门石窟志"之《龙川和尚塔志》，第99页。
② 同上。
③ （元）耶律楚材：《西游录》（下），中华书局2000年版，第15—16页。
④ （元）祥迈撰：《辨伪录》卷3，《大正藏》第52册，第2116号，第765页下栏。

教，宪宗五年，即宋宝祐三年（1255），那摩等向宪宗陈述道教侵占佛教寺院和攻击佛教的行为，开始向以李志常为首的全真教发起反击。这即是佛道第一次论战，主要原因是佛道双方现实利益分配不均衡，全真教侵占佛教寺院。第一次佛道论战以道教论败，对于道教伪造经典、侵夺寺院和毁坏佛像等行为进行惩罚，勒令归还侵占的寺院，将十几名道士削发为僧以告后者。

但佛教之间的矛盾并未结束，全真教对于寺院侵占也未停止，双方争执再起，掀起了第二次和第三次论战，由忽必烈主持。《辨伪录》卷三载："时逼冬寒，而先生每终不肯到，路上淹留。帝谓诸师曰：'道家既不肯来，必是理短，不敢持论，却令僧众乘驿还燕。'乃丙辰年，即宋宝祐四年（1256）九月十日也。丁巳年，即宋宝祐五年（1257）秋八月，少林长老金灯长老再上朝廷，阿里不哥大王特传圣旨，道家前来做下《八十一化图》，破坏佛法，并余谤佛文字有底板木，烧毁了者……时今上皇帝建城上都，为国东藩，皇帝圣旨倚付将来，令大集九流名士，再加考论，俾僧道两路邪正分明。今上皇帝承前圣旨事意，普召释道两宗，少林长老为头众，和尚每张真人为头众，先生每就上都宫中大阁之下，座前对论，内众即有那摩国师、拔合斯八国师、西蕃国师、河西国僧、外五路僧、大理国僧、汉地中都圆福超长老、奉福亨长老、平滦路开觉迈长老、大名津长老、塔必小大师、提点苏摩室利（译言真定）、蒙古歹北京询讲主、大名珪讲主、中都寿僧录、资福朗讲主、龙门育讲主、太保聪公等三百余僧。儒士窦汉卿姚公茂等，丞相蒙速速廉平章、丞相没鲁花赤、张仲谦等二百余人共为证义。道士张真人蛮子王、先生道录樊志应、道判魏志阳、讲师周志立等二百余人共僧抗论。"[①] 龙门育讲主应指龙川行育大师。

《历代佛祖通载》也载："戊午（1258）僧道持论，及至元十八年十月二十日，焚毁道藏伪经始末，可书其事于石（臣监）等谨按释总统合台萨哩所录事迹。昔在宪宗皇帝朝，道家者流出一书曰：《老君化胡成佛经》及《八十一化图》，镂板传布，其言鄙陋诞妄，意在轻蔑释门而自重其教。罽宾大师兰麻总统少林长老福裕，以其事奏闻。时上居潜邸，宪宗有旨，令僧道二家同诣上所辨析。二家自约，道胜则僧冠首而为道，僧胜

---

① 《辨伪录》卷3，第765页下栏。

则道削发而为僧。"① 戊午僧道持论是指第二次即宋宝祐六年（1258）佛道论战。

宪宗八年，即宋宝祐六年（1258），藏地、中原、河西和大理等高僧聚集开平再次参加辩论大会，以《老子化胡经》的真伪为辩论中心，结果道教又论败。龙川大师参加第二次佛道辩论，这与《龙川和尚塔志》所记"量宇弘远，识鉴高明。因辩誉缁黄，世祖皇帝赐赤僧伽梨，加扶宗弘教大师之号。江南叛命，诏令总摄江淮诸路僧事，帝师拔思八甚器重之"的内容一致。在这次论战中，龙川大师表现出他的才能和学识，得到帝师八思巴的赏识，并举荐给忽必烈，并得到"扶宗弘教大师之号"。及至蒙古军队攻取南宋，即元至元十三年，即宋德祐二年（1276）蒙古军队攻取南宋都城临安，蒙古统治者又令龙川总摄江淮诸路僧事。

佛道经过两次辩论，但其矛盾和纠葛并没有缓解，至元年间再次发生辩论。《辨伪录》卷五有较为详细的记载。② 另《佛祖历代通载》卷二十二记载，元至元十八年（1281）十月二十日，大都报恩禅寺林泉长老、从伦奉敕下火，对道士持论师德一十七名，其中有龙门县抗讲主行育。③《释鉴稽古略续集》也提到，元至元二十二年（1285），佛道论战，道教论败，烧毁道经，参加佛教论战的德师有十七人，其中有龙门县行育。④ 这两处记载都提到行育，这说明龙川还参加过第三次佛道论战。

可见，龙川大师还参与第二、第三次佛道论战，关于龙川大师佛道论战之事在商挺所作《七古诗》中襄扬龙川大师参加佛道论战的功德，诗文有"龙川大士僧中雄，名响凤昔闻天聪。诏命殿上坐持论，慈音诵出琉璃筒。众流截断具真见，有敌不敢当机锋。帝师欢喜上奏请，赐号弘教扶其宗"⑤。

这几句诗文内容把龙川参与二次佛道辩论的场景描绘得淋漓尽致，由

---

① （元）念常集：《佛祖历代通载》卷22，《大正藏》第49册，第2036号，第708页中栏。

② 《辨伪录》卷3，第776页上栏。

③ 《佛祖历代通载》卷22，第719—720页上栏。

④ （明）幻轮编：《释鉴稽古略续集》，《大正藏》第49册，第2038号，第907页上栏。

⑤ 《洛阳市志》卷15"白马寺·龙门石窟志"之《扶宗弘教大师奉诏修白马寺纪实》，第67页。

于龙川大师的才学和口才，使对方不敢正面与之交锋，也正因此，龙川大师得到统治者的赏识。

（三）传法陇右

商挺所作《七古诗》还有"沙门迩来亦官府，不肯涂抹欺愚蒙。三年演法向陇右，疆梗相化为温恭。不假砭剂开盲聋，如散金宝资贫穷。黄梅早识是法器，石巩还见羞张弓"①。从这四句诗文中可以看出，蒙元时期虽然统一北方大部分地区，但其统治还很不稳固，发生叛乱，朝廷也派出僧人去有着悠久佛教信仰的陇右地区宣讲佛法，希望以佛法笼络人心，化解不同势力间的矛盾。

太宗窝阔台在位时，将凉州分封给第三子阔端，阔端死后，王位和包括凉州在内的主要封地，由第三子只必帖木儿继承。中统初年发生了忽必烈和阿里不哥争位之战。至元初年，西北地区又爆发了以海都为首的藩王叛乱，朝廷多次派兵平叛，直到元大德十年（1306）西北诸王叛乱才最终结束。龙川大师在陇右地区讲法与蒙元统治者之间斗争有一定关系。龙川在陇右地区传法三年之久，使他在西北地区名声大振。

洛阳白马寺还出土另一通《故释源宗主宗密圆融大师塔铭》有"闻先宗主赠司空护法大师，传一乘圆极之说，风偃秦洛"②的记载。释源宗主宗密圆融大师指僧人慧觉，先宗主赠司空护法大师即指龙川大师。慧觉生活在西夏晚期到元皇庆年间，大约在蒙古时出家为僧，起初在西夏故地修行密乘，龙川是在西夏灭亡之后到陇右一带弘传佛法，慧觉得闻龙川大师的名望，才慕护法大师行育之名从西北来到洛阳研习法性圆融之旨，作为龙川的弟子，很多佛事活动是慧觉协助龙川进行的。慧觉的活动范围涉及西北、洛阳和大都等地。③龙川大师与弟子慧觉师徒之间佛法交流，也促进西北与中原地区佛教文化的融合交流。

---

① 《洛阳市志》卷15 "白马寺·龙门石窟志"之《扶宗弘教大师奉诏修白马寺纪实》，第68页。

② 《洛阳市志》卷15 "白马寺·龙门石窟志"之《故释源宗主宗密圆融大师塔铭》，第100页。

③ 《僧人"慧觉"考略——兼谈西夏的华严信仰》，《世界宗教研究》2010年第4期。

三　龙川校勘经录与刊印藏经

（一）校勘经录

《故释源宗主宗密圆融大师塔铭》记载了龙川大师参与校勘或证义佛经的弘法事迹，可补其他文献记载的缺憾。《故释源宗主宗密圆融大师塔铭》载："世祖皇帝诏海内德望，校经于燕，公从护法以见，赐宗密圆融大师之号。"此处"公"指慧觉，"护法"即是指龙川大师。慧觉作为龙川的弟子，只是随从老师龙川前去燕京校勘佛经，充分说明龙川大师曾应诏去大都参与校勘佛经的工作。

然《故释源宗主宗密圆融大师塔铭》并未提及校勘佛经为何？实际上应与龙川生前元世祖组织校译和刊印佛经有密切关系。元世祖时主要有以下翻译和校经活动，其一，至元二十二至二十六（1285—1289）年世祖第二次校补《金藏》。① 其二，至元二十二至二十四（1285—1287）年编订《至元法宝勘同总录》。其三，至元十四至二十七（1278—1290）年雕印《普宁藏》。其四，至元三十年（1293）前后组织雕印河西字《大藏经》。

《普宁藏》作为一部私刻版大藏经，是由时任浙西道杭州等路白云宗僧录道安两度奔走朝廷，蒙江淮诸路释教都总摄准给文凭，并转呈丹巴引觐，得到皇帝恩准，开始雕印的。《普宁藏》臣字《大方广佛华严经入不思议解脱境界普贤行愿品》卷尾题记和《湖州妙严寺记》载："……又蒙江淮诸路释教都总摄所护念，准给文凭，及转呈檐八上师引觐。皇帝颁降圣旨，护持宗门作成胜事。……宣授浙西道杭州等路白云宗僧录南山普宁寺住持传三乘教九世孙慧照大师沙门道安谨愿。时至元十六年己卯十二月吉日拜书。"②

雕印《普宁藏》虽得到龙川、丹巴和杨琏真伽等大师鼎力相助，但皇帝已降旨由白云宗完成此事，不可能再得到皇帝诏海内大德，为此大规

---

① 《汉文佛教大藏经研究》，第104—105页。
② 同上书，第318页。

模组织校勘经文的待遇。

但是《故释源宗主宗密圆融大师塔铭》所载"世祖皇帝诏海内德望，校经于燕"的活动属于官方行为，结合龙川圆寂时间，我认为"校经于燕"则指龙川大师参加编订《至元法宝勘同总录》和世祖第二次校补《金藏》。

《赵城金藏》是金朝崔法珍断臂募捐雕刻的，雕版刊刻完毕，运抵燕京保存刊印。因年代久远和战乱不止，寺院荒废，蒙元初期，《赵城金藏》已有残缺。蒙古统治者曾两次增补雕印《金藏》。据学者考证，第一次补雕在 1224—1271 年蒙古灭宋前的这段时间，主要在太宗窝阔台时期；第二次校补《金藏》时间应在至元二十二至二十六年（1285—1289），主要在忽必烈时期。① 《佛祖历代通载》卷二十二载："弘法寺藏经板历年久远，（世祖）命诸山师德，校正讹谬，鼎新严饰，补足以传无穷……帝命高僧，重整大藏分大小乘，再标芳号，遍布天下。帝一统天下，外邦他国皆归至化，帝印大藏三十六藏，遣使分赐，皆令得瞻佛日。"②

上述记载既包含了忽必烈诏令高僧大德校正补刊弘法寺经板的事情，也有校勘编订《至元法宝勘同总录》之嫌。《佛祖历代通载》卷二十二还载："（元世祖）见西僧经教与汉僧经教，音韵不同，疑其有异，命两土名德对辩，一一无差。帝曰：'积年疑滞，今日决开。'"③

可见，忽必烈皇帝先感于弘法寺经板的残缺，令诸善大德，校勘讹谬，以传无穷。之后，他又感觉到，天下一统，地域广阔，各民族语言不同，有碍佛法交流，于是诏令诸不同民族高僧大德，聚集大都，相互协作，校勘佛经，编订经目。

《至元法宝勘同总录》卷一还载："惟我大元世主，宪天述道，仁文义武大光孝皇帝……搜遗访阙，有教必申，念藏典流通之久，蕃汉传译之殊，特降纶言，溥令对辩。谕释教总统合台萨里，召西蕃板底答、帝师拔合思八高弟叶琏国师，湛阳宜思，西天扮底答尾麻啰室利，汉土义学亢理二讲主庆吉祥、及畏兀儿斋牙答思、翰林院承旨旦压岁、安藏等，集于大都，二十二年乙酉春至二十四年丁亥夏，大兴教寺，各秉方言，精加辩

---

① 《汉文佛教大藏经研究》，第 101—109 页。

② 《佛祖历代通载》卷 22 引《弘教集》，第 724 页中栏。

③ 同上书，第 724 页下栏。

质，自至元顶踵三龄，诠雠乃毕……然晋宋之弘兴，汉唐之恢阐，未有盛于此也……复诏讲师科题总目，号列群函，标次藏乘，互明时代，文咏五录，① 译综多家。作永久之绳规，为方今之高抬贵手。帝主恢弘正法之意，其至矣乎？部类品章，略陈于左科，此总录大分为四：初总标年代，括人法之宏纲；二别约岁时，分记录之殊异；三略明乘藏，显古录之梯航；四广列名题，彰今目之伦序。"②

为编订《至元法宝勘同总录》，必须有参照经典，于是下令搜遗访阙，有教必申，念前朝藏典流通之久，蕃汉传译之殊，需要一一对辩。在当时的情况下，《金藏》亦应在收集范围之内。《至元法宝勘同总录》卷一所载总录四大部分之三部分中有"弘法入藏录及拾遗编入经律论七十五部，一百五十六卷"。

至元二十二年（1285）世祖皇帝才诏集汉、藏大德高僧等，于大都兴教寺分类、编录自东汉永平十一年（68）至元朝至元二十二年（1285）一千余年所译佛典，三年而成，这就是重要的《至元法宝勘同总录》。释克己序文载："惟我世祖薛禅皇帝，智极万善，道冠百王。皎慧日以镜空，扇慈风而被物。特旨宣谕臣佐，大集帝师、总统、名行师德，命三藏义学沙门庆吉祥，以蕃汉本参对，楷定大藏圣教，名之曰《至元法宝勘同总录》。"③

召集如此之多学识渊博的汉、藏、回鹘等高僧大德参与校勘佛经、编订佛经目录，规模之盛大，工作之细致，足见朝廷对此事的重视。忽必烈世祖皇帝第二次校补《金藏》的时间与编订《至元法宝勘同总录》的时间与基本相当，而龙川大师又是金朝遗僧且深得世祖皇帝欣赏，所以应诏令参加补雕《金藏》和参加经目编目自在情理之中。《至元法宝勘同总录》序文中，释克己列举了奉诏旨编修、执笔、校勘、译语、证义诸师名衔，其中排在第16位的则是"宣授江淮释教总摄、扶宗弘教大师释行吉祥奉诏证义"④，"行吉祥"也就是龙川大师，他在编订佛经目录的工作

---

① 指唐《开元释教录》《大唐贞元续开元释教录》、宋《大中祥符法宝录》《景佑新修法宝录》、元《弘法入藏录》。

② 《至元法宝勘同总目录》第二册，卷1，第180页。

③ 同上书，释克己序，第179页。

④ 同上书，卷1，第179页。

中担当证义之职。

（二）刊印《普宁藏》

1. 出任江淮诸路总摄

元至元十三年即宋景炎元年（1276），元在攻下南宋之初，为了稳定江南、争取民心，采取一些措施利用宋朝遗留圣贤和僧道人员，保护文物古迹。《元史》记载："行中书省右丞相伯颜等，以宋主显举国内附，具表称贺。……丁未，诏谕临安新附府州司县官吏士民军卒人等曰：'……百官有司、诸王邸第、三学、寺、监、秘省、史馆及禁卫诸司，各宜安居……前代圣贤之后，高尚儒、医、僧、道、卜筮，通晓天文历数，并山林隐逸名士，仰所在官司，具一名闻。名山大川，寺观庙宇，并前代名人遗迹，不许拆毁……'"①

《龙川和尚塔志》有"江南瓶命，诏令总摄江淮诸路僧事"的记载，在元军攻下杭州之后就设立诸路释教总统所。江南佛教兴盛，蒙元统治者十分重视江南佛教事务的管理，任命朝廷信任且有一定声望的龙川大师前去管理江淮诸路的佛教事务。

龙川大师去江淮任职的时间当在元至元十三年，即宋景炎元年（1276）攻占南宋首都杭州之后，以扬州为治所，设置江淮行省。江淮行省即江浙行省，有元一朝，其建制几度变化，治所也随之几次迁徙。《元史·百官》记载："江浙等处行中书省。至元十三年，初置江淮行省，治扬州。二十一年，以地理民事非便，迁于杭州。二十二年，割江北诸郡隶河南，改曰江浙行省，统有三十路、一府。"② 《元史·地理志》也载："杭州路，上。唐初为杭州，后改余杭郡，又仍为杭州。五代钱镠据两浙，号吴越国。宋高宗南渡，都之，为临安府。元至元十三年，平江南，立两浙都督府，又改为安抚司。十五年，改为杭州路总管府。二十一年，自扬州迁江淮行省来治于杭，改曰江浙行省。"③ 《元史·世祖本纪》载："（至元二十八年十二月庚辰）改江淮行省为江浙等处行中书省，治杭

---

① 《元史》卷9《世祖本纪》（6），第179页。
② 《元史》卷91《百官志》（7），第2306页。
③ 《元史》卷62《地理志》（5），第1491页。

州。"① 可见，元至元十三年，即宋景炎元年（1276）初置江淮行省，治所为扬州，元至元二十一年（1284）自扬州迁至杭州。《龙川和尚遗嘱记》有"先师维扬之行也，预知世缘之将尽"的记载，则说明龙川去扬州，应是江淮行省且治所在扬州的这段时间。

《元史·世祖本纪》又载："至元十四年二月丁亥，'诏以僧亢吉祥、怜真加、加瓦并为江南总摄，掌释教，除僧租赋，禁扰寺宇者'。"② 可以推断，元军入南宋临安府的第二年即元至元十四年，即宋景炎二年（1277）元就在佛教兴盛地区设立管理佛教事务的机构。龙川大师也是在这一时期来到南方主管佛教事务。

2. 刊印《普宁藏》

龙川大师总摄江淮佛教事务，具体活动在史书中记载甚少，根据佛经题记所载应与刊印《普宁藏》有密切关系。"臣"字帙《普贤行愿品》卷尾题记和《湖州妙严寺记》载："道安滥厕僧伦，叨承祖裔，虽见性修行因地果位未成，非依经演唱教乘，佛恩莫报。切见湖州路思溪法宝寺大藏经板，泯于兵火，只字不存，累杭州路大明庆寺寂堂思宗师，会集诸山禅教师德，同声劝请，谓此一大因缘，世鲜克举，若得老古山与白云一宗协力开刊，流通教法，则世出世间，是真续佛慧命。道安蒙斯处嘱，复自念言，如来一大藏经板，实非小缘，岂道安绵力之所堪任。即与庵院僧人、优婆塞聚议，咸皆快然，发稀有心，施力施财，增益我愿。又蒙江淮诸路释教都总摄所护念，准给文凭，及转呈檐八上师引觐。皇帝颁降圣旨，护持宗门作成胜事。……仍赞大元帝师、大元国师、檐八上师、江淮诸路释教都总摄扶宗弘教大师、江淮诸路释教都总统永福大师，大阐宗乘，同增福算。更冀时和岁稔，物阜民康，四恩三有尽沾恩，一切有情登彼岸。宣授浙西道杭州等路白云宗僧录南山普宁寺住持传三乘教九世孙慧照大师沙门道安谨愿。时至元十六年己卯十二月吉日拜书。"③ 元至元十六年，即宋祥兴二年（1279）龙川大师为"江淮诸路释教都总摄"，积极促成《普宁藏》的刊印等事宜。

① 《元史》卷16《世祖本纪》（13），第353页。

② 《元史》卷9《世祖本纪》（6），第188页。

③ 《汉文佛教大藏经研究》，第318页。

如志在元至元二十六年（1289）继任第四任普宁寺住持时，继续佛经刊印，如志刊印的佛经尾题依然提到龙川大师，龙川作为《普宁藏》都劝缘身份出现，时间为至元二十七年（1290）。

可见，龙川大师在至元十四年（1277）和至元二十七年（1290）间在江南任职，对于《普宁藏》的刊印和江淮地区佛教的发展起了一定的作用。

四　重修白马寺和长安华严四祖塔

（一）任释源宗主与重修白马寺

由于历代兵燹战乱，风蚀雨剥，白马寺几经沧桑，几度兴废，几度重修。到金大定十五年，即宋淳熙二年（1175），"寺与浮图俱废，唯留余址，鞠为瓦子堆，茂草场者，今五十载矣"。① 后又经历金末之金元战争，白马寺又遭劫难，曾经辉煌一时金碧堂皇的白马寺已经是杂草丛生，衰败凋零。元代再一次对白马寺进行重新修建，元代对白马寺的修建备受统治者的重视，由帝师八思巴上奏皇帝，皇帝诏敕重新修建，具体工作最初由白马寺的住持龙川大师负责。

《龙川和尚塔志》记载："帝师以释源荒废岁久，遂奏，请命师兴葺。仍假怀孟六县官田之租以供支度。"《河朔访古记》卷下记载："至钦宗靖康时毁于金人兵火，逮国朝至元七年世祖皇帝从帝师帕克巴之请大为兴建。"② 《大元重修释源大白马寺赐田功德之碑》也载："至元七年，帝师、大宝法王帕克巴，集郡国教释诸僧，登坛演法。从容询于众曰：'佛法至中国始于何时？首居何刹？'扶宗弘教大师龙川讲主行育，时在众中，乃引永平之事以对，且以营建为请。会白马寺僧行政言，与行育叶。帝师嘉纳，闻于世祖圣德神功文武皇帝特敕行育，综领修寺之役。"③

---

① 《洛阳市志》卷 15 "白马寺·龙门石窟志"之《大金重修洛阳东白马寺塔记》，第 66 页。

② （元）纳新撰：《河朔访古记》（卷下）"河南郡部"，《四库全书》影印本。

③ 《洛阳市志》卷 15 "白马寺·龙门石窟志"之《大元重修释源大白马寺赐田功德之碑》，第 70 页。

可知，元至元七年，即宋咸淳六年（1270）元朝在八思巴的建议下准备重新修建在战争中遭受严重损毁的白马寺。因龙川大师的才华，得到帝师嘉奖和欣赏，忽必烈皇帝敕令龙川行育负责修缮白马寺的具体事宜，也就在元至元七年，即宋咸淳六年（1270）龙川行育大师成为白马寺的住持。

商挺所撰《七古诗》对于龙川行育修葺白马寺的事情也有描述："皇家三宝方褒崇，白马金碧余嵩蓬。谁堪承此大缘事，独有弘教当宸衷。玉昔款密自天下，袈裟更染征尘红。爱军透脱法眼正，敬君自在他心通。"这几句话对蒙元时期白马寺的情形以及皇室对修缮白马寺的人选非常重视，只有弘教大师龙川能够了解皇上的心意，担当重建白马寺的重任。

白马寺的重建虽然得到皇上和帝师八思巴的重视，但修建之初曾出现资金紧张短缺状况。《大元重修释源大白马寺赐田功德之碑》记载了"经度之始，无所取财，遍访檀施于诸方，洊更岁龠而未睹成效"的局面。后来在帝师等众多僧官和皇室真金太子的关照之下才得以改善，《大元重修释源大白马寺赐田功德之碑》又载："帝师闻之，申命大师丹巴董其事。丹巴请假护国仁王寺田租，以供土木之费，诏允其请。裕宗文惠明孝皇帝，时在东宫，亦出帛币为助。于是工役始大作。为殿九楹，法堂五楹；前三其门，傍翼以阁；云房精舍，斋庖库厩，以次完具。位置尊严，绘塑精妙。盖与都城万安、兴教、仁王三大刹比绩焉。始终阅二纪之久，缘甫集而行育卒。诏赠司空、鸿胪卿，谥护法大师。"[1]

《龙川和尚塔志》也记载："帝师以释源荒废岁久，遂奏请命师兴葺，仍假怀孟六县官田之租，以供支度。大刹落成，师遂顺化，荼毗舍利五色。"[2]

自元至元七年，即宋咸淳六年（1270）开始，龙川大师大部分精力用于释源祖刹白马寺的修建工作，白马寺主体完工之后，南宋为蒙古军队所灭，龙川大师又奉命去扬州负责江淮诸僧事的管理工作，几年之后龙川圆寂，由他的继任弟子继续完成修建白马寺的后续工作。

龙川负责修建白马寺虽"始终阅二纪之久"，但他圆寂时白马寺并

---

[1]　《洛阳市志》卷15"白马寺·龙门石窟志"之《大元重修释源大白马寺赐田功德之碑》，第70页。

[2]　《洛阳市志》卷15"白马寺·龙门石窟志"之《龙川和尚塔志》，第99页。

未彻底修缮完毕，《龙川和尚遗嘱记》和《赐田功德碑》皆有记载。《龙川和尚遗嘱记》记述了龙川去维扬总摄江淮诸路僧事之际，对弟子的嘱托及其身后继续修建白马寺的情况，内容为："先师维扬之行也，预知世缘之将尽，乃召门弟子海珍等，大书遗嘱。悉以平昔衣盂之分，黄金一百两、白银一十五锭，俾充释源造像之资，并以近寺西北陆田二百亩岁收所产，充本寺长供。自余圣像、经籍、法衣、器用付之常住，传流护持。"①

可见，白马寺重建耗时颇长，龙川为此更是殚精竭虑，尤其在寺院修建初期，资金缺乏，无所取财，遍访檀施于诸方，重新营建工作也是困难重重。经大师努力，在帝师八思巴、丹巴和皇室等人的大力支持下，才得以解决。龙川大师在去扬州之前，仍操心祖庭的发展，虽然大刹落成，但佛像、菩萨像及一些绘画并没有彻底完工，落成嘱托弟子说"人各勉旃，同荷祖刹"，并把自己的积蓄加以分配，用于白马寺常住和其他方面的继续修建等。

直到大德四年（1300）白马寺终于得以修建完毕，成为一座为元代皇家祈福寺院，先后用时近30年。《大元重修释源大白马寺赐田功德碑》载："圣上大德改元之四年冬十月，释源大白马寺告成。诏以护国仁王寺水陆田在怀、孟六县者千六百顷，充此恒产，永为皇家子孙祈福之地。"②

白马寺的修建凝聚着龙川大师和其弟子慧觉等人的辛劳，尤其在龙川总摄江淮诸路僧事期间，白马寺修缮任务可能主要由其弟子负责，故如《故释源宗主宗密圆融大师塔铭》所载："（慧觉）虽勤而不以为劳也，故宗社之兴，公有劳焉。"

（二）重修华严四祖澄观舍利塔

作为华严传人的龙川大师，对于华严思想传承和护持祖师遗迹也是十分尽力。龙川大师出任白马寺住持后，曾带领弟子20余人前往长安华严寺拜会祖师塔，见到祖师华严四祖澄观之塔破毁严重，感慨万分，心里非常凄凉，立志重建澄观舍利塔。

---

① 《洛阳市志》卷15"白马寺·龙门石窟志"之《龙川和尚遗嘱记》，第68页。

② 《洛阳市志》卷15"白马寺·龙门石窟志"之《大元重修释源大白马寺赐田功德之碑》，第69页。

《龙川和尚遗嘱记》记载："清凉祖师云：大明不能破长夜之昏，慈母不能保身后之子。"此处的"清凉祖师"应该指华严四祖澄观清凉大师（738—839），他住长安华严寺，传华严宗旨，也是五台山的一位德高望重的高僧，澄观圆寂后，由宰相裴休撰写碑文。到龙川大师时期，已经过去400余年，澄观清凉大师的塔废碑失，已不可考。在元代忽必烈皇帝、帝师八思巴的支持下，龙川大师和陕西僧统等共同负责重新修建华严四祖之塔。

《清凉国师妙觉塔记》内容较长，加标点如下："……今则年代寖远，塔废碑亡，漫不可考。有清凉远孙、永安嫡子龙川行吉祥者受今上皇帝之师号，得大元帝师之戒法，欲重建祖塔。自燕京至临洮，往复万里，特以是事白今帝师，决其可否？帝师曰：'善哉，善哉！真美事也。'出白金一笏以遗之，并嘱陕西僧统雄辩大师，五路提领迁公大师共成其事。既祗终南，按传载遍求塔址，垦土寻文，仅见石座。因请诠庵主者书《清凉疏》三卷，欲葬塔中，以酬志愿。继而因缘际会，有以石匣来施者，有以舍利来献者。如照禅师于天兵之后，在华严寺收得'清凉舍利'回施……刘氏等各施所得舍利，计千余粒……清凉之感应也。塔成，命印吉祥记之……至元九年岁次壬申九月日 宣赐扶宗弘教大师、上谷大法云寺传戒长讲、沙门行吉祥建。"①

为了得到朝廷的支持，龙川大师不辞辛苦，前往大都拜谒八思巴帝师，到大都才知八思巴经临洮回藏地，龙川大师又从大都赶往临洮。元至元九年，即宋咸淳八年（1272），正是帝师八思巴第二次回西藏住在临洮期间。龙川在临洮见到帝师，陈述欲重建祖塔事宜，得到帝师支持，帝师并施一笏（相当于50两）白金用于建塔之德功，并嘱咐僧统雄辩大师、迁公大师一起共同修建澄观舍利塔，龙川大师的活动为元代华严宗传承起了积极作用。

综上所述，龙川大师为金朝遗僧，女真人，名行育，亦称行吉祥，姓纳合氏，华严传人，其佛事活动主要集中在忽必烈时期，弘法范围涉及燕京（大都）、洛阳、陇右、奉圣州、长安、扬州、杭州等。龙川大师既参与佛道论战、在奉圣州传戒律、参与编订《至元法宝勘同总录》，负责江

---

① 《北京图书馆藏中国历代石刻拓本汇编》（第48册），第54页。

淮诸路佛教事务，促成《普宁藏》的刊印，又出任白马寺释源宗主，负责重建白马寺，并发愿重建华严四祖舍利塔等，传承法脉。龙川大师的弘法活动促进了蒙古、元时期中原佛教与西北佛教、中原佛教与南方佛教融合与发展，对推动元代华严宗传承和佛经流布起了积极作用。

金代太原城诸衙署因革考

李浩楠[*]

在中国封建社会君主专制政体下，历朝历代都拥有数量庞大的官僚群体，官僚们则在专门的衙署办公。在改朝换代的背景下，中央官僚机构的衙署，或因都城的变易而改变，或者维持原有格局。地方官僚机构的衙署，亦有因袭与变革。陈凌先生对宋代府、州衙署建筑的研究表明，宋代府、州衙大多在继承前代地方官署的基础上修建而成。[①] 至于对金代的相关研究，无论金代衙署之于辽朝、北宋的因革，还是元代衙署之于金代的因革，都非常有限，以笔者的浅见，仅有赵立波先生有所探讨，他认为集宁路古城遗址城中偏北的大型建筑，是衙署而非孔庙，"从其所处方位和建筑形制来看，它很可能是金代集宁县的衙署，并且为元代集宁路衙署沿用"[②]。成果稀少的主要原因有：文献记载的缺乏、考古资料的局限性，以及金代衙署多毁于兵燹等。

笔者偶阅明人所编《永乐大典》，[③] 发现该书所引地方志，颇有载金朝史事者。在诸地方志中，所记金代史料为最者，以《太原志》为首。[④] 该志为明初所修，叙金代史事，多以"金朝"称之，并引用金"《大定晋

　＊李浩楠，赤峰学院历史文化学院。

　①　陈凌：《宋代府、州衙署建筑原则及差异探析》，载姜锡东主编《宋史研究论丛》第17辑，河北大学出版社2015年版，第143页。

　②　赵立波：《集宁路城址布局的考古学探索》，《河北师范大学学报》（哲学社会科学版）2013年第1期。

　③　（明）解缙等编：《永乐大典》，中华书局1986年版。

　④　《永乐大典》所引《太原志》已有整理本，参见马蓉等点校《永乐大典方志辑佚》第1册，中华书局2004年版，第79—356页。

阳志》"。① 该志所记金朝史事，大抵抄撮旧志及当时所见金代文献。其记事下限大致在大定十五年（1175）前后。②《太原志》中的《古迹》，详细记载了金朝各衙署（公署）在太原城中的位置及与原北宋衙署、建筑之间的因革等。金代官制，与北宋官制，或有异同。金朝衙署，或因宋之旧制，或因其名而易址，或因宋旧衙署而更易新名，或新创衙署。因革之间，何者为多？因革之制，有何规律可循？学术界研究金代官制，尚未见有以衙署因革为切入点研究者。对太原金代衙署进行研究者，多见于研究太原地方史的学者。如太原地方志工作者曾探讨太原城宋、金、元衙署位置，但仅照录《永乐大典》原文，未做进一步探讨；乔含玉对宋代太原城的研究，略及金代；高磊绘制了《宋金太原城官署布局示意图》，③但均未对具体因革进行研究。故笔者以《太原志》为据，拟探讨金代太原城各诸衙署与北宋诸衙署、民居的因革，以求教于方家。

一　因袭北宋之旧名和旧址者

金朝军队于天会四年（宋靖康元年，1126）攻克北宋太原府。宋军在守城时，已"屋舍皆拆去壁，令所在相通"。金军破城之际，"焚烧屋舍，夷其城郭"④。城内建筑遭受严重破坏。金朝于"天会六年（1128）

---

① 《永乐大典》卷5200《原》，引《太原志·建置沿革》，第3册，第2248页；《永乐大典方志辑佚》第1册，第85页。薛瑞兆先生认为《大定晋阳志》即蔡珪所撰《晋阳志》，见薛瑞兆《金代艺文叙录》上册，中华书局2014年版，第400—401页。

② 将相坊，原名通利坊，"以今西京留守滕国完颜公毅大定中入政府，改名"，《永乐大典》卷5204《原》，引《太原志·古迹》第3册，第2294页；《永乐大典方志辑佚》第1册，第285页。"完颜公毅"应为《金史》中的完颜毅英，完颜毅英，致仕后，起复西京留守，后为东京留守、上京留守，大定十五年再次致仕，《金史》卷72《毅英传》，中华书局1975年版，第1663页。大定十五年，完颜毅英为东京留守，《金史》卷92《曹望之传》，第2039页。"今西京留守"，说明其任职下限应在大定十五年。

③ 参见张国宁主编《太原市志》第1册，山西古籍出版社1999年版，第162—163、165—166页；乔含玉主编《太原城市规划建设史话》，山西科学技术出版社2007年版，第7—8页；高磊《太原城市建设史略》，硕士学位论文，东南大学，2011年。

④ （宋）徐梦莘：《三朝北盟会编》卷53，引《靖康遗录》上册，上海古籍出版社2008年版，第401页。

析河东为南、北路，各置兵马都总管"①。金太宗至金熙宗时的"天会官制"，主要是机构的创设和调整。② 金朝在太原所立职官，官名、衙署有因袭北宋者。

河东北路转运司。衙署位于府南门正街东第八澄清坊，"宋末复置转运司。金朝天会中，置钱帛都提点于此，后改为转运司，有宋转运题名及金朝钱帛、转运题名"③。金朝在转运司设置之前，曾设钱帛都提点，《金史》等文献并未提及。④ 宋、金均设转运司，长官皆称转运使，皆有掌一路财政的职能，但金朝的转运司"并无监察之权"，与宋制不同。⑤ 金代河东北路转运司衙署因宋河东路转运司旧址，连宋代长官题名的传统亦继承下来。

太原府。在子城内。衙门内正北为仪门，门北设厅，"有宋庆历七年（1047）张伯玉撰《并州大厅记》、政和元年（1111）赵点检《修厅记》，又有庆历中郑戬《守臣题名记》及金朝《都总管题名记》"⑥。此乃太原府衙署，按宋制"文官任经略安抚使等官，往往兼任知州和知府"，其中

---

① 《金史》卷26《地理志下》，第629页。南宋"归正人"张汇云金朝，"太原府为河东北路"，系于宋建炎三年（金天会七年1129），《三朝北盟会编》卷132，引《金虏节要》下册，第960页。对于这一记载的矛盾，余蔚认为河东两路之分时间应从宋人记载，见余蔚《中国行政区划通史·辽金卷》，复旦大学出版社2012年版，第547页。李昌宪则倾向于《金史》的记载，李昌宪《金代行政区划史》，上海古籍出版社2015年版，第42页。笔者认为天会六年建河东北路，不宜轻易否定。元人载："金因之，为太原府，兼河东北路兵马都总管府。天会六年以徒单添寿领府事"，见（元）孛兰肹等撰，赵万里校辑《元一统志》卷1《太原路·建置沿革》上册，中华书局1966年版，第104页。明初《太原志》云："金朝天会四年，府仍旧名。六年，厘两河为四路，以河东北路兵马都总管治太原"，并注出自《职员格》，《永乐大典》卷5200《原》，引《太原志·建置沿革》第3册，第2247—2248页；《永乐大典方志辑佚》第1册，第85页。二书皆系于天会六年。

② 王曾瑜：《金熙宗"颁行官制"考辨》，见姜锡东、李华瑞主编《宋史研究论丛》第6辑，河北大学出版社2005年版，第286—295页。

③ 《永乐大典》卷5204《原》，引《太原志·古迹》第3册，第2295页；《永乐大典方志辑佚》，第1册，第288页。

④ 康鹏：《金代转运司路研究》，中国社会科学院历史研究所隋唐宋辽金元史研究室编《隋唐辽宋金元史论丛》第2辑，上海古籍出版社2012年版，第323页。

⑤ 康鹏：《金代转运司路研究》，《隋唐辽宋金元史论丛》第2辑，第334页。

⑥ 《永乐大典》卷5204《原》，引《太原志·古迹》第3册，第2295页；《永乐大典方志辑佚》，第1册，第288页。

太原府知府兼河东路经略安抚使、马步军都总管。① 金代。诸总管府有
"府尹兼领者"，即府尹（知府）兼任本路兵马都总管，太原府是其中之
一。② 故有"守臣"和"都总管"的《题名记》。《太原志》记该府衙署
尚有使厅、燕堂、筹阁、经远堂、连云观、望云楼、镇峰堂、竭节堂、双
阁、净深堂、射堂、燕堂、三乐堂、都厅、孔目院等建筑。③ 金朝改建
者，乃竭节堂两颊之进思、退思二阁，"本在东北宣抚副使衙，金朝移
建"。④ 其余建筑大抵因宋旧名。兴定二年（1218），蒙古军破太原城，金
朝元帅左监军乌古论德升及其姑、妻，于"府署"自杀。⑤ 即此衙署。

宣诏厅。位于子城正街。宋景祐时，知府李若谷建，其子李淑有
《壁记》，"每赦诏之下，有司集吏民宣读于此"⑥。《太原志》未载其金代
时事，不知其兴废。孙建权指出，史书于地方迎接赦诏，多记其礼仪。⑦
不见其向百姓宣读事。但金末刘祖谦记，京兆府有"府署之宣诏厅"⑧。
上引《太原志》所见太原府衙署建筑，并无"宣诏厅"。故金朝时，沿用
宋之宣诏厅的可能性是比较高的。

球场厅、府狱、草场。位于子城东门街北，其中，"球场厅"未叙金
代状况，估计为沿用；"府狱"系"宋旧狱，金因之"；"草场"系"宋
旧场，金因之"⑨。球场系娱乐、演武场所。太原府狱，无论宋金，皆为

---

① 王曾瑜：《宋朝军制初探》（增订本），中华书局 2011 年版，第 78 页。

② 《金史》卷 57《百官志三》，第 1310 页。参见王曾瑜《金朝军制》，河北大学出版社
2004 年版，第 31 页。

③ 《永乐大典》卷 5204《原》，引《太原志·古迹》第 3 册，第 2295 页；《永乐大典方志
辑佚》第 1 册，第 288—289 页。

④ 同上书，第 289 页。

⑤ 《金史》卷 122《乌古论德升传》，第 2659 页。

⑥ 《永乐大典》卷 5204《原》，引《太原志·古迹》第 3 册，第 2295 页；《永乐大典方志
辑佚》第 1 册，第 290 页。

⑦ 孙建权：《守本纳新：辽金赦宥制度研究》，中国社会科学出版社 2017 年版，第 90—
91 页。

⑧ （金）刘祖谦：《终南山碧虚真人杨先生墓铭》，见陈垣编纂，陈智超、曾庆瑛校补《道
家金石略》，文物出版社 1988 年版，第 462 页。

⑨ 《永乐大典》卷 5204《原》，引《太原志·古迹》第 3 册，第 2295 页；《永乐大典方志
辑佚》第 1 册，第 290 页。

关押罪犯之所。草场，宋代或称"草料场"，往往"仓场"并提。① 金代，朝廷规定中都等六处京、府设草场使、副使，西京则省副使，"余京节镇科设使副一员"，太原府当准此。② 宋金时草场，皆掌马匹等所需刍秣事。

军器库。位于东门子城西门街，"街北军器库门，过道其内军器库"，并注"宋旧库，金因之"③。北宋时，地方府州兵器库多称"甲仗库"，亦有称"军器库"者。④ 金代，"随府节镇设使、副，若军器兼作院，军资兼军器库，及防刺郡，则置都监一员，以军资监兼者如旧"⑤。正隆元年（1156），张子明任"河东北路太原府军械库使"⑥，不知"军器库"是否在大定之前称"军械库"，或是另一武器库。宋、金之军器库，其职能皆为贮藏各类兵器。

作院。位于府衙正门前街，金代将之分为"东作院""西作院""军器库使厅"，并注"宋旧作院"⑦。"东作院"与"西作院"依然沿用北宋衙署及旧名，但分为"东""西"两部分。还有一部分建筑被改为"军器库使厅"。金代作院与北宋相比，规模略有缩小。金代作院"随府节镇作院使副，并以军器使副兼之。其或置一员，或以军资库兼之，若元设甲院都监处，并蓟州专设使副者，并仍旧"⑧。宋、金之作院，其主要功能，均为制造各类兵器。

金代太原城衙署因北宋之旧名、旧址者，有 8 座。其中球场厅、府狱、草场、军器库、作院等，功能相当单一、专业，无改易名称之必要。同时，此类建筑要求相当面积的空间，不易新建，因旧址是最好的选择。体现皇权下达之宣诏厅，总一府政事之太原府，总一路财赋之转运司，这

---

① 史继刚：《宋代军用物资保障研究》，西南财经大学出版社 2000 年版，第 91 页。

② 《金史》卷 57《百官志三》，第 1323 页。

③ 《永乐大典》卷 5204《原》，引《太原志·古迹》第 3 册，第 2295 页；《永乐大典方志辑佚》第 1 册，第 290 页。

④ 《宋代军用物资保障研究》，第 191—192 页。

⑤ 《金史》卷 57《百官志三》，第 1316 页。

⑥ 《张雄墓志》，见王新英编《金代石刻辑校》，吉林人民出版社 2009 年版，第 166 页。

⑦ 《永乐大典》卷 5204《原》，引《太原志·古迹》第 3 册，第 2295 页；《永乐大典方志辑佚》第 1 册，第 290 页。

⑧ 《金史》卷 57《百官志三》，第 1316—1317 页。

些太原城内最重要的统治机构，皆因宋旧名并旧址，体现了金制在形式上继承宋制的一面，同时，也可能与宋、金太原之战，城内（特别是子城）衙署建筑破坏相对较小有关。

二　因袭北宋之旧名并易其址者

阳曲县、阳曲丞、阳曲尉、阳曲主簿。宋金在县一级行政单位，均设有县丞、县尉、县主簿。阳曲县，北宋长官为知县，金代为县令。阳曲县衙署在太原城中。位于西门正街北，"宋治所在西郭，天会中徙于此"。可能由于战乱及其他原因，金朝将阳曲县衙署进行了搬迁。其南方正对阳曲丞厅，之后是阳曲尉厅、阳曲主簿厅，"并金朝置"。[①] 一县之统治机构，大抵距离较近，便于办公。同时，也体现了相关衙署规划分布的合理性、集中性。

文宣王庙。位于北门正街南子城北门路，"旧在府之东隅天庆观东，宋末毁废。金朝天会中，因旧廉访街葺而建焉。有皇统中贤良杜致美撰《修学记》"[②]。其资料来源，系从杜致美《修学记》抽取文宣王庙修建、迁址文字，简略述之。其"宋末毁废"委婉地说明该庙毁于战乱，同时尽量推卸掉了金军的责任，可谓"为尊者讳"。该《修学记》今不存，但明昌二年（1191），赵沨亦作学记，云："府旧有学，罹兵革之后，荡毁无余。至天会九年（1131），耶律公资让来帅是邦，叹学馆之弗修，但取故官舍余材以成之。"[③] 两相对照，可知文宣王庙重修的时间是天会九年，主持者是耶律资让，原址已彻底毁废，新址更为靠近子城。由于资金、材料有限，文宣王庙的重修基本秉持"节省"的原则，拆毁部分北宋衙署，作为木料，简单修葺而成。

---

① 《永乐大典》卷5204《原》，引《太原志·古迹》第3册，第2295页；《永乐大典方志辑佚》第1册，第289页。

② 同上书，第289—290页。

③ （金）赵沨：《太原府重修庙学记》，见（明）李侃修、胡谧纂、李裕民等点校（成化）《山西通志》卷13《集文·庙学类》，中华书局1998年版，第739页。

都作院。位于府狱之后，"狱后都作院"，注"大定中自街南徙北"①。关于宋、金太原都作院的存在与否问题。王菱菱先生钩沉宋代史料，考订宋代长期设置之都作院共计33处，但河东路则缺载。缺载原因，或因记载保留不全，或因军事原因考虑的布局安排的特性。②《金史》云：唯有中都、南京在作院前加"都"字。③否定了金代"都作院"在太原的存在。但绍熙（1190—1195）时归宋的张棣④，则云金朝刑徒："拘役之处，逐州有之，曰都作院。所徒之人，或使之磨甲，或使之土工。"⑤诸州皆作"都作院"显系错误，但《太原志》对都作院则言之凿凿，不似胡诌之文。是否大定时，太原都作院尚存，后因某种因素裁撤呢？以笔者的学力，不敢妄自判断，姑置于此。

金代太原城衙署因北宋之旧名，但易址者，有6座。阳曲县和文宣王庙，原址或在"西郭"⑥，或在"东隅"，在宋金太原之战中遭受严重破坏，无法复建，只能易址新建。新建的建筑，特别是文宣王府，由于连年战争，财政吃紧，在规模上不及北宋之旧建筑。至于都作院，不论确实存在，还是其他机构的误记，"自街南徙北"，是近距离的搬迁。

三　因袭北宋之旧址并易其名者

（一）易其名，职能相近者

光远驿，位于府南门正街东第七坊，"宋太平驿，后改今额"⑦。乃驿站易名。"太平"，可能取宋太宗克太原之"太平兴国"年号，亦有寓意

---

① 《永乐大典》卷5204《原》，引《太原志·古迹》第3册，第2295页；《永乐大典方志辑佚》第1册，第290页。

② 王菱菱：《宋代都作院设置考》，《中国经济史研究》2007年第3期。

③ 《金史》卷57《百官志三》，第1316页。

④ 孙建权：《关于张棣〈金虏图经〉的几个问题》，《文献》2013年第2期。

⑤ 《三朝北盟会编》卷244，引《金虏图经》下册，第1755页。

⑥ 有学者认为，宋代阳曲县治所在三交寨，后名十里铺，在太原市北城区太原钢铁公司一带，《太原市志》第1册，第28页。阳曲丞、阳曲尉、阳曲主簿应在其附近。

⑦ 《永乐大典》卷5204《原》，引《太原志·古迹》第3册，第2294页；《永乐大典方志辑佚》第1册，第288页。

当地太平之意。金朝改为"光远"，意在夸耀。正隆四年（1159），萧恭与西夏划界还，丢失金牌"至太原，忧恚成疾。时已具其事驿闻于朝"。①当即此驿。

武卫第一指挥。在府南门正街东第八澄清坊，"本宋屯驻军营，金朝改为宣武军营，大定十一年又改今名"②。又有武卫第二指挥使，位于东门正街，"本宋屯驻军营，天会中改宣武营，又改武卫"③。两相对照，二者皆系原北宋军营，天会时，易其军号为"宣武"，大定十一年（1171），又易军号为"武卫"。长官为指挥使，而非女真族猛安（千户）、谋克（百户）之四级编制，当系汉军。金代河东两路，此类军号尚有一些，大定时，完颜衷曾任"代州宣锐军都指挥使"。王曾瑜认为"宣锐军"系正式番号，但其性质不明。④ 大定十一年，怀州有"武德军指挥使"⑤。大定十四年（1174），辽州有"威寇指挥使"⑥。兴定六年（元光元年1222）有"葭州宣义军第三指挥使记"⑦。河东两路诸军，以"宣"字号为多。宣武军虽改为武卫军，但《太原志》记事下限迄于大定十五年，大定十七年（1177），京师防城军改为武卫军。⑧ 太原之"武卫军"必易其名，只不过我们已不能搞清它的新番号了。

税使司，酒使司。位于西门正街第二周礼坊东。税使司，"宋商税务，金朝因之，大定改置使司"；酒使司，"宋酒务，金朝因之，大定中

---

①　《金史》卷82《萧恭传》，第1839页。

②　《永乐大典》卷5204《原》，引《太原志·古迹》第3册，第2295页；《永乐大典方志辑佚》第1册，第288页。

③　同上书，第289页。

④　《金史》卷66《衷传》，第1563页；《金朝军制》，第71页。

⑤　（清）方履籛等纂：（道光）《河内县志》卷21《金天宁寺塔上题记》，道光五年刻本。见国家图书馆善本金石组编《辽金元石刻文献全编》，第2册，北京图书馆出版社2003年版，第841页。

⑥　（清）胡聘之撰：《山右石刻丛编》卷21《辽州文庙碑》，光绪二十七年刻本。《辽金元石刻文献全编》第1册，第171页。

⑦　景爱、孙文政、王永成编著：《金代官印》第7册，中国书店2007年版，第346页a。按，葭州原隶河东北路，兴定二年（1218）改隶延安府。《金史》卷26《地理志下》，第632页。该印制作年代为金末，但不似金末诸"义军"的都统、副统、万户、千户、百户等编制，故"宣义军"应为金蒙战争之前就存在的番号。

⑧　《金史》卷44《兵志》，第998页。

改置使司"①。官名不同，然均为负责商税征收与酒的征榷之机构。与北宋不同，太原作为河东北路首府，已非边境重镇，"无犬吠之警。今之太原，遂为内地"②。金代，"使司"为盐使司之外其他诸使司的通称，金朝征榷系统中的使司、院务、坊场三级机构主要根据课额多少而设，大定中，酒课每年达十万贯者设使司，至迟到章宗初年，凡酒课二万贯以上均已添置使司。③ 太原酒使司不知其岁课数字，但肯定在两万贯以上。太原税使司课额亦不详，但肯定要低于酒课。④

大备仓。位于子城南门中街，"宋旧仓也，金朝改名，大定中斥广其东三之一"⑤。金代的大备仓，系在北宋旧仓基础上扩建，面积扩大，贮存的粮食等物资亦应有相应的增长。章宗时，吴璋任"太原大备仓副使"，即管此仓。⑥

府知法、同知府尹、少尹。位于府衙正门前街。府知法厅，"宋刑掾厅"；同知府尹衙，"宋通判北厅"；少尹衙，"宋通判南厅"⑦。北宋的刑掾厅，"刑掾"较复杂，大观二年（1108）至政和三年（1113），诸府州诸司参军改称士、户、仪、兵、刑、工曹参军，每曹置参军一员、掾一员；政和三年二月十七日，参军又统改称掾。⑧ "刑掾"当为参军之副，"掾"的办公地点，只是不久即撤，但原址尚存。所掌与"刑曹"（府刑

---

① 《永乐大典》卷5204《原》，引《太原志·古迹》第3册，第2295页；《永乐大典方志辑佚》第1册，第289页。

② 赵汎：《太原府重修庙学记》，（成化）《山西通志》卷13《集文·庙学类》，第739页。

③ 刘浦江：《金代"使司"银铤考释》，见刘浦江《松漠之间——辽金契丹女真史研究》，中华书局2008年版，第329—341页。

④ 大定时，有"中都税使司"，《金史》卷49《食货志四》，第1110页。大定时，中都曲使司和中都税使司岁课额为361500贯和164440余贯，《金史》卷49《食货志四》，第1106、1110页。可知酒课多于税课。

⑤ 《永乐大典》卷5204《原》，引《太原志·古迹》第3册，第2295页；《永乐大典方志辑佚》第1册，第290页。

⑥ 姚奠中主编，李正民增订：《元好问全集》卷29《显武将军吴君阡表》上册，山西古籍出版社2004年版，第607页。

⑦ 《永乐大典》卷5204《原》，引《太原志·古迹》第3册，第2295页；《永乐大典方志辑佚》第1册，第290页。

⑧ 龚延明编著：《宋代官制辞典》，中华书局1997年版，第549页。

曹参军事，原名府法曹参军事）同，掌议法、断刑。① 金代的府知法，
"掌律令格式、审断刑名"②。二者所掌，皆为熟悉各种法律条文，为审判
提供必要的参考。金代的同知、少尹，其职能为"掌通判府事"，与北宋
通判之职能，并无不同。③

　　丰赡库。位于子城。丰赡库，"宋军资库，金朝改名"④。如前所述，
金代军资库多兼军器库、作院之职，并无"丰赡库"之称。但大定十七
年，郑肩撰石宗璧墓志，提到他"除太原府丰赡库副使"⑤。《太原志》
所述有据。丰赡库与北宋及金代其他地区之军资库，皆为储存一级府
（州）日常经费的仓库。宋代，军资库所收物品种类有金、银、钱、帛、
丝、绵、布等。⑥ 金代，大定三年（1163），宋军攻克金宿州治所符离，
"隆兴改元夏，符离之役，王师入城，点府库，有金一千二百两，银二万
两，绢一万二千匹，钱二万五千贯，米、豆共六万余石，布袋十七万条。
见《符离记》"⑦。除粮食、酒等来自粮仓、酒库外，其他均应来自军资
库。大安时，毛伯朋"选授昌平县军资库使"，"库所贮金帛先备犒赏用
者，以巨万计"⑧。主要为"金帛"，当以金、银、钱、绢、帛、布等为
主。太原丰赡库，亦当如此。

（二）易其名，职能相异者

　　牢城军。位于府南门正街北第三富民坊，"本宋比较酒务，金朝天会

　　①《宋代官制辞典》，第 519 页。

　　②《金史》卷 57《百官志三》，第 1304 页。

　　③ 同上书，第 1310 页。

　　④《永乐大典》卷 5204《原》，引《太原志·古迹》第 3 册，第 2295 页；《永乐大典方志
辑佚》第 1 册，第 290 页。

　　⑤《石宗璧墓志铭》，《金代石刻辑校》，第 173 页。

　　⑥ 苗书梅：《宋代军资库初探》，《河南大学学报》（社会科学版）1996 年第 6 期。

　　⑦（宋）周辉撰，刘永翔校注：《清波杂志校注》卷 6《符离府库》，中华书局 1994 年版，
第 249 页。由宋入元的周密，其数字略有不同，为"时符离府军中，尚有金三千余两，银四万余
两，绢一万二千匹，钱五万缗，米、豆共粮六万余石，布袋十七万条，衣缘、枣、羊、秒各一
库，酒三库"，见（宋）周密撰，张茂鹏点校《齐东野语》卷 2《张魏公三战本末略·符离之
师》，中华书局 1983 年版，第 31 页。

　　⑧《元好问全集》卷 28《潞州录事毛君墓表》上册，第 605 页。

中改置"①。金朝的"牢城军，则尝为盗窃者，以充防筑之役"。王曾瑜认为牢城军是一种杂役军。② 北宋的比较酒务与金朝的牢城军，在职能上，可谓风马牛不相及。

同知转运使事、转运副使。位于府南门正街东第七皇华坊，衙署"并宋提举常平司治所，金朝改置同知转运使衙，后分置副使衙"③。金朝官制虽参考北宋制度，但并未设置主管一路常平、义仓、免役、坊场等事的提举常平司。④ 提举常平司衙署改为总管一路财政转运使之"佐贰官"的同知转运使事衙和转运副使衙。北宋的提举常平司和金代的转运司，在业务上有交叉之处，但主要职能有较大区别。

户籍判官。户籍判官厅，位于北门正街西三桂坊，"宋安抚司勾当公事厅，金朝改置"⑤。北宋的安抚司勾当公事，系承办本司公事；金朝的户籍判官，乃转运司之属官，"专管拘收征克等事"⑥。二者业务，一系军事，一系经济，并无交叉之处。

府推官、知事、录事司、绫锦院。位于子城南门中街。府推官厅，"宋司录厅"；知事厅，"宋士曹厅及粮料院"；录事司，"宋仪曹厅"；绫锦院，"宋士曹厅之半"⑦。北宋的司录厅，"司录"乃府司录参军事，掌一府监狱众务，并有纠察诸曹官之职。金朝的府推官，"掌同府判，分判工、刑案事"。府判则"掌纪纲众务"⑧。二者虽有司法业务上的交叉，但金代推官所掌显系大于北宋的司录参军事；北宋的士曹厅，"士曹"乃府士曹参军事，掌到、罢批书。并领出入所辖县事、覆。金朝的府知事，

---

① 《永乐大典》卷5204《原》，引《太原志·古迹》第3册，第2294—2295页；《永乐大典方志辑佚》第1册，第288页。

② 《金史》卷44《兵志》，第998页；《金朝军制》，第77页。

③ 《永乐大典》卷5204《原》，引《太原志·古迹》第3册，第2295页；《永乐大典方志辑佚》第1册，第288页。

④ 《宋代官制辞典》，第488页。

⑤ 《永乐大典》卷5204《原》，引《太原志·古迹》第3册，第2295页；《永乐大典方志辑佚》第1册，第289页。

⑥ 《宋代官制辞典》，第503页；《金史》卷57《百官志三》，第1317页。

⑦ 《永乐大典》卷5204《原》，引《太原志·古迹》第3册，第2295页；《永乐大典方志辑佚》第1册，第290页。

⑧ 《宋代官制辞典》，第546页；《金史》卷57《百官志三》，第1310页。

"掌付事勾稽省署文牍、总录诸案之事"①。二者所掌皆为文书，但金朝府知事所掌文书的范围，显然要大于北宋府士曹参军事。至于"粮料院"，与知事更无丝毫之关系；北宋的仪曹厅，"仪曹"乃府功曹参军事，政和二年（1112），改府仪曹参军事。掌官员、祭祀、礼乐、选举等事，并领检法。②金朝诸府节镇设有录事司，是独立于附郭县的城市行政建制，专门治理诸府节镇城市民事及各项行政事务。③二者业务不同。从管辖范围来看，仪曹参军事兼领所属之县，而录事司则专管城市，不及所属诸县。差异较大；北宋"士曹"参见上述，此不赘引。金朝于太原设置绫锦院，"掌织造常课疋段之事"④。一主批书，一主纺织手工业，相差较大。绫锦院西门，系"宋物料库"⑤。

　　府司狱、都军司、判官、总管判官。位于府衙正门前街。府司狱厅，"宋刑曹厅"；都军司，"宋右狱及仪掾厅"；判官厅，"宋户曹厅"；总管判官厅，"宋管勾机宜文字厅"⑥。北宋的刑曹厅，"刑曹"见上述，掌议法、断刑。金代的司狱，《金史·百官志》云，诸京留守司与诸节镇设有司狱，而府一级行政建制则无。⑦核之史籍，可证不确，金代诸府有司狱之设。⑧大定十一年，金世宗下诏，"应司狱廨舍须近狱安置，囚禁之事常亲提控"⑨。二者虽皆涉及司法，然一涉法律条文之引用及供审判参考，一涉监狱管理，可谓井水不犯河水；北宋的"右狱"含义不明，可能指府狱之外的另一监狱。"仪掾厅"情况当同"刑掾厅"，所掌与"仪曹"同，掌官员、祭祀、礼乐、选举等事，并领检法。金朝的"都军"，指"诸府、节

---

①　《宋代官制辞典》，第519页；《金史》卷57《百官志三》，第1304页。

②　《宋代官制辞典》，第520、549、518页。

③　韩光辉：《宋辽金元建制城市研究》，北京大学出版社2011年版，第76页。

④　《金史》卷57《百官志三》，第1322页。

⑤　《永乐大典》卷5204《原》，引《太原志·古迹》第3册，第2295页；《永乐大典方志辑佚》第1册，第290页。

⑥　同上。

⑦　《金史》卷57《百官志三》，第1305、1312、1310页。

⑧　明昌二年十月，金廷"敕司狱毋得与府州司县官筵宴还往，违者罪之"，可知府、州设有司狱，《金史》卷9《章宗纪一》，第219页。程震，泰和时，"注授临洮府司狱"，《元好问全集》卷21《御史程君墓表》上册，第479页。魏玠，"终于延安府司狱"，载（元）魏初《青崖集》卷5《先君墓碣铭》，文渊阁《四库全书》第1198册，台湾商务印书馆1986年版，第775页。

⑨　《金史》卷45《刑志》，第1016页。

镇都军司", 王曾瑜认为其隶属于"散府尹"。府尹兼本路兵马都总管者, 其下应置"诸总管府节镇兵马司"①。李方昊认为, 金代的"兵马司"只见于京府, 兵马都总管府应为"都军司"②。《太原志》的记载表明, 李先生的见解是正确的。都军司"掌军率差役、巡捕盗贼, 总判军事, 仍与录事同管城隍"③, 系城市治安管理机构, 与"仪曹"所掌并无关联; 北宋的户曹厅, "户曹"指府户曹参军事, 所掌为户籍、赋税、婚姻、田宅、仓库交纳等事。金朝的判官, 指府判, "掌纪纲众务, 分判户、礼案, 仍掌通检推排簿籍"④。两者亦有经济业务上的交叉, 但金朝府判所掌"纪纲众务", 及"通检推排簿籍", 则为北宋府户曹参军事之所无; 北宋的管勾机宜文字厅, 乃安抚使司管勾机宜文字, 掌本司文书草拟、收发等公事。金朝的总管判官, "掌纪纲总府众务, 分判兵案之事"⑤。所掌职责范围, 后者要远远大于前者。

金代太原城衙署因北宋旧址, 但易其名者, 有22座。其中易其名, 职能相近者有10座, 其中又可分为两类, 一类属于"升级"者的衙署, 有税使司、酒使司、大备仓等。另一类属于"易名号"者的衙署, 有光远驿、武卫第一指挥、武卫第二指挥使、同知府尹、少尹、知法、丰赡库; 易其名, 职能相异者, 有12座。其中北宋有同样官名, 但太原城不见其衙署者有牢城军、转运副使、府推官、绫锦院、判官。北宋无相应官名, 金朝独有者, 有同知转运使事、户籍判官、知事、录事司、府司狱、都军司、总管判官。我们可知, 金朝对太原城(特别是子城)尚存的北宋衙署做了很大程度上的沿用。

四　未因袭北宋之旧名旧址并新建者

支度判官、运司勘事院、都勾判官、转运司司狱、转运司知法。支度判官厅, 位于府南门正街北第二观德坊, "本居民私第, 金朝改置"; 运司勘事院, 位置不详, 后注"天会中置"; 都勾判官厅, "本吴氏私第,

---

① 《金朝军制》, 第37页。

② 李方昊:《金朝府州研究》, 博士学位论文, 吉林大学, 2016年。

③ 《金史》卷57《百官志三》, 第1324页。

④ 《宋代官制辞典》, 第519页;《金史》卷57《百官志三》, 第1310页。

⑤ 《宋代官制辞典》, 第503页;《金史》卷57《百官志三》, 第1310页。

皇统中置"；转运司司狱厅、知法厅，位于府南门正街东第七皇华坊，后注"并金朝置"。① 康鹏认为金代转运司设置，与都转运司类似，有转运使、同知转运使、转运副使、都勾判官、户籍判官、支度判官、盐铁判官、都孔目官、知法等。② 与北宋转运司仅设转运判官不同，金朝转运司设置了四种判官。其中，都勾判官，"纪纲众务、分判勾案"；支度判官，"掌勾判、分判支度案事"。此外，转运司下还有"知法"。③ 运司勘事院，职责不详。转运司司狱，不见于《金史·百官志》。据康鹏考证，金代转运司有一定的司法权。④ 究其原因，在于《金史·百官志》所记是章宗明昌初年的官制，当时金朝已设九路提刑司，转运司司法权归于提刑司，故未见"司狱"记载。

录事判官、盐铁判官。录事判官厅，位于北门正街，后注"宋旧行街"；盐铁判官厅，后注"本居人私第，天会中改置"⑤。录事判官，乃录事司属官。盐铁判官，乃转运司属官。

金代太原城衙署未因袭北宋之旧名、旧址，新建者，有7座。系金代转运司属官衙署者，有支度判官、运司勘事院、都勾判官、转运司司狱、转运司知法、盐铁判官。系录事司属官者，有录事判官。部分衙署是由太原居民的住宅改建的。从《宋金太原城官署布局示意图》来看，金代转运司各衙署分布在太原城5个坊内，分布较远，最南的支度判官厅，距离河东北路转运司，纵向距离相隔5个坊。不易集中办公。录事司在子城内，录事判官在北门附近，相距亦较远。⑥ 至于如此规划的原因，我们已不得其详了。

余论

太原城自北汉灭亡以来，历经战乱。宋太宗克太原，愤恨于北汉军民

---

① 《永乐大典》卷 5204《原》，引《太原志·古迹》第 3 册，第 2294—2295 页；《永乐大典方志辑佚》第 1 册，第 288 页。

② 康鹏：《金代转运司路研究》，《隋唐辽宋金元史论丛》第 2 辑，第 335 页。

③ 《金史》卷 57《百官志三》，第 1317 页。

④ 康鹏：《金代转运司路研究》，《隋唐辽宋金元史论丛》第 2 辑，第 345—346 页。

⑤ 《永乐大典》卷 5204《原》，引《太原志·古迹》第 3 册，第 2295 页；《永乐大典方志辑佚》第 1 册，第 289 页。

⑥ 高磊：《太原城市建设史略》，第 20 页。

的负隅顽抗，下令摧毁晋阳城，将治所迁至唐明镇，同时在风水上大做文章。这一痛苦的历史记忆，至金末仍未消泯。① 北宋之于北汉，可谓"不破不立"，"破"的一面较多。金军破太原，城池、建筑遭到相当严重的破坏。金人虽亦恨宋人抵抗之顽强，但他们相对中原人，风水龙脉观念并不强。即使有此贼心，但残破的经济、太行义军的抵抗以及军费支出等因素，彻底摧毁太原城并易址重建，成本极高。金人选择了最大限度的承认北宋太原城之原有格局的态度，43 座衙署建筑中，因袭北宋之旧名旧址、因袭北宋之旧名并易址，因袭北宋之旧址并易名者，有 36 座，比例达到83.72%。就太原衙署变易来说，北宋之于北汉，可谓脱胎换骨的大手术。金代之于北宋，可谓之中小型手术。

王曾瑜认为，对于宋史研究来说，《永乐大典》中的方志，有的照抄南宋方志，史料价值很高。但"《永乐大典》中的方志没有多少有关辽、金、元的记载"，他认为是由于金、元无纂修方志的传统，其治下北方各省，至明代始有方志。② 此论过于绝对化。从《永乐大典》所引《太原志》看，参考了金朝的《大定晋阳志》《职员格》等文献。从数量上看，金代部分的分量不比北宋低。从质量上看，有些尽管未标注来源，但从文字上可以判断是照录旧志、旧文，对于金史研究来说，史料价值不言而喻。笔者阅读明代北方地区方志，有这么个印象，就是越是明代早期的方志，记载金朝史事越是丰赡详尽，像《太原志》中的宋金衙署因革的记录，在明代中后期和清代方志中是见不到的。今存《永乐大典》不及原本百分之三，笔者相信，其散失的北方地区的明初方志，像《太原志》这样对金朝有相关分量的记载者，不在少数。从这个意义来说，《永乐大典》的亡佚，对于金史研究而言，也是一大憾事。

---

① "南人鬼巫好机祥，万夫畚锸开连冈。官街十字改丁字，钉破并州渠亦亡"，《元好问全集》卷 4《过晋阳故城书事》上册，第 77 页。该诗作于贞祐四年（1216），见狄宝心《元好问年谱新编》，中国文联出版社 2000 年版，第 47 页。

② 王曾瑜：《〈永乐大典〉对研究宋史的史料价值》，参见王曾瑜《纤微编》，河北大学出版社 2011 年版，第 652 页。

略论金代渤海遗民佛教信仰
——以出土石刻文物为中心

李智裕*

受盛唐文化影响，渤海国佛教非常发达。在渤海国上京、中京、东京等地区，陆续发现诸多佛寺遗迹以及佛像等文物，说明当时渤海人信仰佛教是一种普遍社会现象。渤海国灭亡后，渤海遗民依旧保持信仰佛教传统。① 虽然学界对金代佛教研究成果颇多，然而对这一时期渤海遗民佛教信仰专题性研究却不多见。在此以出土石刻文物为中心并对传世文献进行梳理，对该问题进行尝试性分析。由于学识浅陋，文中观点不足之处在所难免，敬请各位方家指正。

一 金代渤海遗民与佛教信仰

金代社会上层群体崇信佛教非常普遍，"浮图之教，虽贵威望族，多舍男女为僧尼"②。此时的渤海遗民世家大族，在有金一代也多笃信佛教。《鸭江行部志》中记载"辽季东京副留守高其姓者，一夕徒步径隐于灵岩"内容。贾敬颜认为虽然此事未经考证，但从姓氏来判断在灵岩寺出家的东京副留守高姓很有可能是渤海遗民世家大族高氏成员。③ 金宣宗生母刘氏出生于辽阳，崇尚佛教经书。"后生，性聪慧，凡字过目不忘，初读《孝经》，旬日终卷，最喜佛书"，日本学者外山军治认为刘氏很可能

---

* 李智裕，辽宁省辽阳博物馆。

① 李智裕、苗霖霖：《辽金时期渤海遗民佛教信仰浅谈》，《辽金历史与考古》（第五辑），辽宁教育出版社2015年版，第274—280页。

② （金）宇文懋昭：《大金国志》卷36《浮屠》，齐鲁书社2000年版，第272页。

③ （金）王寂原著、贾敬颜疏证：《鸭江行部志》（上），《北方文物》1989年第1期。

是渤海族①。辽阳地区出土的《英公禅师塔铭》也有关于东京地区渤海遗民中世家大族成员出家内容记载。塔铭中记载贞懿皇后李洪愿所居的垂庆寺，"其尼尽戚里贵人"②。所谓"戚里贵人"应是指与贞懿皇后李洪愿沾亲带故的亲友，这也客观反映东京辽阳地区渤海遗民中的世家大族女性群体普遍信仰佛教。《英公禅师塔铭》中有"乡党旧契"字样，应是指在该寺出家的东京地区渤海遗民世家大族成员，由此也可推断东京渤海遗民中男性在大清安禅寺出家为僧也应不在少数。另外，根据辽阳地区发现的《东京胜严寺禅师塔铭》中记载禅师俗姓高氏，东京辽阳县渤海人，曾在东京黑山道院"住经八年"出家为僧。禅师"生不茹荤"③，这种自幼不吃荤的饮食习惯应与其家庭生活方式有关，其家庭成员极有可能也是佛教信徒。

金代渤海遗民群体信仰佛教显著代表为东京辽阳李氏家族和张氏家族。李氏家族是金代东京辽阳著名后族有"世载淑美"之称④，其家族成员李雏讹只之女以及李石之女先后嫁入皇室。李雏讹只之女李洪愿是金代著名历史人物，辽末金初以"东京士族女子有姿德者"身份嫁给皇室成员完颜宗甫为妻在皇室中素有威望，生子完颜雍即金世宗。李氏在完颜宗辅死后，回到辽阳出家为尼师号通慧圆明大师，成为金代有名佛教人物。与此同时金朝中央政府为其修建大型道场大清安禅寺，"以内府金钱三十万，即东都建大清安禅寺"⑤。研究表明女真人真正接受佛教是从熙宗时期开始的，这与熙宗时推行的汉化和封建化改革直接有关⑥。而完颜宗甫、李洪愿均为熙宗叔婶长辈，因此可以推测李洪愿进入皇宫之前很有可能受家庭熏陶而信仰佛教。

东京辽阳渤海遗民张氏家族"门满簪缨"，是金代时期有名的世家大族。家族代表人物张浩和张玄素早年拥立金世宗有功而跻身于统治集团核

---

① ［日］外山军治：《金朝史研究》，黑龙江朝鲜民族出版社 1988 年版，第 118 页。

② 邹宝库：《辽阳碑志选编》，辽宁民族出版社 2011 年版，第 169 页。

③ 参见拙文《辽阳〈东京胜严寺彦公禅师塔铭〉补议》，《北方文物》2017 年第 3 期。

④ 邹宝库：《辽阳市发现金代〈通慧圆明大师塔铭〉》，《考古》1984 年第 2 期。

⑤ （元）脱脱等：《金史》卷 64《贞懿皇后传》，中华书局 1975 年版，第 1518 页。

⑥ 都兴智：《金代女真人与佛教》，《北方文物》1993 年第 3 期。

心，其后人张汝霖与张汝弼同时拜相"时人荣之"①。张浩之父张行愿所生二男一女均信仰佛教，可以说是东京渤海遗民家庭成员集体信仰佛教显著代表。辽阳地区出土的《金光禄大夫张行愿墓志》记载张行愿长子慧休师号圆通辨正大师，担任东京辽阳都僧录一职；张行愿之女即圆德号圆惠大德。② 张浩也是一名佛教信徒，与当时著名僧人曹洞宗代表人物大明宝交往甚密，并积极参与金代著名佛寺栖隐寺、大明寺佛事活动。根据《宝公禅师塔铭》记载："天德庚午岁，青州示寂仰山。太师、尚书令、南阳郡王张公浩遣使赍疏，命师住持仰山栖隐禅寺。"③ 天德庚午，即天德二年（1150），大明宝应张浩之请住持栖隐寺。后来因大明宝妄自尊大被杖责离开皇家寺院栖隐寺，回故乡修建大明寺。《宝公禅师塔铭》中记载"时大定壬午岁，南阳郡王□太师素慕师德日甚一日，遂将己俸三千万持买大明寺额，并给付符文，行下相磁，仰师住持"④。大定壬午，即大定二年（1162）法宝从栖隐禅寺退居后来到滏阳，于均庆西寺旧基建寺。至大定二年，张浩又以己俸三千万为买大明寺额。由此可见张浩崇信曹洞宗一派程度以及与名僧大明宝非同一般的私人关系。《金史》中记载张浩因私下与名僧交往过密而受到海陵王处罚。贞元三年（1155 年），磁州名僧欲离京师，张浩、张晖以及其他官员予以挽留，这件事被海陵王知道后，当即召三品以上官员上殿当众斥责张浩等。⑤ 学者研究认为磁州名僧很有可能就是与张浩交往密切的大明宝。⑥

从北京地区出土的张氏家族后人《张汝猷墓志》中有"初太师葬于东京鹤野县天井山宝林院"记载可知，张浩死后葬于东京鹤野县天井山宝林院，而张浩父母即张行愿夫妇同样埋葬于天井山，由此可知张行愿父子墓葬同在天井山宝林院一地。⑦ 东京辽阳宝林院虽无从考证，但从名称

① （元）脱脱等：《金史》卷83《张汝霖传》，中华书局1975年版，第1865页。

② 参见拙文《〈金赠光禄大夫张行愿墓志〉补释》，《北方文物》2015年第3期。

③ 王新英：《全金石刻文辑校》，吉林文史出版社2012年版，第187页。

④ 同上。

⑤ （元）脱脱等：《金史》卷83《张浩传》，中华书局1975年版，第1862页。

⑥ 李辉、冯国栋：《曹洞宗史上阙失的一环——以金朝石刻史料为中心的探讨》，《佛学研究》2008年第1期。

⑦ 侯堮：《金〈张汝猷墓志〉考释》，《北京文物与考古》（第二辑），北京燕山出版社1991年版，第154页。

来看也应是东京地区与佛教有关活动场所。张浩儿子张汝霖，以及族兄张玄征之子张汝弼也很有可能是佛教信徒。根据《寂照大师实行碑》中记载，碑刻有"尚书令太师郑王、政奉大夫、参知政事、上柱国、范阳郡开国公张汝弼"和"张汝霖"等字样①，推测二人与寂照大师生前关系密切，很有可能也是佛教信徒。

金代中后期佛教在渤海遗民文化群体中多有盛行，以王庭筠、高宪为代表的渤海遗民诗人，在其文学作品中展现和流露出对佛教信仰和向往思想情感。王庭筠是金代文坛著名领军人物，其先为渤海人。由于受到客观社会环境以及时乖命蹇仕途经历影响，王庭筠诗作中多有忧愤离世情感，生前诗作中《超化寺》《舍利塔》也表现出对佛教生活向往。辽阳渤海遗民高宪，生于诗书仕宦世家，其舅即是辽东名士王庭筠。高宪天资颖悟，博学强记，在太学中诸人莫敢与其对抗，年末三十作诗已数千首，可惜大都淹没不传，《中州集》收录其诗八首。高宪生前很有可能崇信佛教，这在他存世的《焚香六言》中，"洗念六根尘外，忘情一炷烟中"表现得十分具体，一览无余。

值得注意的是，金代渤海遗民中也多用与佛教有关词语起名。学者研究认为作为颇能折射人们社会意识的起名，可以反映出佛教对社会影响的普遍性。② 金代渤海遗民群体以和尚、罗汉、奴等佛徒名称在世家大族成员命名中出现相对较多。一是以佛号为名。佛、观音、菩萨、文殊、药师等之类不断被后人神化的佛号名称，受到金代渤海遗民的崇拜，有以之命名者如著名人物郭药师。二是以佛徒为名。和尚、罗汉等佛徒名称在渤海遗民中也出现，如罗汉等。三是以佛号奴为名也不少见，如金海陵王母大氏兄兴国奴、大家奴、恩胜奴等。③

二　金代渤海遗民佛教名师及流派

金代渤海遗民中有多位僧尼享受"赐紫"待遇和"大师""大德"

---

① 王新英：《全金石刻文辑校》，吉林文史出版社 2012 年版，第 337 页。

② 王善军：《从石刻资料看辽代世家大族与佛教的关系》，日本《东亚文史论丛》2007 年号，日本东亚历史文化研究会出版。

③ 金毓黻：《渤海国志长编》卷 13《遗裔列传》，金氏千华山馆，1934 年。

封号。金世宗母贞懿皇后李氏、张行愿之女即圆都曾被"赐紫"。赐紫即赐紫衣，是古代君王对有功人员的一种章服特赐，是除官衔赏赐之外的一种服饰宠幸。张行愿长子慧休师号圆通辨正大师。师号是以国家名义颁赐给僧尼的特殊名号，它既表明封建国家对接受师号者的尊崇，同时也是统治阶级笼络管理僧人队伍的重要手段。① 张行愿长子慧休还担任金代东京辽阳都僧录一职。都僧录不见于《金史·百官志》中。研究表明金代僧官系统遵循前朝，即"遵唐制，又以本朝之法并辽法参而用之"，在各路设僧录、僧正，州（郡）设都纲，县设维那。② 由此可知慧休应是东京地区佛教团体组织负责人员。在金代出家僧尼所赐号曰"大师"，曰"大德"。③ 慧休师号圆通辨正大师、金世宗母贞懿皇后李氏师号通慧圆明大师、张行愿之女即圆德号圆惠大德也均是当时得道僧尼。金世宗母贞懿皇后李氏塔铭中记载其"遗世超俗，依于佛觉。笃志学问，久而弥确"④，虽有夸张溢美成分但其崇信佛教研习佛学毋庸置疑。另外，根据《翁同山院舍利塔记》记载，"覆公法师灵塔，师法讳圆覆，俗姓李氏，燕都渤海人也"，李氏应为渤海遗民，后住翁同西院，重修上院府君祠和观音殿，生前曾珍藏佛牙两颗二十多年，虽然无从全面考证其生平信息，但也应是当地一位有名望的渤海遗民僧人。⑤

　　受史料所限，金代渤海遗民崇信佛教宗派无从全面考证，但可以肯定的是云门宗和曹洞宗在渤海遗民中有广泛的影响力和社会基础。金代的佛教受宋朝影响颇深，思想上也更多地与宋朝佛教接近，其主流也是禅宗。《大金国志》就记载金代"惟禅多而律少"⑥。根据辽阳地区出土金代塔铭记载，胜严寺禅师也是一位得道高僧。⑦ 塔铭明确记载其"钻仰云门"，精修云门宗并学有所成而受人敬仰，在辽东地区佛教群体中具有广泛的影响力，"学者仰之如日星，囊锥既露，名播辽左"⑧。而且根据碑文记载，

――――――――――

①　王德鹏：《金代僧尼名号探析》，《学习与探索》2014 年第 7 期。

②　谢重光、白文固：《中国僧官制度史》，青海人民出版社 1990 年版，第 206 页。

③　（金）宇文懋昭：《大金国志》卷 36《浮屠》，齐鲁书社 2000 年版，第 272 页。

④　邹宝库：《辽阳市发现金代〈通慧圆明大师塔铭〉》，《考古》1984 年第 2 期。

⑤　王新英：《全金石刻文辑校》，吉林文史出版社 2012 年版，第 156 页。

⑥　（金）宇文懋昭：《大金国志》卷 36《浮屠》，齐鲁书社 2000 年版，第 272 页。

⑦　参见拙文《辽阳〈东京胜严寺彦公禅师塔铭〉补议》，《北方文物》2017 年第 3 期。

⑧　同上。

胜严寺与黑山道院、大安寺在行道方面有紧密关系，也足可见云门宗在渤海遗民聚集的东京辽阳地区传播广泛。曹洞宗在东京辽阳地区渤海遗民中也有广泛社会基础。金代、两宋之际曹洞宗传播逐渐由南至北，在今河北地区立足发展并逐渐向周边地区散射。经由代表人物大明宝到万松行秀几代人努力，最终遍及金朝的统治范围，形成金朝曹洞宗兴盛的局面。东京大清安寺第九代住持英公早年曾"挂锡于仰山栖隐寺"①，仰山栖隐寺在金代是北京地区规模宏大的皇家佛教寺院，以崇信曹洞宗为主。英公禅师早年在此挂锡后又来到东京辽阳大清安寺传播佛法，包括金代重臣张浩也与曹洞宗代表人物大明宝交往紧密，因此可推知曹洞宗在辽东地区渤海遗民中传播也非常广泛。

三　金代渤海遗民佛教异化现象

引人关注的是，渤海遗民中的某些佛门弟子行为与佛教传统戒律大相径庭，出现异化现象。学者研究认为，佛教五戒云：不杀生、不偷盗、不邪淫、不妄语、不饮酒食肉，而金代时期东京地区渤海遗民中的僧尼却出现有悖于佛教常理的现象。②

《松漠纪闻》详细记载金初完颜蒲路虎（宗磐）出任东京留守，刚到任就遇到两件与渤海僧尼有关的事，一是，"行未抵治所，有一僧以柃瘿盂遮道而献。（柃，木名，有文缕可爱，多用为椀）曰：'可以酌酒。'蒲路虎曰：'皇帝临遣时宣戒我勿得饮，尔何人，乃欲以此器导我邪？'顾左右令洼勃辣骇，彼云斮杀也，即引去，行刑者哀其亡辜，击其脑不力，欲令宵遁而以死告。未毕，复呼使前，僧被血淋漓，蒲路虎曰：'所以献我者意安在？'对曰：'大王仁慈正直，百姓喜幸，故敢奉此为寿，无它志也。'蒲路虎意解，欲释之，询其乡，以渤海对，蒲路虎笑曰：'汝闻我来，用此相鹘突耳，岂可赦也！'卒杀之。又于道遇僧尼五辈共辇而载，召而责之曰：'汝曹群游已冒法，而乃敢显行吾前邪！'皆射杀之。"前者僧人劝人饮酒，所劝的人竟是地方最高长官，而后者僧尼毫无男女之

---

①　罗福颐：《满洲金石志》卷3《英公禅师塔铭》，《石刻史料新编》第1辑第23册，台湾新文丰出版社1982年版，第17305—17306页。

②　程妮娜：《金代时期渤海族习俗研究》，《学习与探索》2001年第2期。

别在东京大街上公然同车而行。

这种僧尼同处的现象并非孤例存在，出土的石刻文物中也有所反映。《英公禅师塔铭》中记载："垂庆寺即太后所居者，其尼尽戚里贵人，旧例皆于清安入室。"垂庆寺原本为贞懿皇后居住地，在此出家之女尼不乏其亲属和当地权贵，而根据塔铭内容记载，按照旧有习俗垂庆寺之尼可以到僧人出家的大清安禅寺入室，这种僧尼毫无男女之别违反佛教戒规的行为，在东京渤海遗民僧尼群体间似乎无关紧要，因此可推断这恐怕是在渤海旧有风俗的影响下所出现的佛教信仰异化现象。

综上所述，金代渤海遗民佛教信仰有其自身特点，历史上渤海民族信仰佛教传统是其发展内在因素。由于受到史料和文物所限，更多以金代东京辽阳渤海遗民群体为主。需要指出的是金代世宗、章宗两朝是金朝的全盛时期，这也为东京渤海遗民佛教信仰提供制度上的保障。这一时期的佛教政策颇具代表性，利用与限制并重的意图表现最为充分。自世宗时起国家对于佛教教团的统制逐渐制度化，并且具有相当的稳定性。[①] 与此同时东京辽阳作为金代后族以及诸多渤海遗民高官出生地，受到皇家礼遇为佛教传播起到助推作用，大清安禅寺与垂庆寺屡受金世宗垂青也未因世宗朝中后期对佛教的限制政策而受到影响，因此这也是该地区佛教发展的重要外部原因。

---

① 刘浦江：《金代的佛教政策及其社会影响》，《佛学研究》1996 年第 1 期。

2018 年第十四届辽金契丹女真史学术研讨会论文目录

目　录

辽契丹史学研究

金女真史学研究

后　记

　　《辽金史论集》（第十七辑）是从 2018 年第十四届辽金契丹女真史学术研讨会提交的会议论文中精选出来的，文集的出版得到了通辽市中共科尔沁区委员会宣传部和内蒙古民族大学的大力支持，在文集出版之际，向所有为文集的出版给予关心、支持和帮助的同仁表示衷心的感谢！

编者

2018 年 10 月